Wie betrügt man eine Frau mit Anstand?
Muss ein Mann auch zum Valentinstag etwas schenken?
Ist es o. k., eine Frau zu fragen, ob ihr Orgasmus echt war?
Sollte ein Mann heute noch Beschützer sein?

Sicher, Männer sind guten Willens. Dennoch haben sie oft nicht den Hauch einer Ahnung, mit welchem Geschenk man eine Frau beglückt, wann man einmal etwas nicht besser wissen muss, wie man sich mit Anstand trennt oder nach einem One-Night-Stand geht, ohne sich für den Titel »Größtes Charakterschwein 2009, 2010 und 2011« zu qualifizieren. Dabei sind Manieren nicht nur der schönste, sondern auch der einzige Grund, sich langfristig für einen Mann zu entscheiden. Männer könnten auch anders – von Constanze Kleis erfahren Sie endlich wie.

Constanze Kleis studierte Erziehungswissenschaften. Als freie Journalistin arbeitet die Frankfurterin für Zeitschriften wie »myself«, »Für Sie«, »Bolero« und »Cosmopolitan«. Bekannt ist sie besonders durch ihre Glossen zum Thema Partnerschaft sowie ihr Buch »Ballgefühle. Wie Fußball uns den Mann erklärt«. Zusammen mit Susanne Fröhlich schrieb sie zuletzt die Bestseller »Runzel-Ich« sowie »Alles über meine Mutter«.

Unsere Adresse im Internet: www.fischerverlage.de

Constanze Kleis

Männer könnten auch anders

Fischer Taschenbuch Verlag

Originalausgabe
Erschienen im Fischer Taschenbuch Verlag,
einem Unternehmen der S. Fischer Verlag GmbH,
Frankfurt am Main, Juli 2009

Gesamtherstellung: CPI – Clausen & Bosse, Leck
Printed in Germany
ISBN 978-3-596-18345-6

Männer könnten auch anders

Für Ulli, weil er mir morgens stets Kaffee ans Bett bringt und überhaupt viel Schönes dafür tut, damit ich nicht auf die Idee komme, die Hemden zu zählen, die ich für ihn bügele. Natürlich für Susanne, weil sie so ist, wie sie ist: die Allerbeste! Für Irmtraud und Günther, die großherzigsten und gütigsten Menschen, die man sich vorstellen kann. Für meine Lieblingsgeschwister, Patricia und Sven. Und für Gunilla, Kirsten, Christiane, Elvira, Brigitte, Bianca, Petra, Claudia, die mit ihren Erfahrungsberichten aus den Manieren-Entwicklungsgebieten viel zu dem Buch beigetragen haben. Nicht zu vergessen: für Karin, die sowieso großartigste Lektorin.

Inhalt

Wozu neue Manieren?
Ich habe die alten doch noch nicht verbraucht! 11
Zehn Männer und ein paar Manieren 19
Der Anfang von allem 39
Der Mann zu Wasser, zu Lande und in der Luft 60
Der Mann im Haus 104
Der Mann und sein Fleisch und Blut 140
Der Mann auf der Suche 169
Von Pavianmännchen, Swingerclubs,
Pornos und noch mehr Sex 211
Der Mann, die Arbeit und das Elend in Pink 251
Sie könnten auch anders 281

Anmerkungen und Literatur 293

Wozu neue Manieren? Ich habe die alten doch noch nicht verbraucht!

Gewöhnlich handeln Benimmbücher für Männer davon, wie man im Fall der Fälle auch als Versicherungsvertreter oder Personalberater eine 707 so landet, dass die Dame in der First Class ihren Rosé-Champagner nicht verschüttet; wie man formvollendet ein Einstecktuch trägt oder die – selbstredend handgenähten – Schuhe dermaßen auf Hochglanz bringt, dass man in ihnen den Sitz des Kummerbundes kontrollieren kann. Das ist sicher gut gemeint, aber im Alltag eher unpraktisch. Vor allem, weil Frauen sich selten mit Sätzen wie: »Tut mir leid, Schatz, dass ich deinen Geburtstag vergessen habe und dir nicht im Haushalt helfe, aber dafür könnte ich dir fachgerecht einen Hummer zerlegen – falls du gerade einen zur Hand hast!« über Manieren-Mangel trösten lassen. Und es interessiert sie außerdem nur wenig, ob ein Mann in der Lage ist, einen ordentlichen Geschäftsbrief aufzusetzen, wenn sich seine schriftlichen Äußerungen daheim auf Sätze wie: »Hab keine Socken mehr!« oder: »Ich brauche neues Rasierwasser!« beschränken, in denen man das Wort »Bitte« vergeblich sucht.

Sicher kennen die meisten Männer die wichtigsten Manieren-Grundlagen und würden beispielsweise im Restaurant niemals einen Rotwein in ein Wasserglas füllen. Einige bringen es sogar zu wahren Meisterleistungen, sind versiert im Gebrauch von Messer und Gabel, können auch mal das Frühstücksgeschirr abräumen und sich mühelos an die Namen ihrer Kinder erinnern.

Allerdings häufen sich gleichzeitig die Indizien, dass am Mann auf der Straße oder im Haushalt, bei der Arbeit, beim Sex – also im ganz alltäglichen Zusammenleben – vieles zu verbessern wäre. Vielleicht, weil die Benimm-Fachliteratur diese wenig prestigeträchtigen Bereiche weitgehend ignoriert. Oder weil sie zu 99 Prozent von Männern verfasst wird, die einfach voraussetzen, dass Männern die Basiskenntnisse guten Betragens wie etwa Türaufhalten, Vortrittlassen und herrliche Sätze wie: »Die Rechnung bitte!« oder: »Kann ich etwas für dich tun?« längst in Fleisch und Blut übergegangen sind und sie sich somit schon größeren Aufgaben wie dem Windsorknoten widmen können.

Bestimmt braucht man einem Mann etwa seit 1867 nicht zu sagen, dass er im Büro seinem Kollegen nicht mal eben vor die Füße spucken sollte. Trotzdem kann man noch im Jahr 2009 unentwegt beobachten, wie Männer, auch die tadellos gekleideten, damit beschäftigt sind, auf den Straßen Deutschlands die Stelle zu finden, auf der vor ihnen noch kein Mann seinen Speichel hinterlassen hat. Wie Männer ihr Gemächt so häufig von rechts nach links verlegen, bis es unter einem Schleudertrauma leidet, und in der U-Bahn mit nur zwei Beinen vier Sitze blockieren. Auch im Flugzeug müssen sich Männer meiner Erfahrung nach viel zu sehr darauf konzentrieren, gleich beide Armlehnen *und* die letzte Tageszeitung zu ergattern, um noch Energie für größere Heldentaten erübrigen zu können. Und sollte die Stewardess eines Tages tatsächlich über die Bordsprechanlage durchgeben, es seien gleich beide Piloten ohnmächtig geworden, und fragen, ob nicht einer der anwesenden Herren das Steuer übernehmen könnte, würde vermutlich ein Drittel behaupten, dass der Arzt ihm jede Aufregung verboten habe, das nächste Drittel würde ein Wachkoma vortäuschen und der Rest sagen: »Machen Sie es doch selbst. Ihr Frauen wollt doch immer so emanzipiert sein! Aber vergessen Sie nicht, mir vorher noch einen Kaffee zu bringen. Und diesmal heiß und nicht bloß lauwarm!«

So driften bei Männern und Manieren Anspruch und Wirklichkeit oft weiter auseinander, als einem gedeihlichen Miteinander zuträglich sein kann. Ganz einfach, weil die Bedeutung von Respekt, Höflichkeit, Achtung, Fürsorge und Aufmerksamkeit als Garant für Glück gerade im schnöden Alltag, besonders dem, den man mit Frauen teilt, gründlich unterschätzt wird. Das gilt übrigens auch für die Chancen, zum sozialen Totalversager zu mutieren.

Frauen wissen das. Wir leben mit Männern zusammen, die klug sind und gut aussehen, die Humor haben – jedenfalls solange man über *ihre* Witze lacht –, die im Prinzip zum Niederknien wären, wenn sie nicht nach jedem Schnäuzen ins Taschentuch schauten, um den Ertrag mit so viel Wohlgefallen zu betrachten, als habe sich dort gerade Schleim in Gold verwandelt – falls sie überhaupt ein Taschentuch benutzen und nicht etwa die Hand nehmen oder sich ein Nasenloch zuhalten, um das andere gründlich auf der Straße auszuleeren. Wir haben es täglich mit Männern zu tun, die wortlos in die Küche gehen und von ihrem anstrengenden Ausflug mit nur einem, nämlich ihrem vollen Glas zurückkehren. Mit Männern, wie ich sie hier jeden Tag am Zaun eines sehr großen Baugrundstückes vor dem Fenster meines Arbeitszimmers sehe. Bei Autofahrern ist dieses Grundstück anscheinend als »Letztes Pissoir vor der A3« bekannt. Täglich steigen hier durchschnittlich etwa drei Männer – übrigens aus sehr teuren Autos – aus, um sich mal eben breitbeinig – quasi mitten auf der Straße – zu erleichtern. Ungeachtet der unübersehbaren Tatsache, dass sich direkt hinter ihnen ein sechsgeschossiges Wohnhaus befindet, dessen Bewohner aller Wahrscheinlichkeit nach nicht alle erblindet sind.

Gut, man könnte ja einfach sagen: »Lass das!«, oder: »Das ist eklig!« Oder etwa beim Essen: »Ehrlich, wenn du deinen Kopf noch ein bisschen näher an den Suppenteller hältst, könntest du gleich deinen neuen Schnorchel ausprobieren!« Aber wieso sollen immer wir die Männer erziehen? *Auch noch!* Sie sind doch schon mal erzogen worden, und außerdem ist der Clou von Manieren ja gerade, eine *stille* Übereinkunft aller darüber zu sein, dass es nicht nur sehr viel netter, sondern auch viel klüger ist, anderen Aufmerksamkeit, Rücksichtnahme und Respekt entgegenzubringen, dass man eben nicht jahrelang predigen muss: »Wäre schön, du würdest das nächste Mal auch sprechen, wenn wir Gäste haben. Und sag jetzt nicht, du kannst das nicht.«

»Und die Frauen? Was ist mit deren Manieren?« War ja klar, dass diese Frage als Erstes kommt. Natürlich liegt bei den Frauen auch so manches im Argen. Allerdings muss man ja mal irgendwo anfangen, und dass die Männer an erster Stelle, also vor »Manieren für Frauen«, kommen, hat gute Gründe:

1. Frauen sind noch lange nicht so weit, sich auch nur in annähernd so großem Stil mit auch nur annähernd denselben gravierenden Konsequenzen wie Männer schlecht zu betragen. Dazu fehlen uns – leider – immer noch die Möglichkeiten. Frauen sind nicht in der Position, Männer im selben Job um bis zu einem Viertel schlechter zu bezahlen als sich selbst, Frauen ab 50 nicht mehr einzustellen, weil sie die Optik des Unternehmens verderben, mal eben ein millionenschweres Unternehmen und damit Hunderte von Arbeitsplätzen an die Wand zu fahren oder einfach nur zu behaupten, anatomisch nicht für den Gebrauch von Haushaltsgeräten geschaffen zu sein und damit durchzukommen.

2. Nur Männer unterliegen dem fundamentalen Irrtum, es handele sich bei Höflichkeit um ein Anerkennungshonorar, eine Art Gegengeschäft dafür, dass wir ihnen ein paar Jahrtausende lang das Herrschen und Lenken überlassen haben. Seit Frauen eigenes Geld verdienen, selbständiger und unabhängiger werden, sehen zunehmend mehr Männer den wichtigsten Umgangsformen

schlicht die Geschäftsgrundlage entzogen und verweigern, was sie könnten: zum Beispiel kürzlich der jungen Bahnbediensteten mit ihrem bleischweren Kaffeekarren beim Aussteigen zu helfen. Sie hatte zwei tadellos gekleidete Männer, die auf dem Bahnsteig standen und darauf warteten einzusteigen (übrigens in der 1. Klasse), direkt angesprochen. Doch die drehten sich sofort um und betrachteten den ICE auf dem gegenüberliegenden Gleis so interessiert, als hätte sich dort gerade Sharon Stone entkleidet. Zweifelsohne hätten die beiden bei einem hochkarätigen Geschäftsessen mit den besten Manieren geglänzt. Doch hier, wo keiner zuschaut, wo nichts rumkommt? Da überließen sie die Arbeit lieber einer Schülerin, geschätztes Gewicht 48 Kilo, die sich schließlich erbarmte.

3. Viele Männer sind zwar im Prinzip guten Willens, haben aber nicht den Hauch einer Ahnung, wie wunderbar das Leben mit einer Frau *und* Manieren sein kann. Wie man beispielsweise ein Geschenk macht, eine Frau zum Essen einlädt, sich in der Liebe genauso wie im Beruf und im Rest des Lebens mit minimalem Aufwand größte Bewunderung verdient. Vielleicht sind sie etwas verstört durch Rollenvorbilder, wie sie einem nachmittags in den Talkshows präsentiert werden, die fürs Flegeln sogar noch bezahlt werden, und glauben deshalb, dass das ganze Leben eine Fernsehshow ist, voller williger Frauen mit Körbchengröße C oder mehr, die »Geil!« kreischen, wenn man ihnen sagt: »Warst du in der Kirche? Siehst so durchgeorgelt aus.« (Dieter Bohlen). Oder sie haben den Satz: »Ein Mann muss tun, was ein Mann tun muss«, einfach grundfalsch, nämlich mit Spucken, Rülpsen und Furzen, übersetzt.

4. Frauen fragen sich sowieso ständig: »Was mache ich falsch? Hat er mich noch lieb? Bin ich zu dick? Schmeckt, was ich gekocht habe? Sitzt die Frisur? Bin ich auch die Richtige für den

Job? Ist es nicht meine Schuld, wenn meine Kinder später mal Flugzeuge entführen oder Investment-Banker werden?« Würden Selbstzweifel bezahlt, bräuchten Frauen überhaupt nicht mehr zu arbeiten und die Regierung könnte sich obendrein das Elterngeld sparen. Bis auf die zwei Monate natürlich, die dazu da sind, Männer wenigstens wochenweise mal an den Wickeltisch zu bringen. Auf die Idee, sich und seine Leistungen ständig der strengen Prüfung eines notorisch schlecht gelaunten und diktatorischen Über-Ich zu unterziehen, kommen Männer erst gar nicht. Dabei würde es ihnen – und übrigens auch ein paar sehr entscheidenden Bereichen unseres Daseins – Politik, Wirtschaft, Ökologie – sehr, sehr guttun, wenn auch Männer sich gleich nach dem Zähneputzen und noch vor dem Kaffee ein paar Fragen stellen würden. Zum Beispiel: »Wie wirkt sich das, was ich tue, auf andere aus?« Oder: »Sollte ich nicht jemanden um Rat fragen, der von der Materie mehr versteht als ich?« Oder: »Habe ich mich eigentlich ausreichend dafür erkenntlich gezeigt, dass meine Frau meiner Mutter so ein hübsches Geschenk besorgt hat?« Oder: »Sollte ich nicht erst einmal den Porsche abbestellen, bevor ich meinen Angestellten das Weihnachtsgeld streiche?«

Leider neigen gerade Männer – das ist wissenschaftlich belegt – zu vorzeitiger Selbstzufriedenheit. Sie übersetzten sich Sätze wie: »Wir können Freunde sein!« mit: »Sie will mich!« oder Vorwürfe wie: »Du könntest auch ruhig mal aufräumen!« mit: »Eigentlich läuft es doch ganz dufte mit uns.« Sie überschätzen sich, ihre Wirkung, ihre Fähigkeiten. Und sie unterschätzen umgekehrt, wie viel schöner nicht nur das Leben ihrer Frauen, sondern auch ihr eigenes wäre – mit Manieren. Es macht einen großen Unterschied, ob man weiß, dass ein Mann vielleicht nicht auf Dauer als Ehemann taugt, aber zuverlässig für sein Kind da sein wird. Auch und zuallererst finanziell. Und sogar beim Seitensprung liegen Welten zwischen einem, der so tut, als gebe es ein Menschenrecht darauf, seine ›Basisfrau‹ gegen ein Luxusmodell auszutauschen, und einem, der zumindest versucht zu verstehen, was man eben immer anrichtet, wenn man sich anderweitig verguckt. Letztlich entscheiden Manieren sogar über die Geburtenrate. So belegen Studien, dass immer mehr Männer heute die Verantwortung der Vaterschaft scheuen und also selbst bei der Fortpflanzung kaum bessere Kopfnoten verdienen als der Braunbär, der sich nach der Geburt seiner Jungen dünnemacht.

Warum nicht einfach bei Knigge nachschlagen? Weil der Freiherr zwar mit »Über den Umgang mit Menschen« die brillante Vorlage geliefert hat, aber wir uns selbst um die Details kümmern müssen. Also um das Phänomen, weshalb Männer in den ersten Jahren einer Beziehung niemals rülpsen müssen, um dann den Rest des gemeinsamen Beziehungslebens damit zu verbringen, in Sachen Methangasausstoß mit einer Rinderherde zu konkurrieren. Oder um mit Fragen wie denen, ob man eine Frau zum Besuch eines Swingerclubs überreden sollte und ob ein Mann weinen darf. Denn natürlich geht es hier nicht nur um das Große und Ganze – »Wieso Manieren? Ich hab doch schon eine Frau!« –, sondern auch um all die Kleinigkeiten, aus denen sich das Bild eines Mannes zusammensetzt, der wahrlich nicht perfekt sein muss. Es geht um einen Mann, der endlich nicht mehr jammert, was er denn *noch* alles machen muss, und sofort unter Kastrationsängsten leidet, wenn er sich seinen Kaffee selbst holen soll. Einen, der keine dämlichen Schwulenwitze erzählt und der sich einfach auch mal schämen oder sagen kann: »Ja, da habe ich einen Fehler gemacht!« Kein quengelndes Hasenherz, keinen Jammerlappen, keinen Emanzipations-Hypochonder, keine notorisch beleidigte Leberwurst, keinen Macho-Hohlkopf. Einen manierlichen Kerl eben.

Deshalb dieses Buch. Es stellt all die Fragen, die im täglichen Zusammenleben auftauchen können. Und es bietet die Gelegenheit, jene Teilbereiche, in denen noch Nachholbedarf besteht, etwas aufzuarbeiten. Es ist ja nicht so, dass da draußen nur Rohlinge und Flegel unterwegs wären. Es gibt sehr viel gute Absichten und ein paar Missverständnisse, die es auszuräumen gilt. Damit nachher keiner sagen kann, er habe keine Ahnung gehabt. Zum Beispiel, dass man sich nach dem Essen *nicht* seine Hand mal eben von rechts unten durch den Beinausschnitt in die Shorts schiebt, so wie der Mann, den ich kürzlich in einer – übrigens ziemlich exklusiven – Strandbar in Mandrago auf Mallorca beobachten durfte. Minutenlang arrangierte er das bisschen, das er dort fand, neu, um danach erst ausgiebig an der Hand zu schnuppern, bevor er dem Kellner mit derselben die Rechnung abnahm. Gut, dachte ich: Er ist ein Schwein, aber er lädt wenigstens seine Sippe – etwa zehn Anverwandte – zum Essen ein. Doch er reichte die Rechnung weiter, sodass jeder mal Gelegenheit hatte, dort anzufassen, wo vorher schon – na, Sie wissen schon – war. Danach zahlte jeder seinen Teil.

Es gibt also unendlich viel zu tun. Für Männer. Sie sollten es anpacken. Schon aus purem Eigennutz. Es ist ja nicht nur netter, sich gut zu betragen. Es ist klüger. Wir Frauen brauchen sie ja kaum noch als Ernährer und die Welt können wir uns längst selbst erklären. Es muss ganz andere Gründe geben, sie zu bewundern, ihnen zu vertrauen und ihnen Macht zu geben – daheim, beim Sex, in der Politik, in den Unternehmen: Respekt, Rücksichtnahme, Aufmerksamkeit, die Bereitschaft, Verantwortung für andere und nicht nur für den Glanz ihrer Autofelgen zu übernehmen, Mängel eingestehen zu können und bei der Vorstellung ihren Namen zu sagen, ohne dass wir rätseln müssen: Batman? Little Joe? Pu der Bär? Männer können das. Ich bin ganz sicher.

Zehn Männer und ein paar Manieren

Manieren sind so universell und praktisch, dass sie eigentlich in jedem Baumarkt gleich neben den Schlagbohrern und Akkuschraubern stehen müssten. Versehen mit einem sehr langen Beipackzettel, auf dem steht:

1. Man kann sie überallhin mitnehmen, ohne dafür eigens einen Dachgepäckträger aufs Auto schrauben oder einen Sherpa beschäftigen zu müssen.
2. Von der Supermarktkassiererin über den Kellner bis zu Nachbarn, Kollegen, Chefs verwandeln sie alle Menschen, denen wir begegnen, zu willkommenen Gästen in unserem Leben, die sich für das Geschenk »Freundlichkeit« und für das Gefühl, geschätzt zu werden, gern ihrerseits mit Entgegenkommen revanchieren.
3. Manieren kosten nichts oder sehr, sehr wenig. Jedenfalls unendlich viel weniger als all die Schäden, die täglich durch schlechtes Betragen entstehen. Im Vergleich jedenfalls zu den 350 000 Euro, die allein in Frankfurt in öffentlichen Verkehrsmitteln durch Vandalismus anfallen, oder zu den Verkehrstoten, die sich auch der Selbstüberschätzung – »Ich fahr mit 2,5 Promille immer noch besser als meine Frau!« – verdanken.
4. Sie wirken wie ein Stimmungsaufheller, mit dem man sich weltweit Freunde machen kann, ohne Konflikte mit dem Betäubungsmittelgesetz zu riskieren.

5. Sie sind sozialer Dämmstoff. Denn sie versetzen uns in die angenehme Lage, auch mit jenen, die uns auf Anhieb nicht so sympathisch sind, auskommen zu können, ohne größere Mengen Energie sinnlos etwa mit der Frage zu vergeuden, wann genau man seinem blöden Kollegen wohl endlich eines in die Fresse haut.
6. Sie befreien uns von der aufreibenden Aufgabe, bei jedem Menschen aufs Neue Grenzen ausloten zu müssen und dabei verstärktes Beleidigtsein, lebenslanges Nachtragen und ausufernde Abneigungen zu riskieren.
7. Sie schaffen unverbindlich Verbindung. Das ist gerade da nützlich und sehr erleichternd, wo man sich sowieso nicht gern aus dem Fenster lehnt oder ohne größere Gesichtsverluste den Rückzug antreten will – beim Flirten beispielsweise.
8. Mit Manieren lassen sich zu vielen Menschen freundliche, aber lockere Verbindungen halten – ohne jede Beziehung gleich so zeitintensiv wie eine Orchidee pflegen zu müssen. Praktisch, wenn man mal eine Gefälligkeit – wie etwa einen neuen Job – braucht.
9. In heiklen Situationen wirken sie wie Haltegriffe und Landefeuer und man braucht sich nicht ständig zu fragen: »Warum glotzen die eigentlich alle?«, oder »Wieso werde ich eigentlich nicht mehr eingeladen?«, oder »Wieso ist deine Freundin sauer? Sie wollte doch wissen, ob ihr die neue Frisur steht!«
10. Sie geben einem die unschätzbare Sicherheit, dass man auch ganz ohne Druckmittel – Position, Macht, Stärke und Sätze wie: »Solange ich das Geld nach Hause bringe …« – geliebt, geachtet und respektiert wird.
11. Manieren sind keine Zwangsjacke. Sie sind Schonraum. Mit ihnen darf man sich – entgegen anderslautenden Befürchtungen – viel, viel mehr erlauben als ohne. Man hat sozusagen einen höheren Dispo auf seinem Sympathie-Konto als an-

dere, die dem Irrtum erliegen, sich ganz ohne Manieren das Maximum an Narrenfreiheit sichern zu können.

Kein Wunder, wenn die frühere Protokollchefin des Weißen Hauses, Letitia Baldrige, einmal meinte: »Manieren sind zwei Drittel Logik und guter Menschenverstand und ein Drittel Freundlichkeit.«

Im Prinzip ist diese Botschaft auch beim Mann angekommen. Während Männer früher Sätze wie: »Ich kann nicht mal ein Spiegelei braten« oder »Keine Ahnung, wo meine Socken liegen« oder »Leider schlafen meine Kinder immer schon, wenn ich von der Arbeit komme« als sekundäres Geschlechtsmerkmal betrachteten, kann der moderne Mann heute durchaus auch anders. Wie, das zeigen uns täglich die Medien. Dort wimmelt es nur so von aufgeschlossenen, modernen Männern, die all das liebend gern tun, wovon unsere Mütter nur träumen konnten. Sie kochen, sogar Bucatini mit Peperoncini aus dem Parmesanlaib (Grappa leicht erwärmen, den Parmesanlaib damit einpinseln und anzünden, Feuerlöscher bereithalten). Sie sind interessiert und können wie Reinhold Beckmann eine Frau wie Heidi Klum so intensiv nur dafür bestaunen, dass sie mit ihren Kindern den Atlantik überquert hat, als hätte die nicht im Flugzeug, Businessclass, sondern auf einem fliegenden Teppich gesessen. Ja, der moderne Mann kann sich tief in die Psyche von Frauen einarbeiten. Auch als Chefredakteur von Frauenmagazinen oder als Werber, wenn er uns Frauen mal wieder gründlich unsere Bedürfnisse erklärt. Heute sind Männer sogar fähig, für ihr Kind ihren Arbeitsplatz aufzugeben. Um danach lustige Bücher über ihre Erfahrungen als Hausmann zu schreiben,

Ganz dicht ist die Beweislage, dass Männer Manieren nicht nur vom Hörensagen kennen, vor allem im Job. Bis zum Dübelvertreter hat es sich mittlerweile herumgesprochen, dass, wenn zwei gleich qualifizierte Bewerber um eine Stelle buhlen, der mit dem besseren Benehmen höchstwahrscheinlich den Zuschlag bekommen wird.

Frei nach Gottfried Lichtwer: »Der Weltmann steigt empor, und der Pedant bleibt sitzen. Die Sitten können mehr als die Gelehrten nützen.«, können Männer am Wochenende nun schon deshalb nicht mehr am Hausputz teilnehmen, weil sie Benimmkurse besuchen. Sie lernen eifrig, wie man ein Rotwein- von einem Weißweinglas unterscheidet, beschäftigen sich mit »Soft Skills for Young Professionals« und dem optimalen Outfit für das Bewerber-Gespräch (»Sie werden positiv aufgenommen und bleiben in guter Erinnerung!«). Und würde ich jedes Mal, wenn irgendwo in Deutschland ein Rollladenverkäufer oder ein Gabelstaplerfahrer seine Fähigkeiten als Global Player unter Beweis stellt, indem er der staunenden Runde in »Evi's Pilsstube« erklärt, dass man einem Japaner die Visitenkarte *immer* mit *beiden* Händen überreicht, zehn Euro bekommen, wäre ich schon lange finanziell saniert und könnte wie Angelina Jolie durch die Welt reisen und großzügigst spenden. Doch ist derselbe Mann, der gerade einen halbstündigen Vortrag darüber gehalten hat, was zu tun ist, wenn der Headhunter anruft, so hilflos wie ein Eskimo am Äquator, wenn die beste Freundin seiner Frau am Apparat ist und eine Nachricht hinterlassen will. Ja, er wird es sich merken. Natürlich – und dann hat er es fünf Minuten später doch wieder vergessen. Als Revanche kann man ihn ja fragen, wie viele Japaner er eigentlich kennt, denen er beidhändig eine Visitenkarte überreichen könnte! Nein, der Koch in der Sushi-Bar zählt nicht. Das ist ein Koreaner.

Keine Frage: Männer kennen und können Manieren. Das Problem ist allerdings, dass Männer vor allem dann Manieren zeigen, wenn es etwas bringt, wenn es wenig kostet, wenn jemand guckt, wenn man ihre Kreise nicht stört, wenn man sich – durch Position, Aussehen, Alter – in ihren Augen dafür qualifiziert, also entweder ganz jung und sehr attraktiv ist oder sehr bedeutend.

Dann können sie, weil sie wollen. Dazwischen vergessen sie gern mal, wo ihre Manieren eigentlich sind. Im Wäschekorb? Unter den Manager-Magazinen? Im Kofferraum? Wo auch immer, oft stehen sie gerade dann nicht zur Verfügung, wenn man sie als Frau ganz dringend braucht. Zum Beispiel am Geburtstag der besten Freundin, wenn derselbe Mann, der gestern noch zehn Minuten über die Wahl seines Anzugs für das Kunden-Meeting gegrübelt hat, in seinem Sport-Shirt und Jeans erscheint, anstatt auch hier bestrebt zu sein, »positiv aufgenommen« zu werden und »in guter Erinnerung« zu bleiben.

Vielleicht denken Männer auch hier ökonomisch und daran, dass sie irgendwann auch mal Feierabend haben möchten. Fragt man nach, weshalb daheim, auf der Straße, in alltäglichen Situationen so wenig klappt, was doch andernorts klaglos funktioniert, dann wissen sie jedenfalls etwa zehn Argumente, die dagegen sprechen, aus Höflichkeit, Respekt, Fürsorge und Aufmerksamkeit eine Vollzeitbeschäftigung zu machen:

1. Ich habe schon eine Frau!
2. Dafür kann man sich nichts kaufen.
3. Was willst du denn noch? Genügt es nicht, wenn ich den Müll runterbringe und wir eine Kanzlerin haben?
4. Auf der Arbeit gern. Aber irgendwann will ich auch Feierabend haben.
5. Damit kann ich höchstens meine Oma beeindrucken.
6. Ich kann schon mit Messer und Gabel essen!
7. Können wir da nicht später drüber reden?
8. Was kommt als Nächstes? Fingerschalen bei McDonald's?
9. Bin ich nicht Geschenk genug?
10. Ich brauche keine neuen Manieren, ich habe die alten noch nicht verbraucht.

Ist das die Rache dafür, dass Adam seine Rippe für uns opfern musste? Samson seine Haare für Delilah? Angela Merkel Kanzlerin wurde? Das Sportstudio nun von einer Frau moderiert wird? Freundlich ist es jedenfalls nicht, wenn unterschieden wird zwischen lohnenden und weniger lohnenden Anstrengungen für andere. Begegnen Männer der Aufforderung, sich mal ordentlich zu betragen, außerhalb jener Regionen, die sie dafür reserviert haben, kann es sogar ziemlich ungemütlich werden. Etwa wenn man die Männer, die regelmäßig auf den Frauenparkplätzen ihr Auto abstellen, freundlich fragt: »Warten Sie hier auf Ihre Geschlechtsumwandlung?« Dann reagieren etwa 99 Prozent aller Angesprochenen mit »Zicke!« oder »Verpiss dich doch!« Natürlich gilt das längst nicht für alle Männer. Nein, es gibt große Unterschiede. Gerade beim Umgang mit dem Thema »Manieren«.

1. Der Gebildete

Er weiß es schon seit 1968: Alles ist politisch. Sofort sieht er deshalb am gesamtgesellschaftlichen Horizont düstere Wolken auftauchen, die »Zwang«, »Konvention« und »Diktatur« heißen, sobald man auch nur sagt: »Könntest du bitte mal meine Schwester anrufen, die hat heute Geburtstag!« Gleich werden die ganz großen Geschütze in Stellung gebracht: Sind Manieren nicht einfach der Wolf im Schafspelz, eine freundliche Übersetzung jener (Un-)Tugenden, die unser Land schon mal in die tiefsten Abgründe der Unmoral gestürzt haben? Also Ordnungsliebe, Autoritätshörigkeit, Untertanenmentalität, Angepasstheit, Spießertum? Hatten und haben nicht die größten Charakterschweine der Weltgeschichte die besten Umgangsformen etwa auf großen Staatsbanketten zur Schau gestellt? Das spricht schon mal grundsätzlich dagegen, sein Frühstücksgeschirr selbst wegzuräumen oder seine schmutzigen Socken vom Boden aufzuheben.

Und wer sagt eigentlich, dass »man« pünktlich zur Hochzeit der besten Freundin kommen sollte und zwar nicht in Gesundheitslatschen? Vor allem, wenn man gerade keine Lust dazu verspürt? Als Frau hat man dann den Salat: Gleich sitzen Adolf Hitler, Benito Mussolini, Idi Amin und Kim Jong II mit am Tisch und man hat sich mal eben für den Titel »Diktator des Monats« (www.dictatorofthemonth.com) qualifiziert, obwohl man ja eigentlich nur ein bisschen Mithilfe im Haushalt oder die Unterhaltszahlungen fürs Kind gefälligst pünktlich und nicht dem Biorhythmus des Vaters angepasst auf dem Konto wollte.

2. Der Normalo

Er anerkennt immerhin die Notwendigkeit von Manieren, mit dem Hinweis, er habe doch schon welche. »Jedenfalls mehr als die anderen!« Mehr als Klaus Müller in Wanne-Eickel? Mehr als ein Meerschweinchen? Mehr als Pol Pot? Gibt es auch für Manieren wie für Bananen oder Kondome eine EU-Richtlinie, also eine Art Existenzminimum – ein Hartz IV des guten Betragens? Eine gefährliche Strategie. Vergleiche bieten sich ja nicht nur nach unten an, sondern auch nach oben. Da könnte man dann Richard Burton ins Feld führen, der Liz Taylor mit Schmuck im Wert von insgesamt 40 Millionen Euro erfreute oder Antonio Banderas, der Melanie Griffith einen wunderbar vollendeten Heiratsantrag machte. Auch in der unmittelbaren Nachbarschaft kämen sicher genug »andere« zusammen, die ihrer Frau die Tür aufhalten, sie zum Essen einladen, sich nicht nur an ihren Geburtstag erinnern, sondern auch an ihren Herzenswunsch. Ein Umstand, über den der Normalo von seiner Frau zwar in schöner Regelmäßigkeit informiert wird. Er aber orientiert sich weiterhin lieber an Männern, die sich schon für Kavaliere halten, wenn sie ihrer Frau eine Brustvergrößerung bezahlen.

3. Der Urwüchsige

Die Annahme: Es stecke den Männern eben nicht in den Genen, sich um andere und für andere zu bemühen. Es sei für das Überleben der Urhorde wenig sinnvoll gewesen, seine Zeit damit zu vergeuden, sich über anderer Leute Empfindlichkeiten, Schamgrenzen und Erwartungen den Kopf zu zerbrechen. Da machte der Mann eine Frau noch mit einem großen Stück Mammut oder mit einem neuen Faustkeil glücklich und nicht damit, dass man ihr die Höhle fegte, sich das Furzen verkniff und unter den Achseln wusch. Der Mann musste jagen und seinen Samen möglichst breit streuen. Und durfte sich dabei nicht von zeitraubenden Aktivitäten stören lassen, wie zum Beispiel sich dafür zu entschuldigen, dass er eine andere geschwängert hatte, oder intensiv darunter zu leiden, dass er gerade fünf in die Jahre gekommene Mitjäger in der Steppe aussetzen musste, um das Unternehmen »Horde« weiterhin wettbewerbsfähig zu erhalten. Eine gewisse Verständnislosigkeit gegenüber allem, was nicht unmittelbar der Selbstbehauptung, dem Fortkommen, der Fortpflanzung, dem Aufstieg aufs Siegertreppchen oder dem Winden von Lorbeerkränzen dient, wäre also angeboren, für alle Zeiten als schreibgeschützt im männlichen Erbgut abgelegt. Oder wie es der Kulturwissenschaftler und Autor Professor Dietrich Schwanitz in seinem Buch »Männer, eine Spezies wird besichtigt« schreibt: »Der Mann fühlt sich in der Zivilisation einfach nicht heimisch. Ihm das vorzuwerfen, hieße, einem Büffel darüber Vorhaltungen zu machen, dass ein Antiquitätenladen nicht seine natürliche Umwelt darstellt.«[1] Sollte ein Mann dennoch eines Tages mit dem Gedanken aufwachen, dass wir uns etwa im Jahre 12 000 nach dem letzten Säbelzahntiger befinden und er seine Fußnägel auch im Bad schneiden und entsorgen könnte, müsste er ihn gleich wieder verdrängen. Immerhin könnte so eine einfache Geste der Einsicht die gesamte Evolution auf den Kopf stellen.

Die Unfähigkeit, sich über sein Erbgut hinwegzusetzen – hier sind die Anhänger dieser Theorie durchaus mal bereit, partnerschaftlich zu teilen –, beträfe übrigens auch Frauen. Selbst Business-Kostüm, Laptop und Spitzensteuersatz änderten nichts daran, dass wir insgeheim immer noch nach Beschützern und Bestimmern, nach Ernährern, Lenkern, dem »statusüberlegenen« Mann gieren. Aber ehrlich, selbst wenn es so wäre, so ist die Zahl der Männer, auf die das heute noch zutrifft – zumal bei der wachsenden Zahl der gut ausgebildeten Frauen –, mittlerweile so gering, dass wir uns ja gleich vornehmen könnten, uns nur noch mit Keanu Reeves zu verabreden. Und wer kann es sich heute, bei den Preisen, bei den Löhnen und bei dem Scheidungsrecht noch leisten, auf einen Alleinverdiener zu bauen? Allerdings haben Fakten den Neandertaler-Typus noch nie davon abgehalten, sich kraft seines Seins für unverzichtbar zu halten. Das, so der amerikanische Komiker Jerry Seinfeld, erkläre auch, weshalb die Nachrichten für Männer so wichtig sind. Sie alle würden davon träumen, dass eines Tages die Regierung anruft und sagt: »Hören Sie zu – wir haben komplett die Kontrolle über die Situation im Mittleren Osten verloren. Sie haben die Nachrichten gesehen. Was glauben Sie, wie wir wieder Herr der Lage werden könnten?«

4. Der Abenteurer

Er ist für höhere Aufgaben gemacht als den täglichen Kampf mit dem Haushalt. Dass in den aktuellen Ratgebern für den Mann Ratschläge gegeben werden, wie man einen Bären erlegt, ein Krokodil umbringt und das Tier danach ausstopft, bestätigt ihn in seinem Irrtum, es käme auch im Internetzeitalter vor allem auf jene Fähigkeiten an, mit denen man sich auch für eine Hauptrolle in »Indiana Jones«, »Tarzan« oder »Crocodile Dundee« qualifizieren könnte. Ungeachtet der Tatsache, dass 99,9 Prozent aller deutschen Männer allenfalls mal eine Spinne töten oder den Goldhamster ihrer Kinder präparieren könnten. Auch Hinweise, »Wie man der Folter widersteht«, findet der Abenteurer sehr nützlich und bedauert ein wenig, dass die Häftlinge in Guantanamo Bay vermutlich nicht an diese interessante Lektüre kommen. Sie hätte die Leidensfähigkeit der dorthin Verschleppten sicher enorm erhöht. Ein wenig beruhigt es zwar, dass dem Abenteurer kein Weg zu weit ist, wenn er in das Reich der Männerphantasien führt. In ein Land, in dem es nur so von Gelegenheiten wimmelt, sich als John-Wayne-Imitation hervorzutun. Andererseits wünscht man sich, er würde sich weniger für die brasilianische Wanderspinne (Sie erkennen sie übrigens an den vielen Haaren und an der gräulichen bis bläulichen Färbung, die mit vielen kleinen Lichtpunkten versehen ist) und dafür mehr für die Bodenpflege daheim interessieren.

5. Der Glücksfall

Mit Manieren verhält es sich bei ihm wie mit einer Original Birkin-Bag: Es fallen enorme Anschaffungskosten an, ohne dass man auch nur den kleinsten Anspruch geltend machen könnte. Je nach Ausführung werden für so eine Tasche bis zu 50 000 Dollar fällig. Dennoch kann man die Lieferung nicht einfordern oder wenigstens auf lebenslange Dankbarkeit bei Hermès hoffen. Natürlich denkt bei Hermès auch keiner daran, einem wenigstens einmal im Jahr eine Karte mit dem Wortlaut zu schicken: »Wir sind echt froh, dass Sie sich für uns entschieden haben! Bleiben Sie bloß gesund und vor allem reich.« Im Gegenteil! Fragt man im Geschäft nach ein paar Monaten, wo denn die Bestellung bleibe, wird man belehrt, dass es sich mitnichten um eine verbindliche Abmachung handele. Die Kundin habe allenfalls

»einen Wunsch« geäußert und so bestehe keinerlei Verpflichtung von Seiten des Herstellers. Weder zu überbordender Freundlichkeit noch dazu, die Tasche gefälligst pronto frei Haus zu liefern. Am besten zusammen mit einem Feuerwerk und mindestens 151 Rosen. Meint: Manche Männer glauben offenbar, an sich schon so beglückend zu sein, dass sie auch mit fortgeschrittener Stieseligkeit das weibliche Begehren dauerhaft auf höchster Stufe halten können. Aber nur weil es Flavio Briatore, Christian Wulff oder Joschka Fischer zu mehr als nur einer Frau gebracht haben, bedeutet das nicht, dass Fritz Müller aus Wanne-Eickel die gleiche Gunst vergönnt ist. Ihm fehlt einfach das nötige Kleingeld, seiner Freundin mal eben eine Armani-Abendgarderobe zu spendieren und sie über jeden roten Teppich der Republik zu führen. Ganz zu schweigen von der Beobachtungsgabe, die man braucht, um zu bemerken, dass die Paarung Müllkutscher und 20-jährige Blondine eher selten vorkommt.

6. Der Stratege

Er ist sozusagen das männliche Äquivalent zur Energiesparlampe. Auch er versucht mit möglichst wenig Manieren-Verbrauch durchzukommen. Am Anfang einer Bekanntschaft, ja, da legt er sich noch ins Zeug. Denkt sich süße Überraschungen aus, sagt mindestens einmal die Woche: »Ich liebe dich!«. Er kann sich nicht nur daran erinnern, *dass* man vor fünf Minuten etwas gesagt hat, sondern auch *was* man gesagt hat. So legt er den Grundstein für ein Phänomen, das den Harvard-Professor und Verhaltensforscher Burrhus Frederic Skinner berühmt machte. Der hatte 1948 bei einem Experiment mit Tauben entdeckt, dass die Tiere, denen ein Automat in regelmäßigen Abständen einen Leckerbissen in ihre Kiste gab, merkwürdige Verhaltensweisen entwickelten. »Einige von ihnen drehten sich immer wieder im

Kreis herum, andere streckten den Schnabel in regelmäßigen Abständen in eine bestimmte Ecke des Kastens und wieder andere machten schleudernde Bewegungen mit dem Kopf.«[2] Skinners Erklärung: Die Vögel hätten unbewusst ihr Verhalten in dem Moment, in dem die Leckerbissen kamen, mit der Zuwendung in Verbindung gebracht und versuchten also folgerichtig, weiteres Futter durch die gleichen Bewegungen herbeizuzaubern. Ein Effekt, der in Beziehungen dafür sorgt, dass Frauen sich noch Jahre nach dem letzten Blumenstrauß, nach der letzten süßen Überraschung und nach dem letzten Lob für ihr Aussehen (»Du bist die Schönste!«) weiterhin so ins Zeug legen, als könnte sich das Wunder männlicher Hingabe jede Minute wiederholen. Da fragt sich der Energiesparer natürlich, wozu sich abmühen, wenn ich doch alles einfach so gratis haben kann? Obwohl ich lieber vor dem Fernseher einschlafe, anstatt mit ihr ins Restaurant zu gehen oder all die Dinge durchzusprechen, die sie gerade beschäftigen, und ich Sachen trage, für die sich sogar Dirk Bach schämen würde. Obwohl ich am Samstag lieber daheim geblieben bin und mir noch mal »Der Pate« angeschaut habe, statt auf der Jahresfeier des Kindergartens den Kuchenstand zu betreuen, wie ich es eigentlich versprochen hatte, und obwohl ich ehrlich gesagt nicht den Hauch einer Ahnung habe, wie ihre Kollegen heißen oder was sie eigentlich bei ihrer Arbeit den ganzen Tag macht. Wird schon nicht so wichtig sein, denkt er sich. Wenn es nämlich so wichtig wäre, wie Frauen immer behaupten, müssten Männer ja viel mehr Abstriche beim Komfort machen.

7. Der Emanzipationshypochonder

Er fühlt sich schon lange ähnlich wie Ripley in Alien II, als sie entdeckt, dass es nicht nur einen Alien, sondern Abertausende gibt, der Fortbestand der Menschheit bedroht ist, ohne dass sie auch nur den Hauch einer Ahnung hätte, in welcher Gefahr sie schwebt. Ähnliches Entsetzen wie Ripley befällt den Emanzipationshypochonder, wenn er feststellt, dass Frauen bereits *überall* sind: in den Chefetagen, im Kanzleramt, in den Arztpraxen, und erst kürzlich musste er sich bei einer *Urologin* von hinten befummeln lassen. Nur noch eine Frage der Zeit, bis er eines Tages ins Büro kommt und da eine Frau sitzt, die ihn Kaffee holen schickt. Ganz intensiv spürt er ihn seit ein paar Jahren, diesen schrecklichen Phantomschmerz »Gleichberechtigung« – oder auch die »Männerdämmerung« wie Frank Schirrmacher, Herausgeber der Frankfurter Allgemeinen Zeitung, einen Artikel überschrieb. Er wollte glauben machen, dass Frauen sich im großen Monopoly schon längst die Schlossalleen der Republik unter die manikürten Nägel gerissen haben: »Insgesamt sind damit fast achtzig Prozent der Bewusstseinsindustrie in weiblicher Hand«, schrieb er. Und: »Eine Telefonistin, ein Kindermädchen, eine Schauspielerin und Schriftstellerin und eine Stewardess definieren das Land.«[3] Er meinte Sabine Christiansen, Liz Mohn, Friede Springer, Ulla Berkéwicz und Elke Heidenreich und ein bisschen abschätzig, dass sich nun offenbar sogar das Vorzimmer, die Kaffeeküche, das Spielzimmer und die Provinzbühne über die Chefetage erheben. Praktisch, dass Johannes B. Kerner (Studienabbrecher), Günther Jauch (Studienabbrecher) oder Jörg Pilawa (Studienabbrecher) vor ihrem Einstieg in die Medien gar nicht erst einen Beruf erlernt haben, den man ihnen später unter die Nase reiben könnte. »Typisch!«, würde der Emanzipationshypochonder jetzt sagen. »Hier sind die Frauen nur noch zickig!« Deshalb wendet er sich lieber Frauen zu, die es noch verstehen, das männliche Ego aufzurichten. Für fast gar keine Gegenleistung. Jedenfalls solange der thailändische Baht im Vergleich zum Euro so schlecht dasteht.

8. Die Heulsuse

Haben Frauen nicht ein um fünf Jahre längeres Leben, die Wahl zwischen einer tollen Karriere und einem erfüllenden Dasein als Hausfrau und Mutter? Werden nicht schon die Mädchen so offensichtlich in der Schule bevorzugt, dass sie später die besseren Abschlüsse haben? Sind nicht 80 Prozent aller Obdachlosen in den westlichen Staaten männlich und laufen dort Männer nicht viermal mehr Gefahr, Selbstmord zu begehen, und zwanzigmal häufiger, im Gefängnis zu landen? Männer zahlen mehr Steuern und tragen das höhere Risiko, ermordet zu werden. Soll man Frauen dafür jetzt auch noch Türen aufhalten und Chefsessel zurechtrücken? Ihm fällt kein einziger Grund ein, weshalb Frauen sich benachteiligt oder schlecht behandelt fühlen sollten. Ginge es gerecht zu in der Welt, findet er, wären Männer als das schwächere Geschlecht längst anerkannt und diejenigen, denen in der Straßenbahn Plätze angeboten werden. Frauen sollten froh sein, mit warmen Mahlzeiten, gebügelten Unterhosen, Lob und Bewunderung Männern wenigstens ein bisschen von dem zurückgeben zu können, was die täglich für sie erleiden. Noch auf Manieren zu bestehen, geht da wirklich zu weit.

9. Der Moderne

Er ist auf Augenhöhe mit den Anforderungen des Beziehungsalltags im Internetzeitalter. Ist sich nicht zu schade, auch mal die Waschmaschine auszuräumen oder ganze Nachmittage mit seinem Kind auf dem Spielplatz zu verbringen. Mit seiner Freundin, einem voll ausgebildeten »neuen deutschen Mädchen« teilt er gern seine Fußballleidenschaft für einen der kultigen Clubs, also den FC St. Pauli oder den FC Schalke 04, wo er andere moderne Jung-Männer mit anderen neuen deutschen Mädchen trifft, die selbstironische T-Shirts tragen und ihm bestätigen, dass die Zeiten des trostlosen Frauengejammers so gründlich vorbei sind wie der Vietnamkrieg. Müde winkt er ab, wenn mal wieder etwas Despektierliches über den Mann an sich gesagt oder geschrieben wird. Hier hat dann wohl einer die Zeichen der Zeit so gründlich verschlafen wie Alice Schwarzer. Der moderne Mann hat den Feminismus längst auf der Überholspur abgehängt. Man weiß nur nicht, ob links oder rechts. Jedenfalls sagt er nicht mehr »Frauen sollten« oder »Frauen können nicht«. Er sagt: »Ich fühle mich nicht gut dabei!« Oder: »Ich würde ja gern, aber sag mal, wäre das vernünftig? Ich habe da gerade einen Fuß in der Tür. Die lieben meine Kolumnen, weil da echt mal ein neues Männerbild transportiert wird, sagen sie!« Da kann mal wieder kein anderer tun, was ein Mann tun muss. Diesmal für die Frauen natürlich. Nun räumt der neue deutsche Junge die Vorschusslorbeeren ab, die das neue deutsche Mädchen ihm eingeräumt hat, und darf darauf bauen, dass seine Kalkulation aufgeht: Weil es doch extrem uncool wäre, auf Mitdenken, Mitfühlen, Teilen zu bestehen.

10. Der Macho

Er hält Bushido (»Nutte ich hab Hunger! Nimm dein Kochlöffel und koch mir endlich Hummer! Ich f… dein A… während du kochst! Wie siehst du eigentlich aus?«) für den größten Deutschen. Manieren, das ist für ihn wie eine Teilkastration. Bereits beim Nahkontakt mit Ratschlägen wie: »Bloß nicht im Stehen pinkeln!« oder: »Nein, man öffnet sein Bier im Restaurant nicht mit den Zähnen!« fürchtet er, könnten ihm größere Mengen Testosteron abhandenkommen und er müsste morgen den Subwoofer aus seinem Opel Corsa ausbauen. Allerdings – auch das muss man sagen – arbeitet der Macho intensiv an seiner Abschaffung. Machos trinken mehr Alkohol und neigen zum Drogenkonsum.

Sie sind häufiger in gewalttätige Auseinandersetzungen verwickelt und sie haben Probleme, eine Frau zu finden, die bereit ist, sich mit einem Mann zu paaren, der Verhütung für Frauensache und Kondome für unmännlich hält und jenen Männergesetzen folgt, die sein Leben wie folgt zusammenfassen:

1. Denk immer daran: Du bist ein Mann. Deswegen ist es absolut niemals deine Schuld.
2. Wenn du ein Mädchen nicht magst, sag es ihr nicht. Es ist lustiger, wenn sie es selbst herausfindet.
3. Gib deinem Penis einen Namen. Achte dabei darauf, dass dieser mächtig und bedrohlich klingt.
4. Frag niemals nach Hilfe. Auch wenn du wirklich dringend Hilfe brauchst – frag nicht danach. Sonst denken alle, dass du keinen Penis hast.
5. Frauen lieben es, wenn du sie ignorierst. Es erregt sie.
6. Wenn du, *Gott bewahre*, einmal gezwungen bist, mit einer Frau am Telefon zu sprechen, dann benutze nur einsilbige Worte und Geräusche. Körpergeräusche dürfen länger dauern.
7. Jede Frau findet einen Mann attraktiv, der seinen Namen in den Schnee pissen kann.
8. Ein sicherer Weg, eine Frau zu bekommen, ist, mit ihrer besten Freundin anzubändeln. Sie wird schnell sehen, was sie verpasst, und wird alles dafür tun, dass du sie dann doch ihrer Freundin vorziehst.
9. Zieh keine ordentlichen Sachen an. Alle werden denken, dass deine Freundin sie dir herausgesucht hat. Frauen werden denken, du willst sie nicht ficken.
10. Wenn du nicht überall und ständig Sex bekommst, werden deine Hoden schrumpfen.
11. Gefühle? Welche Gefühle?
12. Das Leben ist ein einziger Wettbewerb. Wenn jemand in ir-

gendetwas besser als du sein sollte, dann tu so, als ob das nicht stimmt. Und hau ihm kräftig aufs Maul.

13. »Liebe« kommt in deinem Wortschatz nicht vor. Denk noch nicht einmal daran, dieses Wort auszusprechen.
14. Behandle deine Freundin scheiße. Bettle und krieche, bis du sie wieder zurückbekommst. Wiederhole das Ganze.
15. Merke dir keine nebensächlichen Dinge wie den Geburtstag oder die Augenfarbe deiner Freundin.
16. Ignoranz löst Probleme. Wenn du sie nicht siehst, sehen sie dich auch nicht.
17. Es gehört nicht zu deinen Pflichten, für deine Taten verantwortlich zu sein.
18. Du bist männlich, daher bist du überlegen.
19. Weinen ist extrem unmännlich. Außerdem bist du ein Mann, also worüber solltest du weinen?
20. Andere Leute erleiden nur für dein Amüsement Schmerzen und Unfälle. Lache laut und lang darüber.
21. Wenn dich jemand um einen Gefallen bittet, dann a) hänge es an die große Glocke, wie schwer dir das fällt, und b) erinnere diese Person alle fünf Minuten für den Rest ihres Lebens daran, was du ihr für einen Riesengefallen getan hast.
22. Wenn du einem Mädchen etwas wirklich Böses antust und sie nicht mit dir reden will, tu so als wäre nichts geschehen. Wenn sie immer noch nicht mit dir reden will, frage sie einfach: »Hast du irgendwas?«
23. Wenn du aufgefordert wirst, etwas zu tun, was du *wirklich* nicht tun willst, dann versuche dein männliches Bestes, um dich aus der Affäre zu ziehen. Wenn das nicht klappt, mache das, was man dir aufgetragen hat. Aber beklage dich ununterbrochen, dass du nicht weißt, wie man es erledigt, und frage ständig, wie man es Schritt für Schritt macht. Sollte jetzt *immer noch* keiner für dich einspringen, erledige den Job so halbherzig, wie du es nur kannst. Sag dann: »Siehste? Ich

habe dir gesagt, dass ich es nicht kann.« Du wirst keine weiteren Aufgaben bekommen.

Es stimmt also nicht, dass alle Frauen mit demselben Mann verheiratet wären. Es gibt Unterschiede, Nuancen, Überschneidungen. Längst nicht alle zeigen das Vollbild »Stoffel« oder glauben, Manieren seien eine perfide weibliche Methode, Männer vollends zu handzahmen Haustieren zu degradieren. Viele wissen offenbar aber auch nicht, dass es schon schlechtes Betragen ist, seine Aufmerksamkeit nur in »lohnende« Projekte zu investieren – Manieren wie etwas zu behandeln, das man sich erst mal verdienen muss oder das wie ein teurer Rotwein nur an ausgewählte Gäste ausgeschenkt wird.

Vielen fehlt einfach das Verständnis dafür, dass Manieren so etwas sind wie das letzte Rettungsboot auf der Titanic. Gut, könnte sich der Mann sagen, das interessiert mich nicht. Ich bin stark, ich habe Möglichkeiten. Aber gerade die Lebenszeit der härtesten Jungs ist besonders knapp bemessen. Und es wird enger auf dem Arbeits- wie auf dem Beziehungsmarkt. So eng, dass funktionierende soziale Netze, Verbindlichkeiten, (unbezahlte) Fürsorge, Freundlichkeit überlebenswichtig werden. Sich darauf zu verlassen, dass Frauen, nur weil sie Frauen sind, einfach so klaglos all das übernehmen, wäre grob fahrlässig. Frauen arbeiten nicht mehr »zu«, sie arbeiten voll. Auch an ihrer Unabhängigkeit von Männern, die sagen »Wer zahlt denn hier alles? Wer?«

Wo kein Zwang mehr herrscht, Kai-Uwe nur deshalb zu nehmen, weil er später mal die Bäckerei seiner Eltern erben wird, oder bei Horst zu bleiben, weil man allein mit zwei Kindern nicht über die Runden käme, bleibt eine Menge Spielraum, den man erst mal füllen muss. Pure Zuneigung allein genügt da nicht. Die Sehnsucht, für andere von Bedeutung zu sein, braucht Ausdrucksformen, Orientierungsmerkmale. Am besten solche, die von möglichst vielen sofort als solche erkannt werden. Ohne Interpretationsspielraum (»Ich dachte du freust dich, wenn ich meine Fußballkumpels zum Spielegucken einlade. Du sagst doch immer, wir sollten mehr unternehmen!«). Deshalb ist es nützlich, ein paar Antworten auf die drängenden Fragen zu kennen. Zuallererst die wichtigste, jene, die das Thema so sicher begleitet wie der Paparazzo Britney Spears:

Und? Was habe ich eigentlich davon?

Schon falsch, diese Frage. Im Manieren-Kosmos bekämen Sie jetzt die Rote Karte gezeigt, müssten zurück an den Start und dort ein paar Runden aussetzen. Aber wir stehen ja noch am Anfang. Deshalb hier für die Begriffsstutzigen: Die Zeiten der Stoffel, der Verweigerer, der Rüpel sind vorbei. Wer sich nicht betragen möchte, wer egozentrisch immer nur an die eigenen Vorteile denkt, kraft seines Daseins nur Privilegien raffen, aber nicht die dazugehörige Verantwortung tragen möchte, den wird das Leben bestrafen. Mit Einsamkeit und mit der Unsicherheit, ob das nackte, bloße Selbst auch in Notzeiten ausreichen wird, andere an sich zu binden, sie dazu zu bringen, sich zu kümmern, sich zu interessieren. Auch dann, wenn man vielleicht nicht mehr so wichtig ist, nicht mehr so reich, nicht mehr so attraktiv. Klingt gar nicht fein? Macht nichts. Ehrlich gesagt haben Frauen ja auch nicht aus lauter Begeisterung und weil es so doll viel Spaß macht jahrtausendelang Geschirr gespült, Unterhosen gewaschen und Essen gekocht, ohne dass das auf VOX übertragen wurde oder vom Gault Millau Auszeichnungen winkten. Sie haben Männern gebannt an den Lippen gehangen und »Toll!« oder »Wie schaffst du das alles nur? Lenken *und* Denken?« oder im Bett »Mit keinem war es jemals so schön wie mit dir!« geflüstert. In erster Linie, weil Männer *immer* und *überall* großartige Leistungen abliefern. Aber auch ein wenig, weil wir eben etwas Druck hatten. Bis vor gar nicht allzu langer Zeit durften wir nicht mal ein eigenes Bankkonto eröffnen oder selbst entscheiden, ob wir eine Berufstätigkeit aufnehmen. Selbstverständlich wurde erwartet, dass Frauen jungfräulich in die Ehe gehen, schon damit sie nicht vergleichen können.

Heute können sie es und sie können ganz allein Entscheidungen treffen: in der Politik für den Politiker oder die Politikerin, die sie und ihre Belange ernst nehmen. In der Wirtschaft für das Unternehmen, dessen Frauenquote in der Vorstandsetage über der eines Augustinerklosters liegt, oder für die Bank, die bei der Vergabe von Krediten an Frauen nicht so tut, als habe man eine Drei-Millionen-Überweisung auf ein haitianisches Konto verlangt und nicht bloß 10 000 Euro für eine sehr gute Geschäftsidee. Vor allem aber haben sie auch in der Liebe alle Wahlmöglichkeiten. Und sie nutzen sie. Auch zum Besten von Männern. »Nur hohe Ansprüche festigen die Liebe«, so das Fazit der Münchner Diplom-Psychologin Eva Wunderer, die ihre Doktorarbeit darüber schrieb: »Warum jedoch sind die Partner, die ein hohes Maß an Gemeinsamkeit, Gleichberechtigung und Investition in ihre Beziehung einfordern, glücklicher als diejenigen, deren Ansprüche geringer sind? Die Antwort lässt sich folgendermaßen zusammenfassen: Wer viel fordert, gibt auch viel. Männer und Frauen, die ihrer Beziehung viel abverlangen, die auf gemeinsame Wertvorstellungen und Gleichberechtigung Wert legen und ein hohes emotionales und zeitliches Engagement in der Partnerschaft einfordern, unterstützen ihre Partner in Stresssituationen und fühlen sich auch selbst unterstützt.«[4] So viel zur Frage: »Wozu Manieren?«

Der Anfang von allem

Wie alle außerordentlichen Leistungen erfordern auch Manieren ein paar Schlüsselqualifikationen. Basics, die das solide Fundament guten Betragens bilden. Die mögen anfangs etwas Arbeit machen und einiges Umdenken erfordern – »Respekt jetzt auch für Frauen?« –, dafür muss man sich später aber auch kaum mehr mit Details beschäftigen. Also etwa damit, ob man den Suppenlöffel an der Spitze oder von der Seite am Mund ansetzt. Hat man nämlich beispielsweise Herzenswärme, Charme, Aufmerksamkeit und Verantwortungsgefühl in seinem Repertoire, fällt man selbst in heiklen Situationen sanft auf ein sehr weiches Polster aus Vorschusslorbeeren. Man hat sich emotionalen Kredit verschafft und zwar in einem Umfang, den nicht mal Josef Ackermann als »Peanuts« bezeichnen würde. Nebenbei wird man außerdem ein besserer Mensch. Mag sein, dass manche das mittlerweile nicht mehr als Wettbewerbsvorteil empfinden, auch weil das Universum gewöhnlich keine Spendenquittungen ausstellt. Dafür braucht man für seinen kleinen Heiligenschein dann aber keine PR-Agentur und erspart sich und anderen nervige Selbstbeweihräucherung (»Habe ich schon erzählt, wie ich ganz allein den Müll heruntergebracht habe?«).

Verantwortung

Schon Adam sagte nicht zu Gott: »O. k., ich habe Mist gebaut, ich wusste ja, dass ich den Apfel nicht nehmen durfte«, sondern: »Die Frau, die du mir beigesellt hast, hat sie (die Frucht) mir von dem Baum gegeben, und so habe ich gegessen.« (Genesis 3, 8–13) Ob er später noch mal gesagt hat: »Die Frau, die du mir beigesellt hast, hat gesagt, ich soll abwaschen, und so habe ich abgespült«, oder: »Sie wollte, dass ich bei Kain und Abel bleibe, also habe ich es getan«, ist leider nicht überliefert. Dafür aber eine ganze Weltgeschichte der Entschuldigungsverweigerungen. Angefangen bei Zeus (»Ich war's nicht, es war der Schwan!«) bis hin zu Donald Rumsfeld, der sich vermutlich lieber selbst anzünden würde, als ein Wort des Bedauerns über Guantanamo zu verlieren. Nein, Verantwortung will keiner übernehmen. Auf keinen Fall. Und natürlich auch nicht die Konsequenz tragen: das Entschuldigen. Geht es um die vier kleinen Worte »Es tut mir leid«, halten es die meisten Männer lieber mit Elton John: »Sorry seems to be the hardest word.« So hart, dass man es einfach nicht über die Lippen bringen mag. Ganz egal, wie offensichtlich angebracht es wäre und wie klar die Indizien sind, dass da jemand Schaden angerichtet hat. Zu groß ist offenbar die Panik, dass, wer Verantwortung übernimmt, auch zur Verantwortung gezogen werden könnte. Eine Angst, die so tief sitzt, dass sie eigentlich neben die Agoraphobie (Platzangst), Bacillophobie (Angst vor Mikroben), Doraphobie (Angst vor Fellen) gehört und wie Azoospermie (Fehlen von reifen männlichen Samenzellen) oder Prostataprobleme in die Liste der typischen Männerkrankheiten aufgenommen werden sollte.

Kein Wort des Bedauerns über das Unglück in Eschede von der Deutschen Bahn. Keine Entschuldigung von Bankern dafür, dass sie die Welt mit ihren als Bürotürmen getarnten Wettbüros in die Pleite getrieben haben. Nachdem sie weniger gut Betuchten gern mal via Fernsehen erklärt hatten, wie man Verantwortung für ein Hartz-IV-Leben übernimmt, das sie nur vom Wegsehen kennen. Klar, man habe Fehler gemacht, meinte Klaus-Peter Müller, der damalige Präsident des Bankenverbandes. Aber das rechtfertige noch lange nicht, eine ganze Branche in Misskredit zu bringen. Übersetzt: Schwarze Schafe gibt es überall. Die 1,8 Billionen Euro, die im Jahr 2008 einfach von den Bildschirmen verschwanden, sind noch lange kein Grund, den Gang nach Canossa anzutreten. Eher sollten sich die Betrogenen was schämen. Wegen Sippenhaft und so.

Es ist, wie schon Nietzsche schrieb: »Wenn sich jemand vor uns entschuldigt, so muss er es sehr gut machen: Sonst kommen wir uns selber leicht als die Schuldigen vor.«[5] Muss es doch einmal raus, dann am besten mit den Worten, mit denen Jörg Haider seine Biographie überschrieb: »Wofür ich mich meinetwegen entschuldige.« Da hat man's mal gesagt, ist seiner Überzeugung – »Ich mache nichts falsch, niemals und ganz egal, wie sehr es danach aussieht.« – trotzdem treu geblieben. Es ist ja oft sowieso – siehe Wolfgang Clement – die einzige Überzeugung, die man noch hat. Allenfalls Betroffenheit ist noch zu haben. Vermutlich, weil sie so günstig ist, wie Sybil Gräfin Schönfeldt in ihrem Buch »Anstand« schreibt: »Der Trick bei der Betroffenheit ist, dass es der Betroffene dabei bewenden lassen kann. Für ihn ist es ideal. Er hat Gefühl gezeigt, hat ungeweinte Tränen ahnen lassen, und schon ist der andere, der sich vielleicht zu Recht beklagt hat, der Angreifer geworden, der Grobian. Was der Betroffene eigentlich unterlassen oder verbrochen hat, ist dank der Betroffenheit im allgemeinen Gefühlsaufruhr verlorengegangen. Das ist ein leichtes und kurzes Spiel, äußerst praktisch dazu, denn behauptet man, betroffen zu sein, kann man es sich schenken, um Entschuldigung zu bitten.«[6]

Natürlich will man so ein Ego-Schnäppchen auch privat nutzen. Und so kommt manche Frau eher an ein Paar Schuhe von

Manolo Blahnik oder an ein Date mit Orlando Blum als an den Satz: »Schatz, es tut mir so unendlich leid, dass ich dich gekränkt habe.« Nein, dafür gibt es keinen mildernden Umstand. Auch nicht den, den ausgerechnet eine Frau – Ali MacGraw – 1970 in der »Love Story« in die Welt setzte: »Lieben heißt, niemals um Verzeihung bitten zu müssen.« Zwei Jahre später wurde dieser Blödsinn in »Is was Doc« aufgegriffen und zu Recht gegeißelt. In dem Film sagt auch Barbra Streisand: »Liebe heißt, niemals um Verzeihung bitten zu müssen«, und Ryan O'Neal meint: »Das ist das Dümmste, was ich je gehört habe.«

Beinahe täglich richtet man irgendwelche Schäden und Verletzungen an, die leider weder von der Hausrat- noch von der Haftpflichtversicherung abgedeckt werden. Auch solche, die aus Achtlosigkeit geschehen. Selbst wenn man alles richtig machen will, kann man trotzdem andere verletzen. Sich zu entschuldigen, Bedauern zu zeigen, bedeutet anzuerkennen, dass man nicht allein ist auf der Welt und andere Leute auch Bedürfnisse haben. Die sind vielleicht anders, aber deshalb nicht weniger schützenswert. Ein »Es tut mir wirklich leid« zeigt aber nicht nur, dass man ein Minimum an Einfühlungsvermögen besitzt, sich also vorstellen kann, wie die eigenen Handlungen bei anderen ankommen. Man beweist damit auch, dass man durch Schaden klüger werden kann, und nährt die Hoffnung, dass das so nicht wieder vorkommen wird. Und noch ein netter Zug: dass man dem anderen die Möglichkeit gibt, mit einer Enttäuschung, einem Frust, einer Brüskierung abzuschließen und sich aus der undankbaren Opferrolle zu befreien. Sich dann und wann einmal in den Staub zu werfen kann also sehr befreiend sein. Vorausgesetzt, man tut es aus Überzeugung und die Entschuldigung ist aufrichtig gemeint, wird also von ernsthafter Reue begleitet.

Die zehn schönsten musikalischen Entschuldigungen

Brenda Lee: »I'm Sorry«
Hot Chocolate: »I'm Sorry«
Chicago: »Hard To Say I'm Sorry«
Lionel Richie: »I Apologize«
Nina Simone: »Don't Let Me Be Misunderstood«
Tom Jones: »Give Me A Chance«
Take That: »Back For Good«
Brian Adams: »Please Forgive Me«
Bon Jovi: »Always«
John Lee Hooker: »Apologize«

Scham

Grauenhaft, dieses Gefühl. Man wünscht es nicht mal seinen ärgsten Feinden. O. k., außer vielleicht dem Müller aus der Buchhaltung oder Fritz, der einem damals beim Fußball mit einer Blutgrätsche eine sechsmonatige Spielpause bei der Germania bescherte. Und auch die erste Freundin könnte ein wenig Scham vertragen. Dafür, dass sie es damals sehr lustig fand, wie beim ersten Sex alles schon nach zwei Sekunden vorbei war. Stattdessen hat man sich selbst geschämt und weiß also, weshalb man das Gefühl für das Allerletzte hält. Es hat weniger Glamour als ein Stuhlbein und besitzt gerade für Männer mit einem XXL-Ego ähnlich viel Gebrauchswert wie ein elektrischer Nagellacktrockner. Sich schämen bedeutet ja nichts anderes als sich mies zu fühlen, klein, unbedeutend, peinlich. Friedrich Nietzsche konnte das nachempfinden: »Man steht dann da wie betäubt inmitten einer Brandung und fühlt sich geblendet wie von einem großen Auge, das von allen Seiten auf uns und durch uns blickt.«[7] Man müsste schon ein großer Freund der Selbstzerfleischung sein, um der Scham auch nur einen Hauch an Schauwerten abzugewinnen. Für manche liegt die Scham deshalb so weit jenseits des eigenen Größenselbst, dass sie eigens eine Domina beschäftigen, um sich mal richtig schämen zu müssen. Natürlich nur in der Freizeit.

Die Wurzel des Übels zu kennen macht es nicht leichter, sich mit ihm anzufreunden. Laut Wikipedia kommt »Scham« vom althochdeutschen »scama«, das sich wiederum aus dem indoeuropäischen »kem« herleiten lässt, was so viel bedeutet wie »verdecken«. Meint also: Wir empfinden Bestürzung und Schuld über etwas, das – vor Zeugen – nur zwei Alternativen offenlässt: Entweder tut sich sofort der Boden unter einem auf oder wir müssen uns entsetzlich schämen. Kein Wunder, wenn Schamgefühle ähnlich wie die Laotische Felsenratte vom Aussterben bedroht sind. Und Schamlosigkeit schon beinahe als Leistungsnachweis gilt.

Ganze Sendekonzepte leben davon, der Scham den Rest zu geben, um auch ihr Publikum davon zu entlasten. »Du darfst!« lautet die vermeintlich erfreuliche Botschaft. Auch auf Pro7. Dort kann man bei »Elton vs. Simon« zwei Berufsjugendlichen dabei zuschauen, wie sie darum wetteifern, wer länger einen Porno sehen kann, ohne eine Erektion zu bekommen, während die Kamera den leggingsbekleideten Schritt der beiden auf ein Zeichen der Erregung abzoomt. Bei RTL sorgt das »Dschungelcamp« für ähnliche Sternstunden der garantiert schamfreien Unterhaltung. Und weil die ARD da natürlich nicht abseits stehen wollte, hat sie sich Oliver Pocher angeschafft, dessen gesamtes Witzkonzept im Prinzip darauf beruht, sich für rein gar nichts zu schämen und dabei so übereifrig vorzugehen wie der Fuchsjagdfanatiker, über den das britische Satiremagazin Private Eye einmal berichtete. Bei einer Lieferung einiger Fasanenküken soll der Mann so außer sich geraten sein, dass er sie noch in der Kiste erschoss.[8] Ersetzt man die Fasanenküken etwa durch Britney Spears, hat man einen typischen Pocher-Kracher.

Wo alle um noch mehr Schamlosigkeit wetteifern und auf Deutschlands Schamgrenzen längst mehr Leute unterwegs sind als am Frankfurter Flughafen, fehlt mittlerweile ein wenig die Attraktion. Ganz zu schweigen von Courage. Die Opfer all der Schamgrenzenverletzungen liegen meist ohnehin schon am Boden oder sind nicht in der Position, größere Hebel in Bewegung zu setzen (das erklärt wohl, weshalb Intendanten- und Beckenbauer-Witze so erstaunlich selten sind). Zudem ist es verdammt schwer, noch einen Witz unterhalb der Gürtellinie zu lancieren, wenn die ohnehin schon auf dem Niveau der Auslegware dahinvegetiert.

Beinahe sehnt man sich doch wieder nach ein wenig Scham. Wegen der Abwechslung. Weil Leben so ganz ohne trostlos ist und vor allem aber, weil Scham uns vor uns selbst und davor schützt, Dinge zu sehen, zu riechen, zu hören, zu erleben, die wir lieber nicht gesehen, gerochen, gehört und erlebt hätten. »Scham bezeichnet im Menschen die innere Grenze der Sünde. Wo er errötet, beginnt eben sein edleres Selbst«[9], bescheinigt Friedrich Hebbel dem Gefühl Frühwarn- und Leitsternfunktionen. Wer sich schämen kann, hat schon mal anerkannt, dass es Regeln und Normen zwischen Menschen gibt, die zu übertreten Folgen hat – wie er selbst möchte, dass seine eigenen Grenzen nicht überschritten werden, seine Würde geschützt wird. Scham ist unser Grenzschutzbeamter, bloß, dass er nicht nach einem Pass fragt, sondern: »Wie stehe ich vor anderen da?« – wenn ich in Gesellschaft meinem primären Geschlechtsorgan eine kleine Massage angedeihen lasse, mal eben ein paar Millionen von meinem Vermögen in Liechtenstein vor dem deutschen Finanzamt in Sicherheit bringe oder vor laufender Kamera Teenager demütige und das Ganze als »Deutschlandsuchtdensuperstar« ausgebe.

Es bliebe einem viel erspart, hätten mehr Leute mehr Angst

davor, mit roten Ohren und pochendem Herzen dazustehen und sich fragen zu müssen, ob das eben nicht etwas zu weit gegangen ist. Gar nicht mal zu ihrem Schaden. Im Gegenteil. Beim Schämen zeigt sich, dass einer noch Ideale hat, an denen er seine Handlungen bemisst. Dass er Rücksichten nehmen kann und wenigstens so viel Phantasie besitzt, sich vorstellen zu können, was andere wohl empfinden, wenn er sich im Zug einen Pickel ausdrückt und das Ergebnis in die Armlehne schmiert.

Natürlich kann man das Schämen auch anderen überlassen. Das nennt sich dann »Fremdschämen«. Manche beschäftigen ein Millionenpublikum dafür. So wie Thomas Gottschalk. In seiner Sendung kniete einst ein Doktor, im Mund einen Tischtennisball, um ihn zweihundertmal an die Wand zu spucken und wieder mit dem Mund aufzufangen. Gottschalk betrachtete eine Weile das Bild des knienden Doktors und sagte dann zu seinem Gast Cate Blanchett: »Dein Mund ist ja so groß, da passen bestimmt zwei Bälle rein.« Sehr viel angenehmer wäre es natürlich, Männer würden das Schämen selbst erledigen. Wir haben ja schon den Haushalt und die Verantwortung für ihre Sockenschublade.

Respekt

Daran herrscht ja nun wirklich kein Mangel. 14 900 000 Einträge liefert allein Google bei diesem Schlüsselwort. Und selbst für 16-Jährige, die erst mal länger überlegen müssen, was etwa mit »Moral« gemeint ist (»Ein neuer WC-Reiniger? Eine Girl-Group?«) gilt Respekt vor allem in seiner englischen Hip-Hop-Version »Respect« als eine Art emotionales Grundnahrungsmittel. Wird er verwehrt, gibt es regelrechte Hungeraufstände: »Ich hau dir gleich auf die Fresse!« Respekt ist allerdings keine Einbahnstraße oder eine Bringschuld. Er ist etwas, das man in den

Grundschulen vor 1970 als »Tuwort« bezeichnete. Oder, wie es die Hamburger RespectResearchGroup – ein interdisziplinäres Team von Forschern an der Hamburger Universität, die das Phänomen untersucht – definiert: »Eine Person, die respektiert, beachtet ihr Gegenüber.« [10]

Weshalb ein Mensch Beachtung verdient, dafür bietet die Wissenschaft vom Respekt gleich zwei Alternativen. Die eine verläuft von unten nach oben. Meint, wir Durchschnittsmenschen achten andere, die besondere Leistungen erbracht haben, die Respektsperson also. Der Lottogewinner entfällt natürlich für diese Form der Ehrung. Ebenso Wolfgang Clement, Jan Ullrich, Gerhard Schröder, Klaus Zumwinkel, Peter Hartz und Stefan Effenberg nach Beendigung seiner Fußballkarriere, um nur einige zu nennen, die ihre eigentlich guten Aussichten auf den Titel »Respektsperson« durch Negativschlagzeilen trübten. Überhaupt sind Respektspersonen in den letzten Jahren eher knapp geworden. Wegen Dopings, Korruption, Überheblichkeit, Steuerhinterziehung, Gier, Eitelkeit oder einer zu deutlichen hormonellen Unausgeglichenheit. Umso dankbarer ist man für die Wenigen, die über all dem stehen. Für Helmut Schmidt etwa, einen 1A-Respekt-Kandidaten. Schon allein weil, wie Asfa-Wossen Asserate schreibt, »allem, was alt ist, Respekt gebührt«.[11]

Aber auch wir, die wir es – noch – nicht bis zum neunzigsten Lebensjahr geschafft haben, weder ein Land regiert noch ein paar wichtige Beiträge zur deutschen Politik geleistet haben (»Wer Visionen hat, sollte zum Arzt gehen.«), sollten nicht auf Respekt verzichten müssen. Deshalb gibt es den vertikalen. Mit ihm bestätigen wir uns gegenseitig, dass wir uns in dem, wer wir sind, und in dem, was wir leisten, wohlwollend zur Kenntnis nehmen. »Wir alle haben das Bedürfnis, von anderen als Person wahrgenommen und berücksichtigt zu werden, als ein Mensch mit eigenen Bedürfnissen, Wünschen und Plänen, die von anderen gesehen und auch beantwortet werden«, so der Diplompsychologe und Paartherapeut Hartwig Hansen.[12] Respekt geht von der freundlichen Annahme aus, dass der andere so wie er ist – bis zum Nachweis des Gegenteils – Achtung und Würdigung verdient. Und noch einmal Hartwig Jansen: »Diese Form des Respekts, das gegenseitige Berücksichtigen auf Augenhöhe, ist meiner Meinung nach unerlässlich in einem guten Zusammenleben.«

Wäre es auch – gäbe es nicht das Problem mit der »Augenhöhe«. Manche Männer schauen einfach nicht gerne geradeaus. Nicht, wenn eine Frau dort steht. Um Frauen mit Respekt zu begegnen, müsste man ja zunächst von der Annahme ausgehen, sie wären gleich wichtig, gleich bedeutend, gleich klug und gleich qualifiziert. Und das darf immer noch nicht sein. Man merkt es ständig. Daran, wie manche Männer Frauen behandeln, als gebe es speziell für sie einen Behindertenbonus: »Nicht schlecht für eine Frau!« Daran, wie Frauen – bei gleicher Arbeit – immer noch schlechter bezahlt werden. Daran, wie etwa Andrea Ypsilanti nicht als politische Gegnerin, sondern als etwas behandelt wurde, das eigentlich in eine Petri-Schale gehört, und daran, wie penetrant lange nicht über Angela Merkels Qualifikation debattiert wurde, sondern über ihr Jackett und ihre Frisur. Daran, dass manche Herren gucken, als wären sie mitten in einer Vollnarkose und hätten nicht vor, die nächsten fünf Jahre aufzuwachen, wenn man mal anfängt, von eigenen Leistungen zu erzählen. Daran, wie Frauen in Meetings abgebügelt werden oder wie Männer einfach weghören, wenn man sie auffordert, doch endlich mal das Geschirr in die Spülmaschine zu stellen oder anzurufen. Und natürlich auch daran, wie Michael Kneissler, der auf Pro7 ein journalistisches Gnadenbrot als »Promi-Experte« fristet, sich fast übergeben möchte, weil die Schauspielerin Kim Catrall sich mit über 50 erlaubt hat, sich für einen guten Zweck auszuziehen.

Nimmt man zum Maßstab, was Arthur Schopenhauer einmal schrieb: »Um fremden Wert willig und frei anzuerkennen und gelten zu lassen, muss man eigenen haben«,[13] könnte man mit vielen Männern nicht mal eine Postkarte frankieren. Respektlosigkeiten wie Häme, Verhöhnung, Abschätzigkeiten sind starke Waffen, die vor allem gegen Frauen in Position gebracht werden und meist unter die Gürtellinie zielen. Respekt wird Frauen nach wie vor am liebsten dann gezollt, wenn sie es schaffen, mit Körbchengröße DD und Konfektionsgröße 36 nicht ständig vornüber ins Büfett zu kippen, wenn sie nach einer Schwangerschaft so lange nichts mehr essen, bis man sie wieder mit auf Empfänge nehmen kann, und wenn sie wissen, wann sie den Mund zu halten haben. Am besten immer. Oder jedenfalls, solange Männer wach sind. Umso dankbarer sind wir für Männer, die die To-Do-Liste von Sybil Gräfin Schönfeldt für den respektvollen Umgang beherzigen: »Wenn ich Rücksicht nehme, möchte ich, dass mich der andere bemerkt, ansieht, anspricht. Ich wünsche, dass er seine Ich-Bezogenheit, seine als Ich-AG gepriesene Einkapselung aufgibt. Ich will, dass ich als seinesgleichen wahrgenommen werde, dass er bei seinen Handlungen an mich denkt, mich berücksichtigt. Ich will darüber hinaus nicht das Geringste von ihm. Ich will nur sein Nächster sein, sein Mit-Mensch.«[14] Das sollte sogar ein Michael Kneissler schaffen. Wir würden ihm dafür auch so lange Zeit geben, bis er sich endlich mal die Zähne professionell hat reinigen lassen.

Bitte und Danke

Manieren ohne diese beiden kleinen Worte sind so undenkbar wie ein Sonntagabend ohne Rosamunde Pilcher. Nichts trägt besser zur allgemeinen Klimaverbesserung bei, nichts ist einfacher anzuwenden. Dennoch wird diese günstigste aller Gelegenheiten, sich beliebt zu machen, immer weniger genutzt. Liegt es an der »Geiz ist geil«-Mentalität, wenn man sich nun auch noch das Bitte und Danke spart? Daran, dass man gar nicht einsieht, weshalb man auch noch nett sein soll zur Kassiererin, zur Stewardess, zur Toilettenfrau, zur Sekretärin und zur Gattin, deren Dienstleistungen im Preis inbegriffen sind? Vielleicht fürchtet man ja auch die Risiken, die diesen beiden Worten innewohnen. Wer »Danke« sagt, erkennt ganz offiziell eine Leistung an und das könnte Folgen haben. Etwa die Erwartung auf eine Gegenleistung. Da bedankt man sich bei seiner Frau etwa für eine aufgeräumte Wohnung und eine warme Mahlzeit und schon fällt ihr ein, dass man ja eigentlich auch mal wieder Hand im Haushalt anlegen könnte. Besser also man hält den Mund. Tut so, als sei das alles ganz selbstverständlich, nicht der Rede und schon gar keine Dankbarkeit wert.

Auch beim »Bitte« drohen unkalkulierbare Folgen. Leistet man damit doch der Einbildung Vorschub, man sei jemandem eine Gegengefälligkeit schuldig. Am Ende muss man drei Wochen auf die Katze des Nachbarn aufpassen, bloß weil man ihn mit einem »Würden Sie mir bitte mal die Tür aufhalten? Ich habe gerade meine Hände nicht frei!« um eine Winzigkeit gebeten hatte. »Bitte« sagen zu müssen macht einen schrecklich abhängig. Besser also man sagt: »Machen Sie gefälligst mal die Tür auf. Sie sehen doch, dass ich die Hände voll habe!« Und schickt noch ein »Dämlicher Stoffel!« hinterher. Man ist doch kein Bittsteller! Man hat Rechte! Und das Allerletzte, was man gebrauchen kann, ist, in einem unübersichtlichen Geflecht aus Verbindlichkeiten zu versinken. Haben wir alle nicht schon genug um die Ohren? Und sagt uns vielleicht jemand »Danke« oder »Bitte«? Erst gestern hat sich Kollege Schulze einfach wortlos an der Kaffeemaschine bedient, hat Frau Meyer nicht einen Pieps gesagt, obwohl man ihr freiwillig ein wenig Arbeit abgenommen hatte! Lauter soziale Autisten, die man nicht noch mit Entgegenkommen für ihre Stoffeligkeit belohnen möchte! Da wäre man ja schön dumm, den ersten Schritt zu tun!

Aber ehrlich: Noch viel dümmer ist es, schlechtes Betragen mit noch schlechterem zu beantworten. Uns über etwas zu ärgern, was wir selbst nicht zu tun bereit sind. Vor allem aber, eine der einfachsten Methoden, sich beliebt zu machen, auszuschlagen. Nicht umsonst fragt man kleine Kinder: »Wie heißt noch mal das Zauberwort?«, wenn sie das »Bitte« oder »Danke« vergessen. Beide verfügen nämlich über mehr Magie als Siegfried und Roy zusammen. Es liegt an den guten Gefühlen, die sie auslösen. Andere sind entzückt, wenn sie sich in dem gewürdigt fühlen, was sie – auch für uns – tun. Und sei es nur, dass sie einem das Wechselgeld herausgeben oder einem den Vortritt lassen. Es zeigt ihnen, dass sie nicht allein sind auf der Welt und dass ihr Tun Sinn macht. »Bitte« und »Danke« sind deshalb so etwas wie das 13. Monatsgehalt für unseren Gefühlshaushalt. Eine Geste der Großzügigkeit, die von innen wärmt. Darauf zu verzichten wäre, als würde man sich selbst die Heizung abdrehen und in einem Klima leben wollen, in dem sich nicht mal mehr Pinguine wohlfühlen.

Charme

Er ist der strahlende Held unter den Eigenschaften. So verführerisch, dass sogar das sonst stocknüchterne Internetlexikon Wikipedia ausnahmsweise mal die Contenance verliert und den Charme als eine betörende Mischung aus »Anmut, Liebreiz und Anziehungskraft« anhimmelt. Das französische Substantiv »Charme« bedeutet »Zauber, Reiz«. Ein Mann, der »bezaubert«, wird »Charmeur« genannt. Die weibliche Form wäre eigentlich die »Charmeuse«, aber eine »Bezauberin« ist im Duden nicht vorgesehen. Das Wort wird für einen Stoff aus Kunstseide und/oder synthetischen Fasern verwendet. Vermutlich braucht es keinen extra Ausdruck für charmante Weiblichkeit, da viele Attribute, die man mit Charme verbindet – etwa die Fähigkeit gut zuzuhören –, ohnehin sozusagen zur serienmäßigen Ausstattung von Frauen gehören.

Weshalb Charme dann eine Weile so in Vergessenheit geraten ist? Und Frauen schon fürchteten, dass er nur noch auf DVD zu haben ist? In Filmen, in denen Cary Grant oder Rock Hudson die Hauptrollen spielen? Vermutlich, weil eine seiner vielen Qualitäten darin liegt, sich niemals in den Vordergrund zu drängen. Und so konnten die Blender unter den persönlichen Merkmalen – also starke Ellenbogen, Unverschämtheit, Egomanie, Oberflächlichkeit und Selbstbezogenheit – eben einfach eine Zeitlang alle Aufmerksamkeit auf sich ziehen. Es war wie bei einem Autounfall: schrecklich, aber man musste einfach hingucken. Das hat empfindliche Charme-Lücken hinterlassen und umso mehr Sehnsüchte geweckt. Nach all dem, was echten Charme ausmacht. Zunächst einmal die Aufmerksamkeit. Sie sei die höchste Form von Schmeichelei, lobte Bestsellerautor Dale Carnegie. Tatsächlich ist ungeteilte Aufmerksamkeit in unseren hektischen Zeiten ein mittlerweile so rares Gut, dass sich jeder, dem sie zuteilwird, geadelt fühlt. Eine Charme-Todsünde wäre es deshalb, würde man beim Gespräch auf die Uhr schauen oder mal eben gucken, ob eine SMS eingegangen ist.

Charme ist zudem durch und durch demokratisch. Niemals würde er Unterschiede machen zwischen nützlichen und weniger nützlichen Menschen, zwischen arm und reich, wichtig und unwichtig. Und auf keinen Fall würde er seine Interessen, seine Themen über die von anderen stellen. Er sorgt vielmehr nach Kräften dafür, dass man sich wie die Hauptattraktion in einem Ego-Streichelzoo fühlt. Er kann loben und Komplimente machen. Einfach so und ohne dass man sich als Frau dafür mit straffem Bindegewebe, einem BMI von unter 20 und wallendem Haar oder wenigstens mit einem Millionenvermögen qualifizieren muss.

Eigentlich müsste Charme deshalb ganz oben auf der Liste der suchterzeugenden Stoffe stehen. Ganz egal, ob er in Tennissocken und Sandalen steckt oder etwas rundlich ist. Wie der Single, der in New York auf eine Frau aus Kanada wartete, die er über ein internationales Partnersuchportal im Internet kennengelernt hatte. Es sollte ihre erste persönliche Begegnung werden. Beide wurden für eine Fernsehdokumentation von der Kamera begleitet. Sie sah ihn bereits, bevor er sie entdeckte, und war entsetzt. Überlegte dann aber – der lange Weg, der Flug und wo man schon mal da war. Also entschied sie sich, wenigstens den Nachmittag mit ihm zu verbringen. Einige Wochen später besuchte das Fernsehteam die beiden erneut in New York. Und während sie erzählten, wie es so gelaufen war, hätte man als Zuschauerin am liebsten gesagt: »Packen Sie mir den ein. Ganz egal, wie viel Zoll er kostet.« Dieser eher unscheinbare Mann hatte die wunderbarsten Seiten der Stadt für diese Frau aufgeblättert. Hatte die nettesten Dinge für sie getan, sie auf Händen getragen, sie mit Charme dermaßen eingewickelt, dass sie für ihn vermutlich sogar Daniel Craig stehen lassen würde. Schließlich kann Charme praktisch alles. Sogar vergessen machen, dass man gerade versetzt wurde, dass die Handtücher schon wieder nass auf dem Boden liegen und man doch lieber nicht wieder allein zum Elternabend gegangen wäre. Weshalb charmante Männer dann solche Mangelware sind? Offensichtlich sind Männer doch nicht so vernunftbegabt, wie man immer annimmt. Sonst hätten sie längst erkannt, wie viel klüger es wäre, charmant zu sein, als ihre Zeit mit Flachleger-Ratgebern wie »So kriegen Sie jede Frau rum« zu vergeuden.

Neben den vielen Möglichkeiten, sich rundum beliebt zu machen, gibt es natürlich auch einige todsichere Methoden, sich ins soziale Aus zu manövrieren. Wer im großen Karmarad wieder ganz von vorne, also höchstens als Flechte anfangen möchte, probiert es am besten mit diesen fünf Plagen:

Mitleidlosigkeit

Wird gern mit Stärke verwechselt. Vollimprägniert gegen jedwedes Mitgefühl zu sein halten manche immer noch für den einzig gültigen Alphamännchen-Mitgliedsausweis. Dann sagen sie Dinge wie: »Sollen die erst mal arbeiten«, oder: »Ich habe nichts zu verschenken«, oder: »Das ist nun wirklich nicht mein Problem«, und denken offenbar nicht daran, wie schnell man heutzutage von der Gewinner- auf die Verliererseite rutschen kann. Ganz zu schweigen von dem Mangel an Einfühlungsvermögen, der sich darin offenbart. Sich nicht vorstellen zu wollen, wie es etwa ist, mit fast nichts außer Hartz IV auskommen zu müssen, seine Arbeit zu verlieren, alleinerziehend zu sein, krank zu werden oder auf der Straße zu leben, qualifiziert einen allenfalls zum Holzklotz. Damit kann man es – wie zahllose Beispiele belegen – zwar bis in die Spitzen von Politik oder Wirtschaft schaffen. Aber allein unter Holzklötzen zu sein, das muss gerade für einen, der aus demselben Material geschnitzt ist, eine hochriskante Daseinsform sein. Denn Mitgefühl, das weiß er ja aus eigener Anschauung, wird sich da im Zweifel keiner abringen. Im Gegenteil. Manche haben sogar Streichhölzer dabei und sind bereit, sie zu benutzen.

Selbstmitleid

Eigentlich kein Wunder, wenn sich manche das Mitgefühl für andere quasi vom Mund absparen: Sie brauchen es für sich selbst. Niemand ist so verkannt, keiner wird so unterschätzt, ist so unterbezahlt oder muss so viel arbeiten wie der Selbstmitleidige. Natürlich ohne die angemessene Anerkennung. Logisch eigentlich, weil das Nobelpreis-Komitee leider noch keine Kategorie »größte Jammerleistung« ausgerufen hat. Vom Selbstmitleidigen sind natürlich weder Unterstützung noch Verständnis zu erwarten. Er ist da selbst notorisch unterversorgt. Ständig wird sein Recht auf Rücksichtnahme, auf Lorbeer, Auszeichnungen, Beachtung, Lobhudeleien mit Füßen getreten, also hat er nichts davon abzugeben. Sogar wenn seine Frau von der dritten Chemotherapie geschwächt nach Hause kommt, würde er noch sagen: »Ja, schlimm. Aber als ich damals mit einer schweren Grippe im Bett lag, ging es mir noch viel dreckiger.« Wer sich in Selbstmitleid suhlt, hat keine Gefühle mehr für andere übrig. Die sind es im Gegenteil, die dem Selbstmitleidigen etwas schulden. Reparationszahlungen für entgangene Aufmerksamkeit. Das an sich ist schon anstrengend genug. Richtig böse wird es, wenn man das Selbstmitleid zu Ende denkt. Denn Selbstmitleid verlangt nach Satisfaktion. Seine Idee von Fairness: Auch andere leiden zu sehen.

Eitelkeit

Sie beschert uns die ödesten Abende – neben einem Mann sitzend, der gerade »nur die wichtigsten« Stationen seiner Erfolge zum Besten gibt. Also ununterbrochen redet. Nach der Devise »klappern gehört zum Geschäft« halten es vom Staubsaugervertreter bis hin zum Politiker mittlerweile alle für unerlässlich, ihre Umwelt mit so viel Selbstbeweihräucherung zu vernebeln, bis man vor lauter Platzhirschen gar keinen echten Grund mehr für all das Gedöns erkennt. Bloß weil etwa einer im Fernsehen kocht, qualifiziert ihn das noch lange nicht, eine Stewardess anzuherrschen: »Wissen Sie denn nicht, wer ich bin?«, wie kürzlich am Frankfurter Flughafen beobachtet. Ja, wenn er Einstein wäre oder Nelson Mandela! Aber die hätten es ohnehin nicht nötig, sich wie ein Pfau zu spreizen.

Es ist, wie Natalie Cole einmal meinte: »Männer sind zwar oft so jung, wie sie sich fühlen, aber selten so bedeutend.« Auch wenn man es heute »Eindrucksmanagement« nennt, macht es die Eitelkeit nicht sozialverträglicher. Ständig mit vermeintlichen Großtaten behelligt zu werden, die selbst ein Vierjähriger bewältigen könnte – zum Beispiel zufällig im Vorstand zu sitzen, wenn die Weltwirtschaft anzieht –, kann einen ganz schön mürbe machen. Ebenso wie die damit verbundene »Das hab ich mir verdient«-Attitüde, mit der etwa Manager ihre Millionensaläre rechtfertigen oder der Politiker seine Diätenerhöhung. Gern macht der Eitle Ansprüche auf Sonderbehandlung geltend, die in ihrer Dreistigkeit sogar Ludwig XIV. peinlich gewesen wären. Ansprüche, wie sie etwa Kurt Biedenkopf, sicher nicht zu den Ärmsten zählend, an der Kasse von Ikea Dresden äußerte, als er um Rabatte feilschte. Wie ein elender Bandwurm zieht sich die Eitelkeit durch die Geschichte. Und da ist es beinahe schon eine Wohltat, wenn einer sich seiner Schwäche wenigstens bewusst ist und sie mit Selbstironie betrachtet. So wie Oscar Wilde, der wünschte, in einem Sarg bestattet zu werden, der innen ganz mit Spiegeln ausgeschlagen ist, »damit ich eine Freude habe, falls ich als Scheintoter aufwache«.[15] Auch für diese Sonderausstattung ließe sich sicherlich ein Preisnachlass herausschlagen. Schließlich ist man ja nicht irgendeine Leiche!

Homophobie

Ehrlich, es ist so lustig wie ein Brand im Altersheim, wenn Männer Schwulenfeindlichkeit als Humor ausgeben. »Ich heiße Oliver … yeah … Pocher ist mein Nachname. Mark Medlock, du hast den Hintern voller Schlagsahne.«[16] Manche scheinen von dem Thema regelrecht besessen zu sein. An der Witzigkeit liegt es ganz sicher nicht, wenn manche Männer sich dauernd an dem Thema abarbeiten. »Ist es dir hier nicht zu warm?«, fragte mich mal ein Kollege, als wir im Auto eines schwulen Kollegen fuhren.

Bei etwa zehn Grad – es war Winter – musste ich sehr lange nachdenken, was er überhaupt meinte, bevor ich ihn aus meiner Kartei »Ganz nett, vielleicht mal ein Kaffee?« strich.

Wenn der frühere Trainer der österreichischen Nationalmannschaft, Otto Baric, sagt: »Meine Spieler müssen echte Kerle sein. Also können Homosexuelle bei uns nicht spielen. Höchstens gegen mich«, fragt man sich, ob Freud nicht einem fundamentalen Irrtum erlag, als er meinte, Hysterie sei weiblich. Anders als panisch kann man es wohl nicht bezeichnen, wenn etwa Rapper Eminem für 150 000 Euro eine Ausgabe von *The Face* aufkaufen lässt, weil er dort in einem *rosa* Muscle-Shirt abgebildet war. Bei Rap und auch beim Hip-Hop gehört Gay-Bashing ja quasi zur Arbeitsplatzbeschreibung. Offenbar hat man es da besonders nötig, überdeutlich zu machen, was man auf keinen Fall sein will. Aber was ist man dann? Ein Meerschweinchen? Ein Rollenkoffer? Ein Spülschwamm? Eine Memme? Fragen, die sich Schwulenhasser dauernd öffentlich stellen müssen, ohne jemals eine befriedigende Antwort zu finden. Ihre Männlichkeit definiert sich nur über die Abgrenzung. Ein ewiges Dementi, an dem nur eines verdächtig ist: dass niemand eine Verdächtigung ausgesprochen hat. Außer der Schwulenhasser selbst.

Was das alles mit Frauen zu tun hat? Es sollte geschlechterunabhängig sein, sich über offene Gewaltphantasien und Intoleranz ein paar ernsthafte Sorgen zu machen. Außerdem sind in der Gleichung »nicht schwul = richtiger Mann« auch ein paar sehr unerfreuliche Begleiterscheinungen für Frauen enthalten. Zum Nachweis dafür, auf gar keinen Fall und nicht mal im Entferntesten an Sex mit Männern auch nur zu denken, braucht der Schwulenhasser meist ein paar Frauen, die – um in seinem Kosmos zu bleiben – ihm die Eier schaukeln. Da haben wir wirklich etwas Besseres zu tun. Deshalb hier ein kleiner Hinweis: Ein richtiger Mann ist einer, der es nicht nötig hat, sich über andere zu erheben. Ganz egal, ob er schwul oder hetero oder bi ist.

»Vulgarität ist die Extremform der Unhöflichkeit. Sie missachtet jede Etikette – im Namen vermeintlicher Natürlichkeit oder lebensfroher Geselligkeit. Stets ist sie eine Erniedrigung der Freiheit. Der vulgäre Charakter hat keinen Anstand, weil er keinen Abstand zu seinen spontanen Impulsen hat. Er verhält sich plump, laut, unverfroren. Scham ist ihm ebenso fremd wie Ehre oder Takt«, so Wolfgang Sofsky in der Sendung »Kulturzeit« über diese Fünfte der Untugenden, die sich ausbreitet wie Schnupfen.[17] Mit »Nimm mich jetzt, auch wenn ich stinke!«, riefen schon »Die Blöden« zu mehr Mut zur Rohfassung auf. Und wie man täglich im Fernsehen beobachten kann, ist die Botschaft angekommen. Höflichkeit und Rücksicht auf anderer Leute Gefühle und Intimsphäre wird als Verstellung gründlich missverstanden. »Zurück zur Natur!«, lautet der Irrtum, der dazu führt, dass einen jeder mit Entäußerungen seines Körpers – Schmatzen, Furzen, Rülpsen, Spucken – behelligen darf. Jeder, der mindestens ein Fremdwort kennt, gilt als »abgehoben« und wird für unerlaubtes Entfernen von der Truppe mit Verachtung bestraft.

Die Devise: »Wo ich bin, ist richtig«, mag zwar beruhigend sein, erstickt aber jede Ambition, auch mal über den Tellerrand zu gucken, seine Energie in noch etwas anderes als in den Download des neuesten Klingeltons zu stecken. Wozu Bildung oder Abitur? Gut ist, was Erfolg bringt. Und Erfolg wird an der Zahl der Scheinwerfer und Kameras bemessen, die um einen herumstehen. Nein, man lernt nicht mehr für die Schule. Man lernt gar nicht mehr. Man kann auch zu den Castings von »Deutschland sucht den Superstar« oder »Deutschland sucht das Supermodel« gehen oder wenigstens in eine der Nachmittagstalkshows. Dort lohnt sich Leistung noch. Für den, der den Rüpel am überzeugendsten gibt und alle Hemmungen ablegt (»Ich hab sooo'n Teil, man nennt mich auch den Big-Willy von Düsseldorf!«).

Vulgarität ist natürlich auch in Kreisen, die nachmittags zu beschäftigt sind, um sich Oliver Geissen anzuschauen, vertreten. Sie ist vielleicht eleganter gekleidet – zeigt aber dieselben Symptome: einen Mangel an Selbstbeherrschung und die Überzeugung, dass an ihr nichts zu verbessern ist. »Doch wer sich nur so gibt, wie er ist, muss ungemein große Tugenden besitzen, um für andere erträglich zu sein«, so Wolfgang Sofsky.[18] Ein Kriterium, über das sich der Vulgäre keine Gedanken macht. Solange es Fernbedienungen und Rülpswettbewerbe gibt.

Der Mann zu Wasser, zu Lande und in der Luft

Eigentlich sollten Männer Experten für den höflichen Umgang gerade mit Fremden sein. Immerhin wimmelt es besonders in den Männerdomänen nur so von Verhaltensregeln. Angefangen bei »Star Trek« (»A princess should not be afraid – not with a brave knight to protect.«) über den Western (»Never slap a man who's chewing tobacco!«) bis hin zum Fußball zeigt sich, wie Männer ohne strenge Vorgaben zum richtigen Betragen gar nicht leben könnten. Besonders auf'm Platz gibt es davon beinahe mehr als am englischen Königshof, ohne dass jemand »Gängelei!« jammert oder sagt: »Können wir heute nicht mal mit zwei Bällen spielen? Wäre doch 'ne schöne Abwechslung.« Im Gegenteil. Hier können Männer sogar ganz schön energisch werden, hält sich einer mal nicht an die Regeln. Spuckt etwa ein Spieler seinem Gegner verächtlich vor die Füße, sagt der Fan nicht: »Ach, der hatte wahrscheinlich einen schlechten Geschmack im Mund.« Nein, er verlangt nach Satisfaktion, also mindestens nach der Gelben Karte und bedauert zutiefst, dass das Teeren und Federn schon ein paar Jahrhunderte lang verboten ist.

Ein gewisses Verständnis dafür, dass man gerade dort, wo man sich nicht kennt und also nicht mal eben sagen kann: »Wenn du nicht gleich den Finger aus der Nase nimmst, kannst du deine Unterhosen in Zukunft selbst waschen.«, ein paar Manieren braucht, sollte also durchaus im Manne angelegt sein. Leider merkt man gerade dort nichts davon, wo man besonders viel davon braucht: Im öffentlichen Raum. Also in der U-Bahn, auf der Straße, im Flieger, beim Sport, im Kaufhaus und in der Sauna. Es mag daran liegen, dass dort keine Schiedsrichter unterwegs sind. Jedenfalls keine, die einem Mann, der im Bus stoisch sitzen bleibt, anstatt einer älteren Frau seinen Platz anzubieten, mal eben für die Teilnahme am öffentlichen Nahverkehr sperrt. Anders als auf dem Fußballplatz bilden sich keine Sprechchöre, die »Wir wissen, wo dein Auto steht!« skandieren, wenn sich mal wieder einer vordrängelt, weil er seine Zeit für viel zu kostbar hält, um sie wie alle anderen in Warteschlangen zu vergeuden. Niemand bekommt die Rote Karte, wenn er einem anderen nicht die Tür aufhält. Und wenn eine Frau mit Kinderwagen im Bus vergeblich ein paar anwesende Männer fragt, ob mal eben einer beim Ausstieg behilflich sein könnte, schreit keiner »Foul«.

Es scheint vielmehr eine stille Übereinkunft darüber zu geben, dass – wenn da nicht wenigstens Penélope Cruz mit drei vollen Einkaufstüten über eine Straße wankt – es sich einfach nicht lohnt, höflich und rücksichtsvoll zu sein. Weder tut sich der Himmel auf, noch gibt es Applaus oder wenigstens einen Coupon für ein Gratisgetränk. Das Leben geht einfach so weiter, wenn man nichts tut, als sich um sich selbst zu kümmern. Bei dieser abendfüllenden Tätigkeit bleiben für Höflichkeit und Rücksichtnahme offenbar keine Kapazitäten mehr übrig. Außerdem kennt man ja die nicht, die sich gestört fühlen könnten oder sich ekeln, wenn sie bei einem Spaziergang durch deutsche Innenstädte mit ihren Schuhsohlen Speichelproben von etwa der Hälfte der männlichen Bevölkerung aufnehmen. Ist doch egal, ob alle Welt einem dabei zugucken kann, wenn man sich vor aller Augen mal eben die Hosen öffnet, um sich Erleichterung zu verschaffen. Wäre ja auch viel zu anstrengend, eine Toilette aufzusuchen, für das bisschen Pinkeln. Und funktioniert die Anonymität gerade der Großstädte nicht beinahe wie eine Tarnkappe?

Wenn ich nichts sehe, sehen die anderen auch nichts. Und dann hat man noch ein hervorragendes Alibi: Die anderen tun es doch auch!

Gut, man könnte sagen, andere studieren Philosophie, forschen nach einem Mittel gegen Krebs, retten Wale oder lernen die Konjunktivformen französischer Verben. Doch nichts scheint eine solche Sogkraft zu entwickeln wie schlechtes Betragen, gerade auf der Straße. Vielleicht auch, weil man dort noch Reviere markieren kann? Anders als in der Politik, der Wirtschaft und sogar beim Fußball, traditionellen Männerdomänen, in denen Frauen nun eigene Terrains reklamieren. Ist möglicherweise Angela Merkel daran schuld, dass die Zahl der Spucker und Wildpinkler stetig zu steigen scheint, weil die Schmach, von einer Frau regiert zu werden, ja irgendwohin muss? Werden Deutschlands Straßen demnächst flächendeckend mit »Ultra-Fresh-WC-Steinen« ausgestattet werden müssen, wenn in den Vorständen der DAX-Unternehmen endlich Frauen auftauchen? Jedenfalls muss es etwas Unterbewusstes sein, das Männer Dinge tun lässt, vor denen ihnen selbst grauen würde, dächten sie bloß einmal eine Minute nach, ehe sie sich ein Nasenloch zuhalten, um das andere mitten in der Fußgängerzone zu entleeren.

Eine Ansicht, die ich mit Marianne (55), Jägerin aus Leidenschaft, teile: »Finden größere Jagden statt, trifft man sich irgendwo im Grünen. Natürlich sind die Männer in diesem Bereich noch absolut in der Überzahl. Meistens sind wir so drei Frauen und etwa vierzig Männer. Bevor die Jagd beginnt, verschwindet jeder der Herren noch einmal im Gebüsch. Nicht so weit, dass man sie oder das, was sie da tun, aus den Augen verlieren würde. Ist das Geschäft erledigt, strömt alles zusammen und jeder der Herren gibt jeder von uns Frauen brav die Hand – ›Angenehm, Schulze!‹. Also dieselbe Hand, die gerade noch das getan hat, wonach man sich gewöhnlich die Hände waschen sollte.« Nicht mal eine gutgehende Urologen-Praxis kommt an einem solchen Tag auf so viele Urinproben wie Marianne und ihre Mitjägerinnen.

An den Männern liegt es jedenfalls nicht, wenn die Wasservorräte weltweit immer knapper werden. Jäger sind ja nicht die Einzigen, die sich nicht die Hände waschen und dafür immerhin noch geltend machen könnten, dass Gott das Waschbecken vergessen hat, nachdem er mit dem Wald und Bambi fertig war. Jeder dritte Mann unterlässt es, um danach andere Menschen, Gläser oder Computertastaturen anzufassen, Knabberzeug aufzufüllen, Fisch zu filetieren, Steaks zu klopfen oder Kindern über den Kopf zu streichen. So werden nicht nur Darminfektionen übertragen. Ständig kommt es auch zu einer Art Oralverkehr mit völlig Fremden, die man sich ganz bestimmt nicht freiwillig für einen Transfer von Körpersäften ausgesucht hätte. Zugeben würde das natürlich keiner. Der Mann ist schließlich ein gewiefter PR-Stratege und hält nach der Devise »Es ist ein harter Job, aber einer muss ihn ja machen!« immer erst mal das Allerbeste von sich. Auch und vor allem bei der Hygiene.

Zu diesem Ergebnis kam einmal mehr eine Studie, durchgeführt vom amerikanischen Marktforschungsunternehmen »Harris Interactive«. Dort hatte man zunächst eine Telefonumfrage durchgeführt. Darin gaben 92 Prozent der befragten US-Bürger an, sich nach dem Toilettengang die Hände zu waschen. Der anschließende Praxistest zeigte jedoch ein ganz anderes Ergebnis. Die schlechteste Handwaschmoral ermittelten die Beobachter in einem Baseballstadion in Atlanta. Nur 57 Prozent der Männer wuschen sich dort nach Benutzung der Toilette die Hände, dagegen waren es immerhin 95 Prozent der Frauen. Gleichstand zwischen den Geschlechtern gab es in einem Aquarium mit jeweils 81 Prozent bei den Frauen wie auch bei den Männern. »Möglicherweise animierte das wasserreiche Umfeld zur Hygiene«, vermutete die Bild-Zeitung. Leider kann man nicht jedem Mann ein Aquarium oder wenigstens ein Goldfischglas mitgeben!

Eigentlich sollte er sowieso selbst wissen, wie man sich im öffentlichen Raum beträgt. Dass man sich beispielsweise ausreichend lange Hosen anzieht. Jedenfalls lang genug, um den Hoden den Sichtschutz zu bieten, den sie und ihre Umwelt verdient hätten. Dass man beim Niesen die Hand vor den Mund hält, anstatt den Versuch zu unternehmen, die Spargelfelder in Niedersachsen zu bewässern. Und dass man seinen Rotz nicht lautstark vom Tiefgeschoss der Lungen bis unter die Haarspitzen hochzieht. Dass man »Bitte« und »Danke« sagt, wenn man an der Supermarktkasse bezahlt, weil man es mit Menschen und nicht mit Arbeitsautomaten zu tun hat. Dass man wenigstens Zerknirschung vortäuscht, wenn man versehentlich jemanden anrempelt, anstatt ihm »Pass doch auf!« hinterherzubrüllen. Außerdem wäre es sehr, sehr schön, man würde anderen helfen, wenn sie bedrängt werden, anstatt einen besonders großen Bogen zu machen, wenn es auch nur annähernd so aussieht, als könnte jemand Unterstützung brauchen. Das heißt nicht, dass man sich beherzt und unbewaffnet in eine Messerstecherei stürzt. Es reicht oft schon, sich nicht abzuwenden und nicht so zu tun, als habe jemand »Ebola!« gerufen. Stattdessen den nächstbesten Jugendlichen anzukoffern, er solle seine »Scheißmusik« ausmachen, zählt übrigens nicht als moralischer Ausgleich. Das mag zwar von rudimentären Kenntnissen der wichtigsten Umgangsformen zeugen, ist aber nur ein weiterer Aspekt mangelnden Betragens im öffentlichen Raum.

Ja, auch das gibt es: Manieren-Talmi, Betragen-Blender. Billige Imitationen von Besorgnis, Verantwortungsgefühl und Freundlichkeit, dazu gedacht, die eigentliche Unverschämtheit zu tarnen oder wenigstens abzufedern. Nehmen wir nur einmal die Durchsagen in der Bahn: »Wir hoffen, Ihnen Ihre Verbindungswünsche erfüllen zu können.« Klingt erst mal sehr nett. So nett, dass man beinahe vergisst, eine Zugfahrt mit Umsteigen bezahlt und nicht – wie es die Bahn wohl gern hätte – einen Wunsch geäußert zu haben, für dessen Nicht-Erfüllung allenfalls der Weihnachtsmann oder der Osterhase haftbar gemacht werden könnten. Wieso wird nicht gesagt: »Wir haben die Anschlüsse vergeigt und übernehmen dafür die Verantwortung. Die nächste Fahrt geht auf unsere Kosten!«? Dass beim Kabelanbieter iesy die Ansage in der Warteschleife so sanft daherkommt, als wolle man Freiwillige für den Evangelischen Kirchentag werben, täuscht letztlich auch nicht darüber hinweg, dass man seine Kunden dort offenbar für eine der biblischen Plagen hält. Unsere sogenannte »Dienstleistungsgesellschaft« liefert täglich tausend Beispiele, wie mit Vortäuschung von Manieren das vermieden wird, wozu sie unter anderem eigentlich da sind: das Miteinander möglichst angenehm zu gestalten, Verantwortung für andere oder wenigstens für die eigenen Fehler zu übernehmen, fürsorglich darauf zu achten, dass ihnen kein Schaden entsteht.

Andere in aller Freundlichkeit aufs Kreuz zu legen – das ist eine Zweckentfremdung von Manieren, von der nicht nur ganze Wirtschaftszweige leben. Da sich die Leidtragenden ja irgendwie schadlos halten müssen – zumal Hartmut Mehdorn etwa ja leider nicht zur Verfügung steht –, nimmt man halt den Nächstbesten. Also gern die Mitreisenden. Weil sie zu laut telefonieren, ihre Koffer in den Gang stellen, auf dem falschen Platz sitzen oder mit mitgebrachten gekochten Eiern den Großraumwagen auf Stunden in ein olfaktorisches Krisengebiet verwandeln. Man weiß ja, was sich gehört und dass man – endlich! – auch mal etwas verlangen kann, ohne erst Stunden in der Warteschleife einer Hotline zu verbringen (»Im Moment sind alle unsere Mitarbeiter im Gespräch. Aber kennen Sie schon unser All-Inclusive-Komfort-Angebot?«).

Manieren-Missbrauch aber gebiert nur noch mehr schlechtes Betragen. Um noch einmal die Bahn zu bemühen: Vor einer Woche musste ich mich wirklich abhetzen, um den Zug von München nach Frankfurt zu erreichen. Ich hatte mich gerade hingesetzt, als durchgegeben wurde, dass der Zug »wegen technischer Probleme« nicht fahrplanmäßig starten könne (wo waren eigentlich die Kinder, die sonst immer auf den Gleisen spielen?). An sich kein Problem. Ich musste ja nicht umsteigen. Der Mann neben mir schon. »So eine Scheiße«, blaffte er die Schaffnerin an. »Das ist jetzt das dritte Mal in diesem Monat, dass ich meinen Anschluss nicht erreiche. Jetzt sitze ich wieder stundenlang in Ingolstadt. Haben Sie noch alle Tassen im Schrank?« An sich ja richtig, einzufordern, was versprochen und wofür bezahlt wurde. Dass derselbe Mann die gesamte Fahrt von München nach Ingolstadt alle Anverwandten per Handy darüber informierte, was für ein »beschissener Laden« die Bahn sei und das in einer Lautstärke, dass er eigentlich auch ohne Mobiltelefon gut verstanden worden wäre, sich also seinerseits schlecht betrug, hätte nun eigentlich den nächsten Empörungsschwall verdient. Und so weiter und so fort.

Ich weiß, es ist hart, das Bündel der täglichen Ärgernisse nicht bei jedem abstellen zu können, der einem dafür einen herrlichen Grund bietet. Ich bin Geisel des öffentlichen Nahverkehrs in Frankfurt. Und merke selbst, wie meine Bereitschaft sinkt, meinen Platz für eine ältere Frau zu räumen, wenn ich vorher 15 Minuten an der Haltestelle verbracht habe, weil die Fahrpläne hier offenbar nicht als verbindlich, sondern lediglich als Hinweis gelten, dass irgendwann einmal ein Bus vorbeikommen wird. »Nicht mein Problem«, denke ich, nachdem mir der Herr von der »Mobilitätsberatung« erklärt hat, dass er persönlich ja auch nichts für die Verspätung könne. Keiner kann etwas für irgendetwas. Niemand ist verantwortlich. Jeder will sich Probleme oder Frust vom Leib halten und reicht etwaiges Unwohlsein grußlos an andere weiter. Klagt dort ein, was er vermisst: Rücksichtnahme und Achtung. Und wird so selbst zum Rüpel. Man kann zwar »unmöglich von anderen Respekt einfordern«, wie Wolfgang Sofsky schreibt. »Anerkennung wird freiwillig erbracht oder gar nicht.« Aber der

Rüpel, »kehrt diese Asymmetrie um. Für sich nimmt er jedes Recht heraus. Er rückt anderen auf den Leib, missachtet private Grenzen und ist bass erstaunt, falls sich jemand des Übergriffs erwehrt oder auch nur pikiert die Nase rümpft.«[19] »O. k., dann halte ich eben die Scheißtür auf, wenn die anderen es auch machen«, bringt uns da auch nicht weiter. »Erst du, dann ich«, führt nur zu: »Ich mache es, wenn du es auch tust«, oder: »Jemand sollte endlich mal etwas ändern«, und verwandelt den öffentlichen Raum in einen großen Wartesaal mit viel zu großen Erwartungen an andere. Dagegen bezieht man mit: »Ich fang einfach mal an« einen Standpunkt. Man bewegt sich nicht mehr länger in der vollkommenen Leere, die automatisch entsteht, wenn man sich weigert, noch etwas anderes als seine eigene Existenz zu achten. Und es ist ein Anfang. In Charles Dickens' Roman »Martin Chuzzlewit« heißt es nicht umsonst: »Aber aus Missachtung kleinerer Verpflichtungen entsteht allmählich auch das Bedürfnis, sich jeder Rücksicht auf die größeren zu entäußern und, sagen wir einmal, schließlich die Bezahlung jeder Schuld im Allgemeinen zu verweigern.«[20] Oder wie Lynne Truss schreibt: »Schlechtes Benehmen führt zu anderen Schlechtigkeiten.«[21] Man hat also eine 100-prozentige Chance, selbst zum Opfer zu werden. Schon allein deshalb lohnt es sich, gerade jenen Bereich mit Freundlichkeit, Respekt und Achtung für andere zu füllen, der den größten Bedarf hat: den öffentlichen Raum.

Wieso darf ein Mann nicht tun, was ein Mann tun muss: sein Gemächt aus dem Würgegriff der Unterwäsche befreien?

Warum Männer sich den ganzen Tag am Schritt herumspielen müssen, wird sich Frauen nie erschließen. Egal, wie viel Theorien es dazu gibt. Böswillige behaupten, der gute alte Eierkontrollgriff

– kurz EKG genannt – diene dazu, den Sitz des männlichen Denkens zu korrigieren. Vielleicht müssen Männer einfach ständig gucken, ob das, was dort heute Morgen noch war, nicht etwa durch eines der Hosenbeine entschwunden ist und man eine enervierende Vermisstenmeldung bei der Polizei aufgeben muss: »Sind Sie sicher? 25 Zentimeter? Sie sind heute schon der Dritte, der so etwas sucht. Bei uns wurden bislang nur Exemplare mit 15 Zentimetern abgegeben. Von denen kann wohl keines Ihnen gehören.« Ängste, die Frauen aufgrund ihrer minimalistischen Ausstattung nicht nachvollziehen können, sagen Männer, und dass wir mal wieder keine Ahnung haben. Etwa von der Tortur, wenn das Unterzeug Hoden und Penis im Laufe eines Tages immer mehr in den Schwitzkasten nimmt. Dass es also nur Notwehr ist, wenn sich ein Mann mal eben von oben in die Hose greift, um alles wieder an seinen Platz zu bringen, wenn er das, was er dort findet, mal nach rechts, mal nach links verlegt oder sich einfach mal kratzen muss, wenn es juckt. Danach eilt er natürlich nicht zum Händewaschen. Dafür fehlt ihm nämlich etwas, das er in seiner Hose garantiert nicht findet: Problembewusstsein. Das würde sich vermutlich erst einstellen, wenn auch Frauen nach der Devise: »Zeigst du mir deins, zeig ich dir meins!« anfingen, sich ungeniert im Schritt zu kratzen oder mal eben in die Unterwäsche zu langen, um ziepende Schamhaare oder den Tanga aus Tiefen zu befreien, in die er nicht gehört. In der U-Bahn, beim Essen mit dem Chef oder beim Kaffeetrinken mit der Schwiegermutter. Gleich würden sich doch alle Blicke dorthin richten, wo er nach dem Grad der Bekanntschaft auf keinen Fall hingehört: aufs Geschlecht. Es käme zu unerfreulichen Spekulationen darüber, wann man sich das letzte Mal gewaschen hat. Von anderen Fragen (»Was hat diese Hand, die gerade den Kuchen schneidet, wohl eben berührt?«) ganz abgesehen.

Aber Frauen kratzen sich nicht. Vermutlich weil sie diese Form der Selbstvergewisserung nicht brauchen. Sie wissen, dass sie

Frauen sind. Während einigen Männern Anzug und Bartwuchs offenbar nicht genügen, um sich als solche zu fühlen. Warum sonst sollten sie ihre Umwelt ständig daran erinnern, dass sie »Cojones« haben und nicht etwa wie Ken nur eine Plastikbeule? Jetzt könnte man sagen: »Lassen Sie das, ich sehe doch, dass Sie ein Mann sind, ich erkenne es ganz deutlich: Sie tragen Tennissocken. Also mir genügt das völlig!« Aber der Mann ist erwachsen. Er sollte selbst wissen, dass er ein Mann ist, ohne andauernd in seiner Hose nach Identitätsnachweisen suchen zu müssen. Und dass es unsere Intimsphäre verletzt, wenn er – wie kürzlich ein Bekannter im Café sozusagen auf Augenhöhe – mal eben minutenlang sein Geschlecht verlegt. Von links nach rechts, von rechts nach links und wieder retour. Hat er für das nächste Hütchenspiel geübt? Sollte ich am Schluss raten, wo es genau geblieben ist? Hätte ich eine Kaffeemaschine gewinnen können? Fragen, auf die kürzlich ein italienisches Gericht die einzig passende Antwort fand. Nach einem zweijährigen Verfahren verurteilte der Oberste Gerichtshof in Rom einen 42 Jahre alten Arbeiter zu einer Buße von 1200 Euro. Mit der schönen Begründung: Wer »in Gegenwart dritter Personen seine Genitalien betastet, demonstriert einen Mangel an Sitte und Erziehung«. Vergeblich hatte der Angeklagte, ein Mann aus Como seine ehrbare Gesinnung beteuert. »Sein »Betasten« sei in Wahrheit nur eine unbewusste Regung gewesen, »wahrscheinlich, um den Arbeitsanzug zurechtzurücken«. »Womöglich habe er sich auch gekratzt, um einer juckenden Hautentzündung, an der er seinerzeit litt, zu begegnen.«[22] Vielleicht hatte er ja auch die PC-Hosentastatur des Designers Erik De Nijs dabei, bei der sich die einzelnen Tasten im Schritt und auf den Oberschenkeln befinden, und konzentriert gearbeitet. Was immer es ist, das Männer dazu bringt, ihr Gemächt so oft zu verlegen, bis es selbst nicht mehr weiß, wohin es gehört: Wir wissen, dass ein Mann dort einen Penis hat, und es wäre schön, das würde sich auch bis zu ihm herumsprechen.

Darf ein Mann nicht auch mal spucken? So ein bisschen Speichel kann ja nicht gleich der Untergang des Abendlandes sein.

Ja, es gibt ein paar richtig gute Erklärungen dafür, weshalb ein Mann auf die Straße – also quasi anderen Leuten vor die Füße – spuckt. Seltsamerweise wächst die Zahl dieser Rechtfertigungen proportional zur Menge des Speichels auf deutschen Fußgängerzonen. Manche – »Das kommt vom Rauchen. Ich hab da immer so einen schlechten Geschmack im Mund« oder: »Es ist ein natürliches Bedürfnis nach einer körperlichen Anstrengung« – machten es demnach zwingend nötig, auszuspucken. Nur wundert man sich erstens, weshalb Männerspucke so ganz anders ist als Frauenspeichel, weil Frauen offenbar weit weniger Probleme damit haben, ihren bei sich zu behalten. Zweitens ist es doch erstaunlich, wie den Spucker nicht auch dann ein angeblich ununterdrückbares Bedürfnis überfällt, wenn er im Büro, beim Vorstellungsgespräch oder im Flieger sitzt. Interessant wäre es auch zu erfahren, wie die Vielspucker überhaupt durch die langen Jahre der jüngeren Vergangenheit gekommen sind, in denen das Spucken noch verpönt war. Es ist ja ein eher neues Phänomen, dass man den Eindruck gewinnt, Spucken sei ähnlich ansteckend wie Fußpilz: Tut es einer, müssen die anderen auch, unbedingt. Oder sollte man überhaupt froh sein, dass jene Minimalanforderungen ans Spucken, wie sie das 17. Jahrhundert aufstellte (»Dafür sorgen, dass man weder Personen noch Kleider trifft.«[23]) eingehalten werden?

Ja, es gibt eine lange Tradition des Spuckens. Angefangen bei der Antike, als der Speichel noch verehrt wurde. Man glaubte sogar, einen Blinden sehend machen zu können, wenn man ihm in die Augen spuckte. Später spuckte man überall, sogar in den eigenen vier Wänden. Bis die ersten Teppiche angeschafft wurden und die Hausmagd auf die Barrikaden ging. Selbst der Spucknapf

– vielen noch aus den Lucky Luke Comics bekannt – wurde irgendwann verbannt. Der Zivilisationsforscher Norbert Elias erklärt ihr Verschwinden mit der zunehmenden Menschendichte, der daraus resultierenden Nähe und dem deshalb wachsenden Ekel. »Aber der Chinese!«, wird der spuckende Mann jetzt einwenden und darauf verweisen, dass 1,3 Milliarden rotzende Chinesen es doch auch schaffen, sich nicht ständig zu übergeben, nur weil sie überall auf Speichel treten. Allerdings zahlt dort mittlerweile jeder bis zu 50 Yuan, wenn er spuckt. Nicht bloß wegen Olympia und dem Ansehen Chinas in der Welt. Es ist die Angst vor dem Sars-Virus, das sich auch über Tröpfchen übertrage.

Dabei soll Spucken doch eigentlich beruhigend wirken. Jedenfalls wenn es stimmt, was der Psychologe Heinz-Georg Rupp behauptet. Demnach stecke im Auswurf die »symbolische Befreiung von Blockaden«.[24] Erstaunlich, wie viele blockierte Männer täglich unterwegs sind. Und kaum sind sie eine Blockade los, haben sie schon wieder die nächste. Und sorgen damit dafür, dass andere ganz schön blockiert sind, weil sie den nächsten Schritt generalstabsmäßig planen müssen: »Ein bisschen nach links, da sind fünf Zentimeter frei – wieder rechts. Ach Mist, das hatte ich übersehen!« Am Ende bewegen sich die Deutschen gar nicht mehr, die Herz-Kreislauf-Erkrankungen nehmen ebenso zu wie die Verfettungsrate. Das Gesundheitssystem wäre so blockiert, dass man es nicht mal mehr mit einem kollektiven Auswurf locker machen könnte. Deshalb: Ja, auch so ein bisschen Speichel ist der Untergang des Abendlandes.

Ist Nasebohren nicht ein natürliches Bedürfnis?

Und tun es nicht eigentlich alle? Sogar Königin Elisabeth II. ist schon beim Nasebohren erwischt worden. Ebenso wie Justin Timberlake oder der britische Premier Gordon Brown. Etwa vier

Mal am Tag ist jeder Mensch durchschnittlich in der Nase unterwegs. Manche so lange, dass sich schon die Mitnahme von Reiseproviant und GPS lohnen würde. Kein Wunder. Nasebohren ist einfach ein perfekter Zeitvertreib. Man braucht dazu nichts als eine Nase und ein paar Finger. Nützlich vor allem an Orten, an denen man sonst nichts zu tun hat, also vor roten Ampeln, beim Warten auf den nächsten Zug oder darauf, dass die Frau endlich mal wieder aus der Umkleide auftaucht. Mangels Alternativen kann man mal eben schauen, was in der eigenen Nase so los ist. Und sagte nicht schon Schopenhauer: »Der Schluck aus der Nase ist die Auster des kleinen Mannes.«? [25] Allerdings finden es selbst austrainierte Anhänger der Mukophagie (von griechisch mukos: Schleim; phagein: essen) eklig, andere bei dem beobachten zu müssen, was sie selbst tun: ihren Fund – je nach Region Popel, Bootsmann, Beglma, Napoleon, Bettler, Rammler oder Bögg genannt –, zu verspeisen. Ob es aber besser ist, das, was man in der Nase gefunden hat, zwischen Daumen und Zeigefinger zu einem Flugkörper zu rollen und das Ganze dann wegzuschnippen, mag bezweifelt werden. Man möchte gar nicht daran denken, wie viele Popel so unbemerkt an Kleidungsstücken hängen bleiben. Manche werden allerdings auch unter Autositze, Restauranttische oder -stühle geklebt.

Mag sein, dass Nasebohren ein natürliches Bedürfnis ist. Aber es übertritt Grenzbereiche zwischen mir und den anderen, zwischen »vertraut« und »nicht vertraut«, zwischen »Ich« und »Freund« [26] mit fremder Leute Popel konfrontiert zu werden. Und sei es nur per Augenkontakt. Popeln Sie also, wenn keiner guckt, halten Sie immer ein Taschentuch bereit und fassen Sie bloß nie unter Restauranttische.

Gilt das immer noch: beim Gähnen und Niesen die Hand vor den Mund?

Würde stimmen, was ein amerikanisches Sprichwort behauptet: »Cover your mouth when you yawn because counting a person's teeth robs them of one year of life for every tooth counted«, gäbe es bald keine Männer mehr. Wie in so vielen Bereichen zeigt sich nämlich auch beim Gähnen, wie viel Männer vom Energiesparen halten und also den immensen Aufwand scheuen, die Hand vor den Mund zu nehmen. Aber außer man ist Zahnfee interessiert es wenig, ob der Dritte oben links kariös ist und die Zahnhälse praktisch nach einer Parodontosebehandlung schreien. Ganz zu schweigen von den Hinterlassenschaften diverser Mahlzeiten, die so einen Mundraum bevölkern und die allenfalls bei einer Obduktion sachdienliche Hinweise liefern. Nein, Mundhöhlen sind nicht sexy, sonst hätte der Playboy längst ein Centerfold von Eva Mendes' Kieferinnenraum veröffentlicht und einschlägige Video-Produktionen hießen nicht »Heiße Muschis« sondern »Geile Zungenpapillen«. Eine Hand vor dem Mund läuft unter »optischer Umweltschutz«. Beim Niesen genügt die allerdings nicht. Da verteilt man mit 150 km/h nur Millionen Tröpfchen Nasensekret auf seiner Hand und gibt die munter zusammen mit Grippe, Masern, Windpocken weiter – hat man das Ganze nicht in einem Taschentuch aufgefangen. Darauf darf man dann sehr stolz sein. Aber nicht so sehr, dass man den Taschentuchinhalt noch mal mit solchem Wohlgefallen betrachtet, als habe sich dort gerade Schleim in Gold verwandelt. Und übrigens: Es heißt »Taschentuch« und ist auf keinen Fall zu verwechseln mit »Serviette«, »Tischdecke« oder »Jackenärmel«.

Sollten Männer nicht einfach auch mal draußen ihr Geschäft erledigen dürfen?

Wenn hier so oft von Urin die Rede ist, dann liegt es keinesfalls daran, dass ich wie Carmen Thomas Urin für »einen ganz besonderen Saft« halten würde. Es liegt an den Männern. Die nötigen einen geradezu, sich mit Körpersäften und der Frage: »Muss das denn sein?« zu befassen.

»Klar!«, bekommt man dann zur Antwort. »Ehe ich ein – vermutlich noch stinkendes – öffentliches WC gefunden habe, stelle ich mich doch lieber an die nächste Ecke.« Allerdings ergab eine kleine Umfrage im Freundinnenkreis, dass es offenbar nicht wenige Männer gibt, die beispielsweise im Restaurant mühelos könnten, aber warten, bis sie das Lokal verlassen haben, um sich mal eben zu erleichtern. Und offenbar stimmt auch, was Gerburg Jahnke von den Missfits behauptet: »Es ist nicht so, dass der Mann muss und zum Baum geht. Der Mann sieht einen Baum und muss.« Nehmen wir den Fußball. Zwei Halbzeiten lang werden Dixi-Toiletten und WC-Center tapfer ignoriert. Dafür öffnen Tausende Fans nach Verlassen der Frankfurter Commerzbank-Arena ihre Hosen in dem angrenzenden Waldstück. Ähnliches lässt sich beim Public Viewing auf den Fanmeilen der Republik beobachten. So kommen bei Sportgroßereignissen an einem Tag allein im historischen Tiergarten Berlin 100 000 Liter Urin zusammen, die im Erdreich versickern. Nun wird Frauen gern unterstellt, sie seien nur neidisch auf dieses besondere Gruppenerlebnis. Darauf, sich mal eben erleichtern zu können, ohne sich fast nackig auszuziehen und in die optisch nicht gerade ansprechende Hocke zu gehen. Mag sein. Allerdings ist es deshalb nicht unsere Schuld, wenn man sich in manchen innerstädtischen Bereichen so heimisch fühlt wie auf einer italienischen Raststättentoilette. Daran ändert auch das bisschen Bußgeld, das in manchen Städten fürs Wildpinkeln erhoben wird, nichts. Das hat sogar eher kontraproduktive Folgen. Nun steht der Mann ja nicht mehr einfach mit offener Hose in einer Telefonzelle, in einer U-Bahn-Unterführung, einem Ladeneingang. Nein, er bietet der Obrigkeit die Stirn, respektive sein Geschlecht, und steht sozusagen in einer Reihe mit Che, Fidel oder Rudi. Endlich eine Gelegenheit, sich als Freigeist zu beweisen. Mit nichts als ein paar Bier und Harndrang! So etwas Ähnliches werden sich auch Ernst-August von Hannover und Günter Grass gesagt haben. Bevor sie vor aller Welt trotzig den Reißverschluss öffneten, um ihr zu zeigen, dass auch in einem Anzug ein echter Wildpinkler stecken kann.

Uns würden da natürlich ganz andere, sehr viel hygienischere und vor allem bewunderungswürdigere Nachweise von Männlichkeit einfallen. Selbst eine Sandburg zu bauen oder ganz allein mal das Frühstücksgeschirr abzuräumen kämen noch weit vor »Pinkeln in der Öffentlichkeit«. Von »Rücksicht auf anderer Leute Intimsphäre« ganz zu schweigen.

Darf man im Zug telefonieren?

Nichts gegen den Gebrauch von Handys. Vor allem in jenen Abteilen, die die Bahn eigens dafür ausweist. Vermutlich um Männern die Gelegenheit zu bieten, sich mal richtig auszusprechen. Ein Bedürfnis, das sie leider meist außerhalb der eigenen vier Wände und nur mit einem Mobiltelefon am Ohr verspüren. Selbst ausgewiesene Schweiger wie die Finnen lassen an einem Handy alles, wirklich alles raus. Beinahe wäre man froh, kein Finnisch zu sprechen, gäbe es nicht genug Deutsche, die einen unfreiwillig an ihrem Leben teilhaben lassen. So kommt man an Nachrichten, die in keiner Zeitung stehen. Zum Beispiel, dass eine deutsche Großbank offenbar sehr ernste finanzielle Schwierigkeiten hat und der Manager X was mit seiner Assistentin. Nebenbei erhält man ein paar Standortbestimmungen – »Ich bin im Zug.« – gratis dazu und darf am Privatleben anderer Leute – »Hasi, ich vermisse dich auch so! Trägst du gerade das Blaue? Ach, mit nichts drunter! Mhm, das klingt gut …« – teilnehmen. Ganze Romane werden einem da aufgeblättert, ohne dass man ein Buch mitzunehmen braucht.

Ein Problem ist allerdings die Lautstärke. Besonders in der 1. Klasse, wo die Stützen der Gesellschaft sich manchmal aufführen, als wären sie im Handelsraum der New Yorker Börse und müssten sich mit dem Nachweis der Unersetzlichkeit überbieten. Ganz schwindelig kann einem da werden vor lauter Summen – »Ach, dann berechnen Sie einfach 20000.« – und manchmal denkt man, ob die wohl kein Büro haben? So wie vor einer Woche, als ein Versicherungsexperte auf dem Sitz vor mir seine gesamte Mail-Korrespondenz erledigte, während er am Telefon Termine vereinbarte und Verträge aushandelte. Manchmal sitzt allerdings auch eine höhere Macht mit im Zug. Auf einer Fahrt von Amsterdam (ja, ich fahre viel mit der Bahn!) nach Köln telefonierte ein Mitreisender fast schreiend mit diversen Angestellten, ignorierte sämtliche hochgezogenen Augenbrauen, entnervte Blicke und schließlich auch die Zöllner, die eine Stichprobenkontrolle im Zug durchführten. Zur Strafe musste er seinen Aktenkoffer öffnen und den Inhalt vor aller Augen ausbreiten. Es befanden sich darin ein Laptop und zwei – offenbar getragene – Unterhosen. Schön, dass der liebe Gott sich manchmal auch um die kleinen Sünden kümmert.

Kann man bei einem Empfang oder einer Vernissage etwas Angebissenes noch einmal in die Dip-Soße tunken?

Warum nicht gleich mit allen, die im Raum sind, Zungenküsse austauschen? Ja, auch mit der 70-jährigen Mutter der Galeristin und dem 62-jährigen Kritiker, der offenbar schon länger nicht mehr beim Zahnarzt war. »Das ist, als würde man seinen ganzen Mund in den Dip stecken!«, wurde George Constanza in der Serie »Seinfeld« deshalb zu Recht abgemahnt, als er seinen Cracker zum zweiten Mal in den Dip tunken wollte. Laut einer amerikanischen Studie, die sich mit dem Effekt des »Double-Dipping« befasste, geraten dabei bis zu 10 000 Bakterien vom Mund in den Dip[27] und von dort weiter bis in den Mund anderer. Das hat die EU garantiert nicht gemeint, als sie Grenzübertritte mit dem Schengener Abkommen erleichtern wollte.

Darf ein Mann seinen Geldbeutel in der Hosentasche tragen?

Wieso nicht auch gleich die Schlüssel, die Zigaretten, das Feuerzeug und die Pfefferminzbonbons? Manche Männer haben offenbar gern alles ganz nah bei sich. Ausgenommen Frauen, die ihnen sagen, wie hässlich es aussieht, sich rechts und links die Hosentaschen vollzustopfen. Frauen kämen nämlich niemals auf die Idee, sich die Figur freiwillig mit etwas zu ruinieren, das verdammt nach »Reiterhosen« aussieht und an sich manierliche Oberschenkel in eine getreue Nachbildung von Iani Chaos, einer besonders zerklüfteten Marslandschaft, verwandelt. »Nimm doch eine Tasche!«, sagen sie dann und sehen, wie den Mann nackte Panik befällt. Eine Tasche? Droht da nicht Verweiblichung? Ist es bei echten Kerlen nicht so, dass sie das Wichtigste am Körper tragen so wie weiland schon John Wayne? Den hat man jedenfalls nie mit einem Herrenhandtäschchen am Handgelenk auf dem Pferd sitzen sehen. Da geht allenfalls noch die kernige »Reporter-im-Krisengebiet-Weste« mit ihren geschätzten 40 Unterbringungsmöglichkeiten, eine Art Adventskalender für das ganze Jahr. Allerdings zeigt die Erfahrung und belegen Studien, dass es Männern enorm schwerfällt, einmal abgelegte Dinge wiederzufinden. Ungefähr ein Jahr ihres Lebens verbringen sie allein mit der Suche nach Handy, Autoschlüsseln und dem Geldbeutel, auch ohne dass man diese Dinge vorher in einem unübersichtlichen Taschengewirr versteckt hätte. So praktisch diese Westen sind, so sehr hält es auf, wenn ein Mann vor dem Kassenautomaten im Parkhaus erst einmal alle Taschen durchforsten muss, weil er sich einfach nicht daran erinnern kann, wo genau er den Parkschein verstaut hat.

Ist also die Hosentasche doch allen Alternativen haushoch überlegen? Auf keinen Fall! Selbst eine Plastiktüte wäre besser als die Oberschenkelbeule. Muss aber nicht sein. Da gibt es mittlerweile Schöneres: die Big-Bag, die Aktentasche, den Rucksack, die Botentasche, sogar eine Männertasche, die einem Pistolenhalfter nachempfunden wurde. »Also mindestens 100 Gelegenheiten, sich lächerlich zu machen«, würde der Mann sagen. Wir sagen: »O. k., die Tasche sieht albern aus, aber die Oberschenkel sind toll!«

Darf ein Mann T-Shirts mit lustigen Sprüchen tragen?

Sollten die 68er etwa vergebens gegen Anzug, Krawatte, gebügelte Hemden gekämpft haben? Und lief nicht auch der späte Versace (Buchtitel »Mann ohne Krawatte«) am liebsten im Shirt herum? Da stand allerdings nicht drauf: »Elben haben komische Ohren« oder: »Besoffen ist man erst, wenn man am Boden liegt und sich festhalten muss.« Für solche Shirts braucht man einen gültigen Schülerausweis.

Die größten Modesünden deutscher Männer[28]

Strümpfe in Sandalen (56 Prozent)
weiße Socken (18 Prozent)
weit aufgeknöpfte Hemden (12 Prozent)
ärmellose Shirts (10 Prozent)
kurze Hosen (3 Prozent)

Sollte ein Mann seinen exzellenten Musikgeschmack nicht mit anderen teilen?

Man wünscht sich, Männer wären überall so engagiert wie beim Lärmen. Während die Politik noch diskutiert, ist er auf Deutschlands Straßen nämlich längst Realität: der Große Lauschangriff. Manche Männer müssen praktisch taub sein – denn anders ist es nicht zu erklären, dass ihre Gehörgänge offenbar erst dann Töne empfangen können, wenn die Haare schon im Basswind flattern und ein ganzer Stadtteil rettungslos in einem hochflorigen Geräuschteppich ertrinkt. Dabei scheint es ähnlich wie die Gravität ein Naturgesetz zu sein, dass die, die den meisten Krach machen, immer auch die schlimmste Musik hören. Also mindestens Trance und Tribal-Techno, Bushido, Sido oder Eminem und nicht etwa Edvard Grieg oder Sergej Rachmaninow. »Hä?«, würde der stolze Besitzer eines voll durchgetunten Autos da sowieso nur fragen. Weil man regelmäßig von 4000 Watt beschallte Ohren allenfalls noch mit einem Megaphon erreicht.

Auch wer sich die 12 000 Euro für eine Car-Hi-Fi-Anlage nicht leisten kann, möchte seine Umwelt auf keinen Fall über seine Musikvorlieben im Unklaren lassen. Mit MP3-Player und Kopfhörern, die kaum mehr Schallschutz bieten als eine Papiertüte.

Ungefragt bekommt man so Madonna, Campino und etwas, das klingt, als wäre es auf der Startbahn West des Frankfurter Flughafens aufgenommen worden, um die Ohren und eine Erklärung, weshalb Männer daheim nicht auf klare Anweisungen (»Räum bitte mal den Tisch ab.«) reagieren. Ihr strapaziertes Trommelfell nimmt einfach keine Informationen mehr auf, die unter 120 Dezibel liegen. Könnte das der heimliche Zweck des ganzen Krachs sein?: Sich eine kleine, stille Welt zu schaffen, in die keine Frauenstimme mehr mit: »Gehst du mal an die Tür, es hat geklingelt?« durchdringt? Angeblich brauchen manche Männer diese Form der Selbstverstümmelung, um auch akustisch ihre Claims abzustecken. Frei nach der Devise »Ich lärme, also bin ich«. Allerdings meistens allein. Wenn wir nämlich mit jemand zusammenleben sollen, der sowieso nicht hört, dann nehmen wir doch lieber eine Katze. Die kommt nämlich ganz gut ohne Subwoofer aus.

Ist der Großstadt-Cowboy-Gang noch gefragt?

Laut einer Studie der Ruhr-Universität finden Frauen Männer, die gehen, als hätten sie gerade einen Zweitage-Ritt von Düsseldorf nach Frankfurt hinter sich gebracht und statt eines Honda Civic ein Pferd draußen stehen, ziemlich sexy. »Breitbeinig, mit raumgreifenden Schritten stolziert er daher, die abgespreizten Ellbogen pendeln über den schmalen Hüften, die breiten Schultern schwingen abwechselnd nach vorn ...« beschreibt die *Frankfurter Rundschau* die Details.[29] Die kämen deshalb so gut an, weil man auf diese Weise gleich erkenne, dass es sich um einen Mann und nicht etwa um ein Streifenhörnchen handelt. Eine Unterscheidung, die leichtfällt, da der Mann, so die Experten, wie so oft, alles daransetzt, »so viel Platz wie möglich einzunehmen, sich größer und breiter zu machen, als er eigentlich ist«. Das ist zwar für stark Kurzsichtige praktisch. Um herauszufinden, ob wir einen Mann vor uns haben, würden wir jedoch andere Erkennungsmerkmale bevorzugen. Zum Beispiel, dass er uns den Stuhl zurechtrückt und uns aus dem Mantel hilft. Doch daran wurde an der Ruhr-Universität wohl nicht gedacht. Und so sollen wir uns mit einem Gang begnügen, der eigentlich in das »Ministerium für alberne Gangarten« (Monty Python) gehört. Nie weiß man, ob der Geher unter starken Gleichgewichtsstörungen leidet oder einfach nur schwer betrunken ist. Nein, der Großstadt-Cowboy-Gang ist ein Auslaufmodell. Bleibt nun nur noch die Frage: Wer sagt es Josef Matula?

Sollte ein Mann eine Tätowierung haben?

Natürlich darf ein Mann eine Tätowierung haben. Für eine Knastkarriere ist so ein Tattoo sogar unerlässlich. Am besten ein Spinnennetz, das wird weltweit in allen Gefängnissen als Erkennungsmerkmal für eine erfolgreich absolvierte Knastkarriere verstanden und man macht sich gleich bei wichtigen Entscheidungsträgern aus Osteuropa oder Mexiko beliebt.

Außerhalb der Gefängnismauern ist so ein Tattoo auch ganz praktisch. Man hat beispielsweise eine Menge anzugucken, wenn einem mal langweilig ist und kein Buch zur Verfügung steht. Das mag sich auch David Beckham gedacht haben, als er seinen Körper mit insgesamt neun Tattoos in ein Unterhaltungsprogramm für seine Frau Victoria verwandelte. Vermutlich sind die beiden nicht nur wegen der gemeinsamen Kinder, sondern auch wegen ihrer Tätowierungen noch zusammen. Wer sich erst mal den Namen des Liebsten in der Haut verewigen ließt, überlegt es sich schon zweimal, ob er sich trennt und wie Johnny Depp dann lebenslang Erinnerungsmale an eine längst verblichene Beziehung mit sich herumträgt. »Wino forever« steht als Überrest an seine

Liebschaft mit Winona Ryder auf seinem Arm. Weil sich »Winona« nicht so einfach umformulieren lässt, wie das »Tommy«, das Pamela Anderson nach ihrer Trennung von Tommy Lee Jones in »Mommy« umwandelte. Auf jeden Fall sollte man vor dem Stechen noch mal einen Korrekturleser drüberschauen lassen. Sonst läuft man wie Claudia Effenberg nicht nur mit einem Tattoo, sondern auch mit einer auf Ewigkeit dokumentierten Rechtschreibschwäche (also in diesem Fall mit »Love never die«) herum.

Dass lediglich jede zwölfte Frau in Deutschland Tätowierungen bei Männern attraktiv findet, wie eine repräsentative Umfrage im Auftrag der »Apotheken Umschau« ergab, sollte man allerdings nicht zu ernst nehmen. Es gibt schlimmere Jugendsünden als einen Anker oder ein Herz oder eine Stacheldraht-Girlande am Oberarm: Z. B. wenn einer gar nichts zu bereuen hat.

Wie weit darf ein Mann sein Hemd in der Öffentlichkeit öffnen?

Nicht so weit, dass man seine Blinddarmnarbe sehen kann, aber weit genug, dass einem nicht jeder zweite Passant ein Sauerstoffzelt anbietet.

Welche Badehose macht Eindruck?

»Männer sind merkwürdige Menschen. Je näher ein Kleidungsstück der eigenen Haut kommt, desto weniger Sorgfalt lassen sie walten«, wunderte sich schon der *Stern* über eine rätselhafte männliche Achtlosigkeit in Sachen Bademode.[30] Gerade bei jenem Teil, dem als einzigem Textil am Strand und im Freibad doch eine besondere Rolle als Hingucker zukommt. Dabei scheint es – ähnlich wie die Gravität – ein Naturgesetz zu sein, dass sich das männliche Bedürfnis nach Bewegungsfreiheit um die Leibesmitte grundsätzlich umgekehrt proportional zum Körpergewicht verhält. Meint: je magerer der Mann, desto weiter die Hose. Und je dicker der Kerl, umso größer die Strapazen für die fünf Prozent Elasthan-Anteil, die im männlichen Mittelteil die Grenzen zwischen An- und Ausgezogensein verteidigen. Dazwischen liegt ästhetisches Zwittertum, also Hosen, die einmal gepasst haben mögen, aber nach der Devise »Der Klügere gibt nach« nun besonders im Schrittbereich etwas freilegen, für das man ganz bestimmt keinen Eintritt für das Strandbad entrichtet hat. Auch Bändchen oder Kordeln, die (warum auch immer, rechnen die Hersteller mit einer Spontan-Schwangerschaft im Freibad? Oder mit aufregenden Fesselspielen am Nichtschwimmerbecken?) beinahe jedes Männer-Badehosen-Modell begleiten, entfernen sich nur zu gern von ihrem Bestimmungsort, schwingen ungefähr auf Kniehöhe zwischen den Beinen oder verknoten sich zu interessanten Intarsienmustern im Innenteil der Hose. Sofern sie groß genug ist und nicht wie so manches Exemplar aus dem Horrorkabinett namens »Tanga« nicht mal Platz für das lässt, was eine Badehose eigentlich verdecken sollte. Egal, wie klein es ist. Die »anale Zahnseide« ist aber glücklicherweise so selten, dass man sie hier nur als Beleg dafür nehmen kann, dass es natürlich immer schlimmer geht. Besonders bei der Badehose. Insofern sind wir schon froh, wenn ein Mann ein eher unauffälliges Modell Typ »Bermuda« oder ein enger anliegendes Teil im Retro-Stil wählt und es darüber hinaus schafft, noch vor Ablauf des Jahrtausends mal über einen Badehosenwechsel nachzudenken.

Kann ein Mann auch außerhalb der Gemeinschaftsdusche Adiletten tragen?

Damit man gleich weiß: Dieser Mann verbringt seine Wochenenden im Stadion, die Abende mit Bier und Chips vor »Premiere« und schläft vermutlich in Bayer-Leverkusen-Bettwäsche? »Vielleicht«, denkt man sich auch angesichts des Behelfsschuhs mit den drei Streifen, »arbeitet er als Bademeister oder ist hauptberuflich ›hässlicher Deutscher‹ in der Schinkenstraße auf Mallorca, damit Michael Wendler die ganze Arbeit nicht allein machen muss.« Immerhin gilt die Schlappe im Ausland quasi als Inbegriff für das hiesige Unvermögen, sich manierlich zu kleiden. Wie auch immer die Assoziationen ausfallen, sie sind nicht erfreulich. Wenn man nicht gerade Schweinsteiger oder Podolski heißt und sich auf dem Weg in die Umkleide befindet, gehören die Dinger deshalb so wenig in die Öffentlichkeit wie das Liebesleben von Ottfried Fischer.

Ein Mann, ein Stuhl – da kann ja wohl nicht viel schiefgehen?

Wenn es nur ein Stuhl wäre. Meistens sind es ja gleich zwei oder drei Sitzplätze, die ein einzelner Mann okkupiert, egal, wie klein er ist. Selbst ein Ein-Meter-Sechzig-Mann verfügt noch über eine Fähigkeit zur Ausdehnung, die man sonst nur bei Spreizdübeln oder Kugelfischen findet. Da sage noch einer, es seien die Frauen, die für den Erfolg die Beine breit machen würden. Nein, es sind die Männer. Einmal saß ich in der S-Bahn, als sich ein Mann mir gegenüber niederließ, die Beine so spreizte, dass selbst Nurejew beeindruckt gewesen wäre, und mir sagte, ich könne getrost meine Füße »zwischen meine Beine« stellen. Wie freundlich, einer Frau einen Parkplatz im Genital-Großbereich anzubieten!

Mit welchen Kleinigkeiten können Männer Frauen eine Freude machen, fragte das Meinungsforschungsinstitut Emnid im Auftrag des Magazins Chrismon. Hier sind beliebte und weniger beliebte Kavaliersgesten (Mehrfachnennungen waren möglich)

Schwere Sachen tragen, Koffer abnehmen: 95 Prozent
Tür aufhalten: 84 Prozent
In den Mantel helfen: 80 Prozent
Kurz aufstehen, wenn eine Frau sich an den Tisch setzt: 55 Prozent
Eine Frau ins Restaurant einladen: 36 Prozent
Handkuss bei der Begrüßung: 8 Prozent

Im Flugzeug ist es allerdings auch nicht besser. Obwohl man sich dort redlich bemüht, die Sitze so eng zu machen, dass man sich kaum noch bewegen kann, findet der männliche Expansionsdrang auch hier Lücken. Unten drücken Männer die Knie einfach so weit auseinander, als würde die Lufthansa ihre Boeing 747 seit neuestem serienmäßig mit Gynäkologen-Stühlen ausstatten. Oben verbinden sich derweil die Arme so organisch mit *beiden* Armlehnen, dass man schon ein Skalpell und Grundkenntnisse in Amputation brauchen würde, um wenigstens eine zurückzuerobern. Sitzt man als Frau zwischen zwei solchen Stuhlbesatzern, verbringt man mit Pech einen ganzen Langstreckenflug in einer Position, die nicht mal einem austrainierten Yogi zuzumuten wäre. Natürlich wird die Lehne auch während des Essens – »Alles meins!« – nicht eine Sekunde lang freigegeben, und man fragt sich, ob Jungs vielleicht schon in der Grundschule mit »Essen aus dem Handgelenk« fürs Leben lernen, während die Mädchen ihre Zeit mit Nutzlosem wie: »Roller Roller Ratata / Wenn

Robert einen Roller hat / dann rollt er durch die ganze Stadt / Roller Roller Ratatat« vergeuden.

Sitze sind eben nicht einfach Sitze. Sie sind Statussymbole, Machtmetaphern. Besonders, wenn 1-A draufsteht. Dann handelt es sich nämlich um den Alphamännchen-Thron, den vermeintlich besten Platz in der Businessclass. Für den könnten Männer töten, würde man ihnen nicht schon beim Check-In die Nagelfeile und das Schweizer Messer abnehmen. Genauso gut könnte die Lufthansa einen Sandkasten aufstellen und an die Reisenden Eimer und Schippchen verteilen, damit sie sich in der Zeit bis zur Landung damit auf den Kopf hauen können. Es kann also sehr viel schiefgehen mit einem Mann und einem Stuhl. Wie viel, das merken nun auch Männer, seit auf 1-A gelegentlich auch mal eine Frau sitzt. Die Beine natürlich züchtig zusammengelegt. Wir wissen schließlich am besten, dass man mit gespreizten Beinen früher oder später sowieso nur in einer Sack-Gasse landet.

Wie viel Abstand sollte ein Mann halten?

Genug, um keine Missverständnisse über seine Absichten aufkommen zu lassen. Auf keinen Fall sollte man einer Frau näher kommen als der Zahnarzt, und niemals so nahe, als wolle man sein praktisches Jahr als Gynäkologe mal eben in öffentlichen Verkehrsmitteln absolvieren. Außer sie hat gerade einen schlimmen Unfall erlitten und muss Mund-zu-Mund beatmet werden. Ansonsten ist ein halber Meter Abstand das Mindeste. Frauen schätzen es ganz und gar nicht, wenn man ihnen praktisch auf den Füßen steht, noch bevor man die für die Einreise in die Intimsphäre so wichtigen Formalitäten – Restaurantbesuche, Telefonnummernaustausch, gegenseitige Sympathiebekundungen – erledigt hat.

Kann man als erwachsener Mann noch ein Faible für lustige Klingeltöne haben?

Ein 50-Jähriger, dessen Handy mit der Stimme von Hausmeister Schlemmer sagt: »Schätzelein, du hast ’ne Nachricht«, oder eine Babystimme, die plappert: »Hallohallo biddduda?« – da möchte man mit einem der nervigsten Klingeltöne überhaupt nur noch sagen: »Wahnsinn, warum schickst du mich in die Hölle?« Auch der Soundtrack von 14-Jährigen versetzt einen so wenig in diese Altersgruppe zurück wie der Kauf einer *Bravo.* Und nur mal theoretisch angenommen – da der Beweis dafür noch aussteht –, es gäbe irgendwo auf der Welt tatsächlich einen Klingelton, der das Prädikat »witzig« verdient, dann ist er spätestens nach dem dritten Mal ungefähr so lustig wie der älteste Witz der Welt. Der stammt aus der sumerischen Kultur Mesopotamiens und lautet: »Was ist seit Urzeiten noch nie geschehen? Eine junge Frau sitzt auf dem Schoß ihres Mannes und pupst nicht.« Den finden Sie so unterhaltsam wie Elton? Dann warten Sie mal ab, bis einer neben Ihnen sitzt, dessen Telefon rülpst oder »Durch den Monsun« von Tokio Hotel polymorph interpretiert.

Muss man als Mann heute noch alles besser wissen?

Gleich vorneweg: Besserwisserei ist für Frauen eine der nervigsten Eigenschaften von Männern überhaupt. Nicht weil Frauen alles besser wüssten, aber weil sie immerhin ausreichend gebildet sind, um zu erkennen, wann Männer keine Ahnung von dem haben, worüber sie gerade reden. Also meistens. Besonders aber, wenn sie nie auch nur einen Schritt aus ihrem Dorf in Niedersachsen gemacht haben, aber prima Rezepte für die Rettung der japanischen Wirtschaft hätten. Dann gibt es auch Männer, die ihre Physiknoten im Keller verstecken, einem aber erklären wollen, was bei der NASA schiefläuft, oder solche wie ein Bekannter, Mitte 50, der in seinem Leben noch keine Beziehung hatte, die länger als einen Monat währte, mir aber einen halbstündigen Vortrag darüber hielt, wie man eine Ehe gestalten sollte (»Frauen sind viel zu anspruchsvoll.«).

Fragen Sie doch einfach mal einen x-beliebigen Mann, der seine Wochenenden mit Autowaschen und dem Kicker verbringt, wie seiner Meinung nach die Autonomiebestrebungen der baltischen Staaten die Weltwirtschaft beeinflussen. Schon wird er tief Luft holen. »Gut, dass du das fragst. Das ist mein Spezialgebiet!« Man könnte die offenbar tiefsitzende Unfähigkeit, Sätze wie: »Davon verstehe ich nichts« oder: »Da musst du einen Experten fragen« über die Lippen zu bringen, einfach als Macke abtun und die Ohren auf Durchzug stellen, wenn sich ein Mann wie Franjo Pooth im Fernsehen als Wirtschaftskoryphäe geriert. Würden beim Besserwissen nicht solch immense Folgekosten entstehen! Angefangen bei den Hektolitern Benzin, die täglich verfahren werden, weil Männer behaupten: »Ich kenne den Weg«, über die Belastungen des Gesundheitssystems durch Unfälle im Haushalt, weil der Gatte meinte: »Da ist kein Strom drauf!«, bis hin zu den Abertausenden von Arbeitsplätzen und Milliarden, die jährlich durch Manager verlorengehen, die sagen: »Vertrauen Sie mir, damit kenne ich mich aus!«.

Die schlimmste Form des Besserwissens aber ist, wenn uns Männer unser Leben erklären. Vor einiger Zeit war eine Autorin Gast bei Johannes B. Kerner, die ein Buch über den weiblichen Orgasmus geschrieben hatte. Frauen würden jetzt denken, dass gerade Frauen sich mit dem weiblichen Orgasmus einigermaßen auskennen müssten. Männer denken: Die hat ja keine Ahnung, da muss noch ein Mann her. Der war dann auch geladen. Damit die Frau nicht vielleicht etwas Falsches erzählt und plötzlich über Kochrezepte oder Mondzyklen plaudert, weil es Frauen ja so enorm schwerfällt, sachlich zu bleiben. Besonders beim Orgasmus. Sollte eine Frau also einmal nicht ganz sicher sein, ob sie einen hatte, braucht sie bloß einen Mann zu fragen. Was der ganzen Klugscheißerei zugrunde liegt? Am besten, man sucht Antworten bei einem Geschlechtsgenossen. Etwa bei dem Freibeuter Robert Surcouf (1773 bis 1827). Er glaubte, ein Mann kämpfe meist für das, was ihm am meisten fehlt. Es muss Wissen sein.

Muss man Frauen, die man nicht mal kennt, die Türen aufhalten? Frauen wollen doch emanzipiert sein. Können sie das nicht selbst?

Ja, und sie schaffen es sogar, ohne fremde Hilfe aus ihrem Mantel zu kommen und sich auf einen Stuhl zu setzen, ohne sich dabei ernsthafte Verletzungen zuzuziehen. Überhaupt können sie eigentlich alles sehr gut ganz allein. Deshalb müsste die Frage eigentlich lauten: Wozu eigentlich Männer – wenn sie einem nicht mal die Tür aufhalten, den Stuhl zurechtrücken oder den Wagen über TÜV bringen.

Sollte man nicht dann und wann auch mal rülpsen dürfen?

Ein Bäuerchen in Ehren kann sicher niemand verwehren. Wenn es dann und wann wäre. Männer rülpsen in 20 Stunden ungefähr elf Mal.[31] Wie alles, was der Mann ganz allein herstellt, findet er aber offenbar auch den Rülpser so bemerkenswert, dass er es seiner Umwelt nicht vorenthalten möchte. Dann sagt er: »Was raus muss, muss raus!« – als handele es sich beim Rülpsen um ein unaufhaltbares Naturereignis. Auch ein wenig Nostalgie ist im Spiel. Mit Rülpsen versetzt sich der Mann offenbar zurück in jene idyllischen Zeiten der Rülpswettbewerbe und Weitpinkelturniere, als er noch kein Nummernkonto in Liechtenstein und keinen Audi A8 vorweisen musste, um Eindruck zu schinden. Und haben es nicht andere schon zu Weltruhm gebracht, ohne erst ein Mittel gegen Aids zu finden oder alle Achttausender zu besteigen? Paul Hunn aus London zum Beispiel, der sich im April 2000 mit 118,1 Dezibel ins Guinness-Buch der Rekorde rülpste. Und auch wenn Edmund Stoiber vermutlich nicht als das hellste Licht in Gottes Kronleuchter in die Geschichte eingehen wird (»Ich habe es für wohltuend empfunden, dass die Bundeskanzlerin gegenüber dem amerikanischen Präsidenten Breschnew Guantanamo kritisiert hat und nicht mit dem Rechtsstaat in Übereinklang beurteilt hat …)«[32], ein Titel wird ihm für alle Zeiten bleiben: mit 15 Jahren inoffizieller Klassenbester im Rülpsen gewesen zu sein.[33] Das macht den Rülpser zum letzten Ego-Rettungsanker – jedenfalls für Männer.

Sollte man einen anderen Mann darauf hinweisen, dass er mit offener Hose herumläuft?

Außer es handelt sich um Roberto Blanco, Boris Becker, Lothar Matthäus, deren Hosenläden offenbar jetzt schon die Öffnungszeiten genießen, von denen der Einzelhandel hierzulande noch träumt, wäre es schon nett, seinen Geschlechtsgenossen einen Hinweis zu geben. Hier ein paar Vorschläge:

1. Die Gurke hat den Salat verlassen.
2. Sie haben Windows auf Ihrem Laptop.
3. Quasimodo sollte zurück in seinen Kirchturm.
4. Elvis Junior hat das Gebäude verlassen.
5. Der Wagen ist nicht ganz in der Garage.
6. Dr. Kimble ist entkommen.

Nein. Das ist nur Spaß. Diese Vorschläge sind viel zu subtil, um eine andere Reaktion als »Wie?« hervorzurufen. Deshalb geht nach wie vor nichts über: »Ihre Hose ist offen!« Und übrigens: Ganz toll wäre es, Männer würden noch im WC mal eben kontrollieren, ob der Hosenladen wirklich geschlossen ist, anstatt das auf dem Weg vom Klo an den Restauranttisch oder im Flugzeug auf dem Weg zum Sitz nachzuholen.

Länderreport:
die flegelhaftesten Nationen
(nach einer Umfrage des Jill Dando Institute des University College London, an der 1000 Menschen in sechs europäischen Ländern teilnahmen)

1. Großbritannien
2. Frankreich
3. Deutschland
4. Italien
5. Spanien
6. Niederlande

Die drei dort als größte Probleme genannten Faktoren

1. Vandalismus
2. Rowdytum
3. Respektlosigkeiten

»Besonders stark fühlen sie sich, wenn ein oder zwei andere dabei sind«

Interview mit den Frankfurter Stadtpolizistinnen Christiane Huber (35) und Elvira Hocke (42)

Wie sieht Ihr Arbeitstag aus?
Elvira Hocke: Wir sind in verschiedenen Stadtteilen unterwegs. Schreiben Strafzettel, machen aber auch Radarüberwachung, Verkehrsregelung, Ermittlungen.

Seit wann arbeiten Sie in diesem Beruf?
Elvira Hocke: Seit 22 Jahren.
Christiane Huber: Zehn Jahre.

Hat sich in dieser Zeit etwas verändert?
Elvira Hocke: Ich habe das Gefühl, die Leute hatten früher noch mehr Respekt. Heute ist die Hemmschwelle viel niedriger, auch mal ausfällig zu werden.

Ist es nicht so, dass man sich da gerade Frauen gegenüber etwas mehr zusammennimmt?
Elvira Hocke: Nein. Im Gegenteil. Ein Mann wird noch eher als Respektsperson wahrgenommen.
Christiane Huber: Besonders schlimm ist es bei unseren außerdeutschen Mitbürgern. Die wollen sich oft von einer Frau gar nichts sagen lassen und sind zum Teil wirklich sehr aggressiv.
Elvira Hocke: Ich war kürzlich in Zivil unterwegs am Römer. Ein Lieferant wollte über den Platz fahren, obwohl gerade eine Veranstaltung war. Ich bin hin und habe meinen Dienstausweis gezeigt, habe ihm gesagt, dass er da jetzt nicht fahren darf. Er hat sofort einen richtigen Aufstand gemacht und dermaßen

geschrien, dass die Leute schon geschaut haben. Daraufhin habe ich einen Kollegen von der Polizei in Uniform geholt. Erst dann ist der Fahrer weggefahren. Der Kollege fragte mich: »Weißt du, weshalb er nicht weggefahren ist?« »Ja«, sagte ich, »weil ich eine Frau bin.«

Was wird denn geschimpft?
Christiane Huber: Was man Frauen eben so nachschreit. Das geht manchmal schon ganz tief unter die Gürtellinie.

Ohne dass man sich dagegen wehren kann?
Christiane Huber: Wir hören uns schon viel an. Aber manchmal muss man auch einfach etwas unternehmen. Als »Wetten, dass ..?« in Frankfurt am Römer war und wir die Leute etwas zurückgehalten haben, damit das Fernsehen Platz zum Drehen hatte, sagte ein etwa 18-Jähriger »du Fotze« zu mir. Das hat dann mal gereicht. Ich habe ihn angezeigt und er musste daraufhin Sozialstunden ableisten.
Elvira Hocke: Ich hatte auch einmal so etwas. Da stand einer in der City im Halteverbot, im Auto, einem Kombi, saß noch der Beifahrer und hinten drin war ein Schäferhund. Das ging ständig hin und her. Der wollte einfach nicht wegfahren. Als er es schließlich doch tat, rief er noch: »Leck mich doch du dumme Fut!« Er hat noch den Hund angeschaut, der wurde dann auch aggressiv, fing an zu bellen. Ich bin vor lauter Schreck einen Meter zurückgewichen und fast über einen Steinpfosten gefallen. Da habe ich auch eine Anzeige geschrieben. Das ging vor Gericht und er musste eine Geldstrafe zahlen.

Sind Männer auch deshalb so kiebig, weil das Auto etwas Heiliges ist und Männer den Straßenverkehr als ihr Territorium empfinden?
Elvira Hocke: Wahrscheinlich. Und wenn sie dann auch noch abgeschleppt werden, dann ist es natürlich noch schlimmer.

Gibt es Diskussionsspielraum, wenn jemand im Halteverbot steht?
Elvira Hocke: Natürlich wird oft gesagt: »Ich war doch nur schnell beim Doktor, am Briefkasten, in der Apotheke …« Diskussion hat man eigentlich meistens.

Drücken Sie auch mal ein Auge zu?
Elvira Hocke: Kommt drauf an. Wenn einer sagt, er hat seine hochschwangere Frau zum Arzt gebracht oder sie war mal schnell auf der Toilette, dann sagen wir auch: »O. k., ist glaubwürdig.«
Christiane Huber: Es kommt auch immer drauf an, wo jemand steht. Wo ich sicher kein Auge zudrücke, ist ein Schwerbehindertenparkplatz.
Elvira Hocke: Oder wenn einer mit Einkaufstüten ankommt.

Man hat ja oft auch den Eindruck, dass Männer die Sache mit den Frauenparkplätzen irgendwie missverstehen …
Elvira Hocke: Ja, das sehe ich auch oft. Auch wenn ich privat ins Einkaufszentrum fahre. Da werden die Frauenparkplätze oder die Mutter-Kind-Plätze gern von Männern angefahren. Das ärgert mich auch.
Christiane Huber: Das hat manchmal etwas richtig Trotziges. Jetzt erst recht …
Elvira Hocke: Das gilt auch fürs Anschnallen. Obwohl es ja richtig gefährlich ist, das nicht zu tun.

Das klingt ein wenig kindisch …
Elvira Hocke: Ja und es geht manchmal über jedes Maß hinaus. Vor einiger Zeit hatte ich anlässlich des Iron Man Sperrposten an einer der großen Straßen hier in Frankfurt. Da fuhr ein Mann mit seinem Auto bis an die Sperre. Er wollte mit seiner Frau zum Flughafen und unbedingt diese Straße nehmen. Ich sagte ihm, dass das nicht ginge. Da gibt er plötzlich Gas, fährt mir

über den Fuß und streift mich mit dem Kotflügel am Knie. Meine Arbeit war damit beendet. Wir mussten einen Krankenwagen rufen, dann kam noch die Task Force, hat die ganze Sache aufgenommen. Er musste sich dann doch Zeit nehmen …

Gibt es Unterschiede in den Reaktionen bei den verschiedenen Altersgruppen?
Christiane Huber: Ich würde sagen, die Jüngeren sind ausfallender, die gehen viel schneller hoch. Natürlich gibt es bei den Älteren auch Ausnahmen. Aber in der Regel achten die eher darauf, alles richtig zu machen.

Kann man am Wagentyp hochrechnen, wie sich einer im Straßenverkehr benimmt?
Elvira Hocke: Manche verfahren schon nach der Devise: Ich fahre Porsche, ich kann mich überall hinstellen.
Christiane Huber: Ja, die denken wohl: »Was sind 30 Euro? Das tut mir nicht weh.« Man muss dann halt abschleppen lassen. 200 Euro merkt man schon eher.

Wie reagieren Frauen, wenn man sie beim Falschparken ertappt?
Elvira Hocke: Das geht eigentlich. Manchmal haben die auch blöde Sprüche, aber die sind längst nicht so aggressiv und sie schimpfen nicht so viel.

Färben Ihre Erfahrungen im Beruf auch auf das Privatleben ab?
Christiane Huber: Ich finde, man wird härter. Ich war immer ziemlich ruhig. Seit ich hier arbeite, gebe ich eher mal Paroli. Auch wenn es nicht immer so gut ankommt. Aber ich denke mittlerweile, man fährt besser damit, wenn man sich klar ausdrückt.

Frauen sollen ja eigentlich de-eskalierend wirken. Was Sie erzählen, klingt eher so, als würden Männer glauben, sich gegenüber Frauen besonders viel herausnehmen zu können.
Elvira Hocke: Ich denke, das ist so. Und besonders stark fühlen sie sich, wenn einer oder zwei andere dabei sind. Das scheint die Zunge erst richtig zu lösen.
Christiane Huber: Genau, da lachen die anderen noch und dann schaukelt sich das hoch.

Gibt es auch Lichtblicke?
Christiane Huber: Es gibt ja auch durchaus Freundliche. Einen hatte ich mal, der war erst total aggressiv. Dann ging er weg und kam fünf Minuten später mit einem Bärchen. Er wollte sich entschuldigen. Wir dürfen ja nichts annehmen, aber der gute Wille zählt.
Elvira Hocke: Ich habe natürlich auch solche Erlebnisse. Zum Beispiel mit dem Mann, der vergessen hatte, die Parkuhr zu füttern. Er war zehn Minuten über die Zeit und hatte schon ein Ticket am Auto. Den habe ich dann nur mündlich verwarnt, weil Weihnachten vor der Tür stand. Er ging dann gleich in einen Süßwarenladen und kam mit einem Beutelchen Schokolade für mich zurück. Das hat mich gefreut.

Sind Männer entspannter, wenn Frauen dabei sind?
Elvira Hocke: Ja, manche Frauen versuchen, ihren Mann wieder runterzuholen. Frauen sind solche Situationen eher peinlich, in denen sich Männer so aufführen.

Wie ist die Bereitschaft von Passanten, einzugreifen, wenn eine Situation brenzlig wird?
Christiane Huber: Gucken ja, aber bloß nicht einmischen und helfen. Ich war vor einiger Zeit mit einer Kollegin hier auf der Konstablerwache unterwegs und sah, wie zwei junge Männer

eine ältere Frau belästigten. Ich bin gleich hin und habe gesagt, sie sollen die Frau in Ruhe lassen. Erst sind sie weg, kamen dann aber wieder zurück und haben uns geschubst. Meine Kollegin ist hingefallen. Da ist zwar ein Mann vorbeigelaufen. Aber er hat meiner Kollegin nur das Funkgerät aufgehoben und ist dann weitergegangen.
Elvira Hocke: Ich denke beinahe, dass eher die Frauen was sagen als ein Mann. Obwohl eine Frau weniger Möglichkeiten hat – allein von der Kraft her –, aber Frauen haben da doch mehr Courage.

Wenn Sie sich was wünschen könnten, was wäre das?
Christiane Huber: Dass Männer uns mit mehr Respekt begegnen.

»Manchmal geht es stark ins Kindische«

Interview mit Gunilla Lenz*, Stewardess bei einer großen Fluggesellschaft

Sie arbeiten mittlerweile in der First Class und in der Businessclass. Was sind für Sie die wesentlichen Unterschiede zur Economy?
Vor allem natürlich, dass es viel weniger Leute sind. In der Economy sind die Dimensionen schon etwas furchterregend. Immerhin hat man 300 Leute zu versorgen. Aber dort ist es auf eine Art auch fast netter. Die Passagiere sind viel dankbarer und – so paradox das klingt – man ist eher fertig mit dem Service. Obwohl in der Businessclass oder in der First wesentlich weniger Passagiere sitzen, hat man oft länger zu tun.

* Name geändert

Was sind das für Leute, die First und Businessclass fliegen?
Ich würde sagen: mindestens zwei Drittel Männer, ein Drittel Frauen. Eher das mittlere Alter und vorwiegend Chefs. Früher durften auch die leitenden Angestellten in der First Class sitzen. Aber die Firmen sparen.

Sind die Passagiere besonders anspruchsvoll?
Das ist unterschiedlich. Es sind ganz normale Leute darunter, die sehr nett sind. Aber es gibt immer auch solche, die glauben, für das viele Geld müsse etwas ganz Besonderes geboten werden. Da sieht man förmlich, wie sie im Geiste rechnen: Das hat jetzt soundso viel gekostet, was bekomme ich dafür? Natürlich möchten sie bevorzugt behandelt werden. Das ist allerdings schwierig, wenn etwa die Hälfte zuerst drankommen möchte.

Bei so wenig Leuten und so viel Stewardessen muss doch sowieso niemand lange warten?
Trotzdem wird geschaut, wer eher dran kommt. Und es gibt Gerangel, wenn eines der Hauptgerichte oder eine der Vorspeisen nicht mehr da ist. Manche sind regelrecht persönlich beleidigt, sollte ihr Wunsch nicht erfüllt werden können. Wir achten allerdings darauf, dass einer, der keine Auswahl mehr bei der Vorspeise hatte, sich wenigstens beim Hauptgang etwas aussuchen kann.

Was ist, wenn jemand nicht bekommt, was er will?
Manche nehmen einfach etwas anderes. Aber es gibt auch solche, die dann mit dem Fuß aufstampfen. Einer hat dann einfach gar nichts gegessen. Ich hatte extra noch mal für ihn geschaut, aber wir hatten nur zwei Portionen von dem Gericht für 16 Leute und beim dritten Passagier waren die schon weg. Das war ein bisschen albern. So als würde es mich persönlich treffen, wenn er nichts isst. Wie ein kleines Kind.

Bedeutet »First Class« also nicht, dass man es auch im Betragen mit First-Class-Passagieren zu tun hat?
Nicht zwingend. Es gibt immer wieder welche, die einfach alles auf den Boden werfen. Jede gelesene Zeitschrift, jeden Müll. Was mich persönlich besonders nervt, sind die Passagiere, die einem das Gepäck beim Einsteigen teilweise wortlos vor die Füße stellen oder sagen: »Sie verstauen das schon.« Bis zu 20 Kilo Handgepäck, das stemmt man als Frau nicht so einfach weg. Auch schön: Wenn sie mir ihr verschwitztes Hemd zum Aufhängen geben oder ich ihre Hose zusammenfalten soll, die sie eben noch angehabt haben. Manche tragen ja einen Pyjama auf diesen langen Flügen. Das finde ich ziemlich eklig. Es gibt auch immer wieder welche, die meinen, sie kämen größer raus, wenn sie uns nach Kräften runtermachen.

Klingt nicht nach souveränen Erfolgsmenschen?
Manchmal geht es schon stark ins Kindische. Zum Beispiel, wenn man fragt, ob einer den Platz tauscht, damit etwa ein Ehepaar zusammensitzen kann. Dann bekommt man schon mal zu hören: »Nein, ich sitze *immer* hier!« Einmal ist einer aufgesprungen, hat mit dem Fuß aufgestampft und gesagt, immer würde man *ihn* fragen, immer soll *er* tauschen. Ich habe dann geantwortet: »Sie *müssen* ja nicht. Ich habe ja bloß gefragt.« Er meinte daraufhin: »Na gut, aber warum immer ich?« Als wäre er acht Jahre alt und nicht Ende 50.

Was bringt First-Class-Passagiere noch aus der Fassung?
Ich hatte kürzlich einen, der klingelte Sturm, obwohl die Anschnallzeichen noch an waren. Der Kapitän hatte sie nach dem Start angelassen, denn er meinte, es könne wackelig werden. Wurde es zwar nicht, aber ich muss sitzen bleiben, wenn die Zeichen nach dem Start noch leuchten. Der klingelte, als läge er im Sterben. Ich habe ihm erklärt, dass wir alle sitzen bleiben

müssen. Aber nein. Er sagte, er habe keine Zeit und wolle endlich essen und dann schlafen. Ich habe ihm den Purser schicken müssen, weil er mir einfach nicht geglaubt hat. Ein anderer kam mit einem Businessclass-Ticket, wollte aber ein Upgrade für die First Class. Er behauptete, das Bodenpersonal habe ihm versichert, das würden wir für ihn im Flugzeug erledigen. Wir dürfen das aber gar nicht. Das sagte ihm auch der Purser. Später, beim Start, schaute ich dann, ob sich alle angeschnallt haben. Dieser Passagier hatte sich eine Decke übergelegt und wollte mir partout nicht sagen, ob er angeschnallt war. Er habe sich geärgert, weil er kein Upgrade bekommen hatte, und wolle mir deswegen nicht sagen, ob er angeschnallt war. Auch so ein Mann Anfang 60.

Haben Sie besondere Strategien im Umgang mit schwierigen Passagieren?
Das meiste ist Erfahrung. Mit der Zeit weiß man, wie man am besten reagiert. Wenn es gar nicht mehr geht, sagt man eben einem männlichen Kollegen: »Geh du mal hin. Ich glaube, der kann nicht mit mir.«

Darf man auch streng sein?
Man darf natürlich auf keinen Fall unfreundlich oder ausfällig werden. Aber wenn man mal sagt: »Bis hierhin und nicht weiter«, reagieren die meisten ganz gut.

Reißen sich die Passagiere mehr zusammen, seitdem auch mal Flugverbote ausgesprochen werden, wenn jemand sehr renitent ist?
Ich glaube, das spielt keine Rolle. Manches wird auch gleich im Vorfeld geregelt. Kürzlich hatten wir einen Passagier, der so betrunken war, dass wir ihn nicht an Bord genommen haben. Das geht in Absprache mit dem Kapitän und dem Boden. Dieser Passagier lallte nur noch, war schon beim Einsteigen frech

und da überlegt man schon, ob man sich während des Fluges vermeidbaren Ärger einhandelt.

Sind nicht auch die Raucher gefährlich, die es einfach nicht lassen können?
Rauchen ist natürlich streng verboten. Manche halten sich aber partout nicht daran und rauchen auf dem WC. Da sind wir beinahe schon froh, wenn sie ihre Zigarette wenigstens in die Schüssel werfen und nicht in den Handtuchbehälter. Das ist wirklich gefährlich. Und wenn dann der Rauchmelder anschlägt, wissen wir draußen ja nicht, ob es wirklich brennt oder bloß mal wieder einer eine qualmt. Mittlerweile gibt es an den Airports schon solche Sets zu kaufen, mit denen man den Melder abkleben kann. Das ist eine Folie, die so schimmert. Die kann man nur sehen, wenn man sie mit Taschenlampen anleuchtet.

Was ist mit der legendären Männerphantasie: Sex auf der Flugzeugtoilette?
Das habe ich noch nie miterlebt. Kann ich mir auch nicht vorstellen. Es gibt ja kaum etwas Widerlicheres als eine Flugzeugtoilette. Da geht man doch nur hin, wenn man wirklich muss.

Auch in der First oder Businessclass?
Ja, das ist ein bisschen so wie in Kneipen. Da fühlt sich auch keiner für die WCs zuständig. Ich finde es auch grenzwertig, dass Männer es nie schaffen, ihre Hose in der Toilette zu schließen. So klein sind die Räume nun auch wieder nicht, dass man das nicht schaffen könnte. Und dann diese Knickbewegung vor aller Augen, mit der Männer ihr Geschlecht nach rechts oder links rütteln.

Bedanken sich die Passagiere nach einem Flug?
Viele ja, aber viele auch nicht. Die gehen einfach raus. Es war ja ein normaler Flug, die Erwartungen wurden erfüllt. Fertig. Das ist etwas ganz anderes als vorne in der Economy. Vor allem, wenn dort Amerikaner sind. Die bedanken sich überschwänglich. Aber in der First Class sagen viele nicht mal »Wiedersehen«. Obwohl man ja ein paar Stunden zusammen war und bei nur 16 Passagieren doch eine ziemlich persönliche Atmosphäre hatte.

Lernt man viele Promis kennen?
Eigentlich nicht. Es wird ja auch nicht viel gesprochen auf so einem Flug. Ich hatte nur einmal einen wirklich prominenten Künstler. Der hat gleich am Eingang seinen Pelzmantel von den Schultern geschnickt, sodass wir uns bücken und ihn aufheben mussten. Natürlich würde ich niemals auch nur einen Euro für eine seiner CDs oder Konzerte ausgeben.

Wieso glauben manche, sich so stieselig aufführen zu müssen? Sie bekommen doch eigentlich alles, vor allem in der First Class?
Ich denke, das liegt daran, dass diese Führungskräfte nicht gespiegelt werden. Nicht von ihrem Umfeld und schon gar nicht im Dienstleistungssektor. Da sagt man einem ja nicht, wie peinlich er ist. Und während der Flüge ist seine Frau meist nicht dabei. Die wäre vermutlich die Einzige, die ihm deutlich machen könnte: »Sag mal, geht's noch?«

Sind die Passagiere freundlicher, wenn ihre Frau dabei ist?
Ja, ich habe das Gefühl, da nehmen sie sich eher zusammen. Außer natürlich, sie wollen ihr imponieren. Da entfällt der besänftigende Effekt, dann wird erst recht aufgedreht.

Was war das Unmanierlichste, das Ihnen bislang begegnet ist?
Das ist schon eine Weile her. Wir hatten in der Businessclass einen Notfall. Eine Darmkrebspatientin hatte während des Fluges innere Blutungen bekommen. Es ging ihr furchtbar schlecht. Das Problem war, sie sprach nur Griechisch. Glücklicherweise hatten wir gleich mehrere Ärzte an Bord, darunter eine griechische Ärztin, die gedolmetscht hat. Wir mussten schließlich zwischenlanden. Die Frau schwebte wirklich zwischen Leben und Tod. Ich war damals in der Economy. Da beschwerte sich ein Passagier sehr aufgebracht bei mir und verlangte, dass ich ihm Champagner ausgebe. Er würde hier schließlich ganz schön viel mitmachen. Der hatte zwar eine Frau dabei, die versuchte, ihn runterzuholen. Aber da war nichts zu machen. Ihm war es egal, ob vielleicht jemand stirbt. Ihn beschäftigte nur, wie er davon profitieren könnte.

Der Mann im Haus

Praktisch, so ein Mann im Haus. Er kann Dinge reparieren und die schweren Getränkekisten in die Wohnung tragen. Wenn man Gäste hat, ist einer da, der die Tür öffnet, während man in der Küche noch darauf achtet, dass das Honig-Ziegenkäse-Gratin nicht schwarz wird oder man im Bad letzte Hand an der Frisur anlegt. Nur ein Mann arbeitet bei den Familienurlauben die Routen so perfekt aus, dass man zwischen Frankfurt und Venedig nicht einmal nach dem Weg zu fragen braucht. Niemals. Selbst wenn man schon am Ortsschild »Rimini« vorbeigefahren ist. »Dann seht ihr wenigstens mal etwas vom Land!«

Ein Mann im Haus sagt großzügig: »Lass lieber mich das mal machen!«, sobald man sich der Werkzeugkiste auch nur auf Sichtweite nähert. Und natürlich braucht er für den Aufbau eines Ikea-Regals oder der Installation eines neuen DVD-Players nicht einmal einen Blick in die Gebrauchsanweisung zu werfen. Die ist sowieso nur eine subtile Methode von anderen Männern, ihr Herrschaftswissen gegen potentielle Konkurrenten zu verteidigen. Was man unschwer an Sätzen wie: »Fangen sie wieder ihren Computer bitte an, um den Treiber zum Invaliden zu machen«, erkennen kann. Deshalb dauert es vielleicht manchmal länger als ein Atomkraftwerk ans Netz zu bringen, bis beispielsweise ein Eierkocher tut, was ein Eierkocher tun sollte. Aber dafür hat der Mann für die Statistik »Mitarbeit im Haushalt« wieder ein paar beachtliche Zeiteinheiten auf seinem Stundenzettel.

Auch beim Fernsehprogramm riskieren Männer nur selten einen Blick in vorgefertigte Programme. Sie halten frei nach der Devise des Komikers Jerry Seinfeld: »Frauen sehen fern. Männer wollen wissen, was es sonst noch gibt«, ihre Familie lieber höchstselbst auf dem Laufenden, indem sie sich dreimal am Abend durch 127 Programme switchen. Und sie können treu sein. Vor allem ihren Kleidungsstücken, ihrer DVD-Sammlung und dem schwarzen Ledersofa, das in 85 Prozent aller von Männern mitbewohnten Wohnungen nicht einfach steht, sondern ein Statement abgibt: Keine Macht für Tine Wittler! Hier wohnt ein echter Kerl, der dem Design- und Landhausstil-Terror erbitterten Widerstand leistet.

Alles Eigenheiten, die man unter »Macken und Marotten« abbuchen kann und die Gott nach Feierabend dafür gemacht hat, damit es uns nicht zu gut geht und wir am Ende vor lauter Freude aneinander überschnappen. Wer wie ich schon mal in seinem Leben Gelegenheit hatte, mit Frauen eine Wohnung zu teilen, weiß, auch das ist bisweilen kein Zuckerschlecken. (Kleiner Tipp: Sagen Sie niemals und unter keinen Umständen: »Bedien dich ruhig an meinem Kleiderschrank!«, falls Sie die Büchse der Pandora nicht noch ein zweites Mal öffnen möchten.) Gerade im Nahkontakt schenken sich die Geschlechter nichts, arbeiten beide hart daran, sich die gemeinsame Zeit mit aufregenden Ratespielen zu versüßen:

Sie: »Was ist das eigentlich da in deiner Sporttasche? Socken? Ein toter Goldhamster? Die Brote, die ich dir letztes Jahr mitgegeben hatte?«

Er: »Wozu brauchst du noch eine Tasche?«

Sie: »Wann lernst du endlich, dass die Butter nicht von allein in den Kühlschrank zurückgeht?«

Er: »Kannst du mir mal erklären, weshalb sechs lächerliche Weingläser mehr kosten müssen als ein Rasenmäher?«

Verständlich, wenn immer noch die Mehrheit der Frauen von einem Mann im Haus und im Haushalt träumt. »Wenn sie unbedingt wollen!«, denkt der sich und findet, dass es bei dieser enormen Nachfrage nach seiner Gesellschaft lebenslang so schlimm nicht sein kann, mit ihm Tisch, Bett und Bad zu teilen. Zumal sich da ja in den letzten Jahrzehnten viel geändert hat. Niemand außer Eva Herman oder Franz Beckenbauer (»Wenn die Windeln duften, wechselt die Mama.«) behauptet heute noch öffentlich, ein Mann gehöre nicht an den Herd oder es sei ihm einfach nicht gegeben, ein Fenster blank zu polieren, oder Frauen würden von der Natur mit einem Putzlappenhaltegriff bevorzugt! Die Zeiten sind vorbei, in denen ein Politiker wie weiland CDU-Familienminister Franz-Josef Wuermeling (im Amt 1953 bis 1962) ungestraft sagen konnte, die Aufgabe einer Frau sei »Selbsthingabe und Selbstverleugnung«. Jedenfalls öffentlich. Allein im Gespräch mit Forschern aber – wie jüngst denen der Shell-Jugendstudie – lassen ausgerechnet die Jüngeren ihren traditionellen Vorstellungen freien Lauf. Da sagen 80 Prozent der jungen Frauen, dass sie Familie und Beruf kombinieren wollen. Aber allenfalls 40 Prozent der jungen Männer können sich eine Partnerschaft vorstellen, in der Pflichten und Aufgaben gleich verteilt sind. »40/80-Katastrophe« nennt der Sozialforscher Klaus Hurrelmann in der Studie diese trostlose Perspektive.[34]

Angesichts der Fakten muss man wohl dem französischen Soziologen Jean-Claude Kaufmann recht geben. Er hat sich eingehend mit der Beteiligung der Geschlechter an der Hausarbeit befasst und kam zu dem Schluss: »Das dauert sehr lange!« Meint: bis man sagen kann, wo zwei schmutzen, räumen auch zwei auf. Wenn zwei Kinder haben, teilen sie sich nicht nur die Freude, sondern auch die Sorgen und die Arbeit, die der Nachwuchs so mit sich bringt. Wissen, wie die Klassenlehrerin des Kindes heißt und wann der nächste Zahnspangentermin ist. Vielleicht erklärt das die längere Lebenserwartung von Frauen: dass wir diesen Moment endlich einmal erleben wollen.

Mehr als 50 Jahre nach dem Gesetz zur Gleichberechtigung wachsen sich die kleinen Unterschiede im Haushalt wieder so aus, dass unsere Töchter vermutlich auf noch weniger Mithilfe zählen können als ihre Mütter und wir noch eine Generation warten müssen, bis der Tag angebrochen ist, an dem ein Mann ganz allein feststellt, dass im Vorratsschrank ein paar Putzmittel fehlen, und sich Gedanken darüber macht, wie man einen Teppich am besten reinigt. Schon heute unterstützen lediglich 15 Prozent der Männer ihre Frauen beim Bügeln, nur 29 Prozent helfen, das Bad zu reinigen oder die Wäsche zu waschen. Sie fahren durchschnittlich einmal die Woche zum Getränkemarkt, während die Frau drei bis vier Mal so oft einkaufen geht. Eine Studie der Uni Bamberg belegt zudem: Je länger ein Paar verheiratet ist, umso geringer die männliche Mithilfe.[35] Und: »Zu Beginn der Partnerschaft sind meist liberale partnerschaftliche Vorstellungen da. Kommt ein Kind, treten abrupt traditionelle Muster zum Vorschein«, so der Bamberger Soziologie-Professor Hans-Peter Blossfeld, Leiter des Staatsinstituts für Familienforschung an der Universität Bamberg.[36] Sogar voll erwerbstätige Mütter sind laut Angaben des Statistischen Bundesamtes weit mehr im Haushalt beschäftigt als ihre Männer.

Wenn die Scheidungsquote dennoch nicht bei 100 Prozent angekommen ist und sich nicht mal das getrennte Wohnen durchgesetzt hat, liegt das nicht allein an den horrenden Mieten, sondern vor allem an einer geheimnisvollen Rechenschwäche, die nicht allein Männer befällt, geht es um die Einschätzung der täglichen Mithilfe. Man wünscht sich, im Schulfach Mathematik würde statt der »Eigenschaft stetiger Funktionen« oder »Differentialrechnung« einfach mal durchgezählt, wer wann was im Haushalt tut. Sonst wären allenfalls 30 Prozent männliche Mithilfe für sie nicht schon zu 100 Prozent beglückend. Das bestätigt auch eine Umfrage im Freundinnenkreis. So erzählt Carola, zwei Töchter, gern stolz, dass ihr Mann für Einkaufen, Garten und Fensterputzen zuständig ist. Bleiben zwar immer noch: Tägliche Aufräumarbeiten, Kochen, Wäsche, Garten und die Organisation des Soziallebens. Trotzdem sagt sie, sie sei wirklich froh, dass ihr Mann ihr so viel abnehme. Ganz so, als wäre es eigentlich ihr Job, für *alles* zuständig zu sein.

Es braucht also nicht vollen Einsatz, um eine Frau zufriedenzustellen. Den meisten genügt der gut dokumentierte Wille, um die tatsächliche Ungerechtigkeit bei der Verteilung nicht als gefühlte Lieblosigkeit zu interpretieren. Bestätigt wird das unter anderem von einer Umfrage des Grazer Gerechtigkeitsforschers Prof. Dr. Gerold Mikula. Zwei Drittel der Frauen empfanden demnach die ungleiche Verteilung der Hausarbeit nicht als Zumutung. Allerdings beurteilten Frauen die Mitarbeit ihres Partners nicht nur nach der Erfüllung ihrer Ansprüche, sondern danach, was andere Männer denn so beitragen. So finden 80 Prozent der befragten Frauen, ihre Partner würden ebenso viel oder mehr zur Hausarbeit beitragen als andere. Im Prinzip wäre es also ganz einfach, mit wenig Aufwand viel Anerkennung einzuheimsen. Es braucht bloß andere Männer, die auch nicht viel mehr dafür tun als man selbst. Und dann wäre es nicht nur schön, sondern auch klug, ein paar Argumente dafür abzuliefern, weshalb wir überhaupt zu zweit besser dran sind als allein.

Argumente, wie sie sich japanische Männer gerade mühsam erarbeiten: »Jukunen Rikon« nennt sich in Japan der neue Angstgegner – die Scheidung nach über 20 Ehejahren. Ein Massenphänomen, das verstärkt auftritt, seitdem eine Gesetzesänderung den Frauen nach einer Scheidung einen Teil der Rente des Ehemannes zusichert. Nun rechnen Experten mit einer »nie da gewesenen Scheidungswelle«[37]. Zu verführerisch ist offenbar das Angebot, vor allem für Japanerinnen, die mit 60 Jahren immerhin noch durchschnittlich 26 Jahre vor sich haben. Da überlegt man sich gut, ob man die mit einem Menschen teilt, der die letzten 40 Jahre – das haben Experten errechnet – gerade mal fünf Minuten am Tag für die Familie Zeit hatte. Japanische Männer verbringen praktisch ihr gesamtes waches Leben im Büro und noch nach Feierabend mit den Kollegen. Das bisschen, was sie sich dann für Frau und Kinder abzwacken, haben sie offenbar nicht mit Freundlichkeiten wie »Bitte« und »Danke« verbracht oder damit, wenigstens ein Mal pro Jahr »Du bist die Beste!« zu sagen. Sonst würden nicht 40 Prozent der Frauen den Gedanken, mit ihrem Mann endlich einmal sehr viel Zeit verbringen zu können, als ähnlich verlockend empfinden, wie eine Mund-zu-Mund-Beatmung eines Pitbulls.

Die Aussicht auf ein gemeinsames Rentnerdasein hat sogar ein eigenes Krankheitsbild hervorgebracht – RHS, »Retired Husband Syndrome«. Das sollten die Frauen, so das fachärztliche Urteil, am besten damit bekämpfen, indem sie sich von ihren Männern »so oft wie möglich« fernhalten. Umgekehrt freuen sich laut einer Umfrage der Tokioter Werbefirma Hakuhodo Incorporated 85 Prozent der japanischen Männer jetzt schon riesig auf die gemeinsamen Jahre nach der Pensionierung und sind deshalb bereit, einiges dafür zu tun. Sie nehmen ein neues Dienstleistungsangebot wahr, Kurse, in denen sie den Umgang mit Frauen lernen, Regeln wie: »Hab keine Angst, dich zu entschuldigen« oder: »Sage immer ›Dankeschön‹!« oder: »Fürchte dich nie davor, ›Ich liebe dich!‹ zu sagen.« Mit einigen Anlaufschwierigkeiten, wie der 59-jährige Kazuyoshi Sato in der Tagesschau zugab. »Entschuldigung« und »Danke« könne er inzwischen relativ einfach sagen, berichtete er. »Aber der Satz ›Ich liebe dich‹ fällt mir sehr schwer. Ich schäme mich dabei.«

Männer haben oft einfach keine Ahnung, wie Höflichkeit, Respekt, Fürsorge, Interesse, Aufmerksamkeit den Alltag gegen Frust, Enttäuschung, Ärger, Reue (»Hätte ich damals bloß Kai-

Uwe geheiratet!«) imprägnieren. Und wie tödlich dagegen das schleichende Gift von Unachtsamkeit, Ignoranz, Maulfaulheit, Bequemlichkeit wirkt. Außer, es kommt zur Trennung. Dann sagen sie »Ich hatte ja keine Ahnung, dass es dich so kränkt, wenn ich meine Sachen überall herumliegen lasse, und dass ich dir zum Geburtstag die neue Kühltruhe geschenkt habe. Aber findest du es nicht etwas übertrieben, dich deswegen scheiden zu lassen?«

Zum Beziehungsklimaschutz gehören immer zwei. Auch ein Mann tut gut daran, den emotionalen Schadstoffausstoß auf einem für beide Seiten beglückenden Level zu halten. Frauen mögen in Haushaltsfragen nicht so gut rechnen können. Aber nach ein paar lieblosen Jahren und fortgesetzter Herzlosigkeit können sie sehr gut eine Fehlinvestition von einem Hauptgewinn unterscheiden. Die Kunst besteht also darin, eine Atmosphäre zu schaffen, in der die guten Gefühle gedeihen und jedwede kleinliche Aufrechnung (»Habe heute Ulis Socken gewaschen. Was springt eigentlich für mich dabei raus?«) draußen bleibt. Wie das geht? Erstens sollte man auf keinen Fall wie ein Kakerlak beim ersten Lichtstrahl sofort weghuschen, sobald irgendwo Arbeit droht, und zweitens etwaige Krisengebiete schon im Vorfeld befrieden.

Darf man es sich nach Feierabend in einem Jogginganzug daheim gemütlich machen?

Kommt drauf an. Erstens, wie der Jogginganzug aussieht. Zweitens, wie Sie im Jogginganzug aussehen. Wie Brad Pitt an einem lässigen Tag in einem Prada-Freizeit-Outfit? Oder wie etwas im Zustand fortgeschrittener Kompostierung? Irgendwo dazwischen liegt die optisch passable Lösung. Man braucht sich sicher nicht noch nach Feierabend so zu kleiden, als käme jeden Moment RTL Exklusiv für eine Homestory vorbei. Und natürlich sollte ein Mensch sich in den eigenen vier Wänden in Gesellschaft der ihm am nächsten stehenden Person in seiner Rohfassung präsentieren dürfen. Aber es ist eben nicht »gemütlich«, wenn man etwas trägt, das einem sagt: »Mir doch egal, ob ich dir gefalle!« Und: Außer man ist Fidel Castro und erholt sich gerade von einer Darmkrebsoperation oder Jens Lehmann und mitten im Training, trägt also Berufskleidung, gehört so ein Anzug so wenig in die Öffentlichkeit wie ein Genitalherpes und nur unter ganz bestimmten Voraussetzungen – siehe oben – auf die heimische Couch.

Weshalb sollte ein Mann seiner Frau zum Geburtstag oder zu Weihnachten nicht einfach etwas Schönes beim Kaffeeröster besorgen?

Ja, warum eigentlich nicht? Liegt doch sowieso auf dem Weg, kostet nicht die Welt und außerdem sind die vom Kaffeeröster noch so nett, die passenden Gefühle gleich mitzuliefern. So bekommt sie für unter zehn Euro nicht nur eine Uhr, sondern auch »Zeit für Schönheit«. Aber gerade deshalb spricht alles dagegen, sein Geschenk beim Kaffeeröster zu holen: weil es viel zu einfach ist. Seit Männer nur noch selten zum Drachentöten kommen, muss eben das Geschenk signalisieren: Ich tue alles für dich, scheue weder Mühen, Kosten noch überfüllte Geschäfte oder Internetrecherchen auf der Suche nach dem besten Angebot für ein gemeinsames Wochenende in einem lauschigen Hotel.

Ach, Frauen wissen oft selbst nicht, was sie eigentlich wollen? Kleines Beispiel aus dem Nahumfeld: Charlotte hatte sich einen Wellness-Tag in einem Day-Spa im nächsten Ort gewünscht. Nicht still und leise. Sie hatte diesen Wunsch öfter wiederholt als das ZDF die Schwarzwaldklinik. »Och nö«, sagte ihr Mann auf meine Frage, ob er denn schon einen Gutschein besorgt habe. »Da muss ich ja extra hinfahren. Ich hab ihr schon ihr Lieblingsparfüm gekauft.« Vielleicht wären die beiden heute noch zusammen, hätte er ein paar Mal: »Au ja!« statt: »Och nö« gesagt. Wenig tröstlich, dass Charlotte nach einer Untersuchung der Wirtschaftsprüfungsgesellschaft Deloitte nicht allein ist.[38] Frauen wurden befragt, welche Geschenke sie zu Weihnachten besonders erfreuen würden – und Männer danach, was sie verschenken. Demnach würden sich 50 Prozent über Bücher freuen. Aber nur 29 Prozent wird der Wunsch auch erfüllt. 41 Prozent hoffen auf Kleidung. Aber nur 24 Prozent bekommen auch welche. Parfüm oder Kosmetik stehen bei 40 Prozent auf dem Wunschzettel, doch nur 27 Prozent der Männer beherzigen das. 34 Prozent wünschen sich Schmuck. Was lediglich 14 Prozent der Männer wirklich ernst nehmen. Und nur sechs Prozent der Männer verschenken Reisen, obwohl sie bei 30 Prozent der Frauen damit ausreichend Dankbarkeit für mindestens die nächsten sechs Monate ernten könnten.

Wieso wird eigentlich um den Toilettensitz so ein Gewese gemacht? Kann es einer Frau nicht egal sein, ob ein Mann im Stehen oder im Sitzen pinkelt?

Wenn es einem so egal sein kann, wieso verzichtet der Mann dann nicht darauf? Wäre nämlich eine echte Arbeitserleichterung. Nicht umsonst gellen immer mal wieder Entsetzensschreie wie: »Hilfe, mein Mann pinkelt im Stehen!« (Johannes B. Kerner Talk-Show vom 25. November 1997) durch die Medien. Immerhin gehen einem Mann im Jahr fast zehn Liter daneben. Und so addiert es sich auf »700 Liter stinkenden Urins bei einer Durchschnittslebenszeit von 70 Jahren«, macht Albert Hauser in seinem »Sitzpinkel-Manifest«[39] eine unappetitliche Rechnung auf. »200 Millionen Liter Pipi werden in Deutschland Jahr für Jahr auf diese schreckliche Weise entsorgt.«

Das ist kein böser Wille. Das ist Physik. »Danach verhalten sich der Punkt der Auflösung als auch der größte Durchmesser des Harnstroms proportional zu der Geschwindigkeit des Harnstroms, d. h. zum Druck der Blase.«[40] Kurz: Es sprüht. Das lässt sich nicht verhindern. Außer, man ist höchstens 1,40 Meter groß und hat somit »den optimalen Abstand zwischen Penis, d. h. dem Austritt des Urinstrahls, und dem Bereich der Toilette, wo der Urinstrahl auftrifft«, wie Bettina Möllring in ihrer Dissertation »Toiletten und Urinale für Frauen und Männer«[41] schreibt.

Aber selbst wenn man mit Brummbär, Schlafmütz, Happy, Pimpel oder einem anderen der Sieben Zwerge zusammenlebt, bleibt ein weiteres Problem des Stehpinkelns: Die »Tropfen«, die ja nicht nur auf Beckenrand, Fußboden oder Sitz, sondern auch auf die Bekleidung fallen. Charlotte Roche hat mit »Feuchtgebiete« zwar die allgemeine Toleranzgrenze gegenüber anderer Leute Körpersäften enorm erweitert. Dennoch gibt es immer noch Frauen, die die Vorstellung, was ein Mann tut, um die letzten Tropfen irgendwie loszuwerden, nicht gerade prickelnd finden. Das gilt gleichermaßen für das »Schütteln und Abstreifen des Penis mit der Hand« wie auch für den Gedanken an eine gewisse »Restfeuchte« in der Unterwäsche. Deshalb das »Gewese« um den Toilettensitz. Falls das nicht überzeugt, hier noch das letzte Argument für diejenigen, die sich nicht vom Stehpinkeln und also nicht von Urinflecken in und auf der Hose trennen mögen: Im Sitzen wird die Blase viel gründlicher entleert. Das schont die Prostata und verlängert die Lebenserwartung. Mit dem Stehpinkeln arbeitet der Stehpinkler also langfristig an seinem Aussterben. Was ja irgendwie fast schon wieder höflich ist.

Darf man einer Frau sagen, was offensichtlich ist: dass »Germany's Next Top-Model« oder »Das perfekte Promi-Dinner« oder »RTL Exklusiv« bloß der totalen Verblödung dienen?

Ist schon hart. Da sitzt ein Mann gerade so schön mit Marcuse oder Kant auf dem Sofa, ist tief in »Buddhismus und Quantenphysik« versunken und plötzlich kreischt so eine Wasserstoffblondine etwas völlig Sinnfreies wie »Zack, die Bohne!« dazwischen und man muss ohnmächtig miterleben, wie der eigenen Frau gerade wieder einige IQ-Punkte abhandenkommen. Süß, wie sich Männer um den Horizont ihrer Liebsten sorgen, wenn etwas im Fernsehen läuft, das sie nicht interessiert. Dieselben, die nichts dagegen haben, wenn die Frau den Kindern alle Folgen von »Bob der Baumeister« so oft vorlesen muss, bis selbst der Dackel alle 40 Bände auswendig aufsagen kann. Dabei könnte sie in derselben Zeit doch prima einen chinesischen Dialekt lernen oder das Rätsel der dunklen Energie lösen. Um es kurz zu machen: Es ist eine Frage des Respekts, anderen Leuten ihren Spaß zu lassen und sie nicht mit abqualifizierenden Bemerkungen mieszumachen. Wenn man gar nicht aushält, was der andere als Unterhaltung empfindet, schafft man sich einfach einen zweiten Fernseher an. Das lohnt sich. Nicht bloß wegen Frauke Ludowig, Gina-Lisa oder Verona Feldbusch-Pooth, sondern auch und vor allem wegen Waldemar Hartmann!

Wieso nerven einen Frauen eigentlich immer damit, dass man zum Arzt gehen sollte?

Die gute Nachricht: Da der deutsche Mann mit dieser Einstellung im Schnitt sechs Jahre früher stirbt als eine deutsche Frau, braucht er sich darüber nicht allzu lange den Kopf zu zerbrechen.

Die Franzosen haben es da sogar noch besser. Denen fehlen gleich acht Jahre im Vergleich zur Französin und der Russe scheint sich zu sagen, bei einer Lebenserwartung von 58,8 Jahren lohnt es sich erst gar nicht, überhaupt mit dem Denken anzufangen.

Die schlechte Nachricht: Während die männliche Lebenserwartung in den GUS-Staaten empfindlich durch Wodka oder den Konsum hochprozentiger Reinigungsmittel reduziert wird – beinahe jeder Todesfall geht auf Trinken zurück –, erweitern die Deutschen die Top Ten der dämlichsten Sterbegründe noch um den Punkt »Kompetenzprobleme«. Bloß weil sie sich von so einem Weißkittel nichts sagen lassen wollen. Das würde ja bedeuten, dass der mehr Ahnung hat. Deshalb verschleppen sie Grippen, ignorieren ernste Anzeichen für einen Herzinfarkt, gehen nicht zur Krebsvorsorge und verkürzen nicht nur ihr Leben, sondern mindern empfindlich die Lebensqualität ihrer Frauen. Es ist frustrierend, wenn goldrichtige Ratschläge ignoriert werden und wir dann auch noch gezwungen sind, in einem Alter Beerdigungen zu organisieren, in dem andere Kreuzfahrten machen.

Darf man einer Frau den Wischmopp überhaupt aus den Händen reißen, wenn sie Hausarbeit doch offenbar als ihre Lebensaufgabe sieht?

Es kommt auf einen Versuch an. Fängt sie an haltlos zu zittern, heult sie, beschafft sie sich klammheimlich Lappen, Spülmittel und Waschpulver, um nachts, wenn keiner guckt, auf ihre tägliche Dosis Hausarbeit zu kommen? Klingelt sie bei den Nachbarn, um dort weiter zu putzen, zu kochen, aufzuräumen? Dann sollte man ihr den Wischmopp lassen. Bevor sie jeden Halt im Leben verliert. Vielleicht ist sie aber einfach nur manchmal gern allein. Um einen ganzen Tag lang ohne Gesellschaft verbringen zu dürfen, braucht eine Frau ja bekanntlich bloß einen Hausputz anzukündigen. Möglicherweise aber handelt es sich ja auch um eines jener typischen männlichen Wahrnehmungsprobleme, die im Haushalt so verbreitet sind. Meint: Es kann einem leicht so vorkommen, als sei Hausarbeit für Frauen enorm sinnstiftend, weil sie immer schon längst einen Lappen in der Hand halten, während der Mann noch überlegt, was ihm jetzt wohl am meisten Spaß und den wenigsten Stress verursacht. Dann sagt er: »Ich schau mal nach der Glühbirne im Keller, die muss ausgewechselt werden« oder: »Ich glaube, ich muss mal die Felgen polieren!«, während Frauen derweil sämtliche Fenster putzen und das Bad reinigen. Obwohl sie – laut einer Forsa-Umfrage – gerade diese Tätigkeiten besonders hassen. Nein, Frauen können sehr gut ohne Wischmopp leben und übrigens auch ohne Männer, die sich nur um die porentiefe Reinheit ihres Gewissens (»Sie braucht das eben!«, »Wenn ich ihr damit helfen kann, sich nützlich zu fühlen.«) kümmern.

Darf ein Mann den Valentinstag einfach übergehen? Diese Erfindung der Blumen- und Geschenkkartenindustrie, den Leuten noch mehr Geld aus der Tasche zu ziehen?

Klar, und wo wir gerade dabei sind, dem Kapitalismus die Stirn zu bieten, schaffen wir auch gleich die Fußballweltmeisterschaft, die Formel 1 und die Tour de France ab, die dem europäischen Sporthandel mittlerweile einen jährlichen Umsatz von ca. 37 Milliarden Euro bescheren, und kicken lieber hinterm Haus ein paar Bälle oder fahren mit dem Hollandrad ins nächste Naherholungsgebiet …

Natürlich sind wir vor ein paar Jahren noch prima ohne Valentinstag durchs Leben gekommen, aber nun gilt der Tag der Liebenden eben auch hierzulande offiziell als Geschenkanlass. Einwände wie: »Sollten wir uns nicht das ganze Jahr über an der Existenz unserer Lieben erfreuen?«, die man im Internet zuhauf unter dem Stichwort »Valentinstag« findet, genügen da nicht als Entschuldigung für einen totalen Boykott. Wäre in einer Beziehung ganzjährig Valentinstag, würden nicht so viele Frauen sehr traurig aussehen, wenn sie nach einem ganzen Tag ohne Blumen, ohne Geschenke, ohne Einladung ins Restaurant, abends um 22 Uhr, kurz bevor der Mann auf dem Sofa eingeschlafen ist, fragen: »Weißt du eigentlich, was für ein Tag heute war?« Die Erfahrung zeigt einfach, dass die Männer, die zu solchen Ausflüchten neigen, weder am 25. Februar noch am 14. August oder an einem anderen beliebigen Tag ohne offizielles Romantiketikett zu überbordendem Einfallsreichtum in Sachen »Frauen erfreuen« neigen.

Deshalb: Nein, der Valentinstag sollte auf keinen Fall übergangen werden! Und man darf der Sekretärin (»Kaufen Sie etwas, das Ihnen auch gefallen würde!«) auch nicht ein paar Euro in die Hand drücken, damit die den Blumenstrauß oder ein Buch oder eine CD besorgt. Mann kauft gefälligst selbst!

Darf ein Mann nicht selbst entscheiden, wann er den Tisch abräumt, die Handtücher im Bad aufhebt oder die Sportklamotten aus der Tasche leert?

Das kommt darauf an, wann er gedenkt, diese Entscheidung zu fällen. Innerhalb der nächsten zehn Jahre? Noch bevor die Nachbarn an die Tür klopfen, weil es aus der Wohnung so streng riecht? Wenn die Reste seiner letzten Stulle auf dem Küchentisch schon anfangen, kleine grüne Pelzmützchen zu tragen? Oder bis es sich für eine Frau richtig lohnt, alle Wochenendtermine abzusagen und den Putzeimer aus der Abstellkammer zu holen? Natürlich gibt es so viele unterschiedliche Ordnungsparameter wie es Menschen gibt, und entsprechend ist auch die Gelassenheit gegenüber Schmutzwäsche, Zeitungsbergen, Krümeln im Bett und Haaren im Waschbecken ungerecht verteilt. Männer scheinen davon gerade in Haushaltsfragen ungleich mehr abbekommen zu haben als Frauen. Vermutlich, weil wir ihnen beim Gene-Fischen schon die Brüste vor der Nase weggeschnappt hatten. So könnte es zu einem gewissen Ungleichgewicht bei der Beurteilung von Dringlichkeiten gekommen sein. Deshalb als Faustregel: Natürlich darf ein Mann selbst entscheiden, wann er was tut. Er sollte diese Entscheidung aber idealerweise treffen, solange er noch mit einer Frau zusammenlebt.

Muss ein Mann auch für Yoga, Nachbarschaftstratsch oder Kunstnägel Interesse heucheln, obwohl ihn das weniger interessiert als das Wetter in Timbuktu?

Ford oder VW, Fußball oder Eishockey, Harry Potter oder Hape Kerkeling, Hugo Boss oder Hennes & Mauritz – bei fast allem hat man die Wahl. Nur bei einem nicht: Was andere Menschen als wichtig für sich empfinden, worüber sie sich gern mit anderen austauschen wollen. Zu sagen: »Das interessiert mich aber nicht«, übersetzt sich da leicht als beleidigendes: »Ich interessiere mich nicht für dich!« Jetzt könnte man einwenden, was Frauen für spannend halten, müsste wegen seiner stark einschläfernden Wirkung eigentlich unter das Drogengesetz fallen. Oder dass Frauen doch gerade dafür ihre beste Freundin haben, um mit ihr den unmöglichen Geschmack der Kollegin (»Möchte mal wissen, wo die ihre Kleidung kauft. Beim Zirkusausstatter?«) zu besprechen. Mag sein. Aber ausufernde Betrachtungen zum Thema »DVB-T-Antenne oder Satellitenschüssel?« oder Reflexionen über das Organigramm eines Sanitärfachgeschäfts sind selten das, womit sich Frauen freiwillig beschäftigen würden, wären sie nicht in Liebe entbrannt zu jemandem, dem das offenbar am Herzen liegt. Kleiner Lichtblick: Eigentlich kann man sich für jedes Thema interessieren, wenn man sich erst mal darauf einlässt. Dann vergeht die Zeit sogar bei »Meinst du, Simone hat sich die Augenlider straffen lassen?« wie im Flug. Und außerdem: Es könnte schlimmer kommen. Die Frau könnte beispielsweise ein paar sehr brillante Vorschläge zum aktuellen Projekt ihres Mannes oder zur Reorganisation der deutschen Wirtschaft abliefern. Am Ende würde sie Kanzlerin werden und ihr Mann hätte überhaupt niemanden mehr, der gebannt zuhört, wenn er von seinen Abenteuern in der aufregenden Welt der Heimwerkermärkte spricht.

Darf es einen Mann nerven, wenn seine Frau – gerade Mutter geworden – nur noch in Leggins und Schlabbershirt unterwegs ist?

Natürlich darf es das. Ist ja auch nicht schön dabei zuzusehen, wie eine einstmals topgepflegte Frau, die ohne Make-up nicht mal den Müll runterbringen wollte, zunehmend verwahrlost. Charles Aznavour hat dem Elend sogar mal ein ganzes Lied mit dem Titel »Du lässt dich geh'n« gewidmet: »Du läufst im Morgenrock herum, ziehst dich zum Essen nicht mal um, dein Haar, da baumeln kreuz und quer die Lockenwickler hin und her...«, das in dem verzweifelten Aufruf mündet: »Zeig' mir doch, dass du mich noch liebst, wenn du dir etwas Mühe gibst, mit einem kleinen Lächeln nur. Und tu auch was für die Figur!« Bekanntlich sind es gerade diese Lieb- und Achtlosigkeiten, die einer Beziehung den Rest geben und der Erotik den Todesstoß. Bevor beides final daniederliegt und auch nicht mehr durch eine Mund-zu-Mund-Beatmung wiederbelebt werden kann, ist es nicht nur recht und billig, sondern sogar ziemlich freundlich, seiner Frau mal einen Wink zu geben. Also etwa zu sagen: »Schatz, weißt du was – am Wochenende werde ich mal ganz allein für das Baby sorgen, einkaufen, aufräumen, während du dir einen entspannten Tag machst. Hier ist ein Gutschein für die Kosmetikerin, einer für eine Massage, einer für den besten Friseur im Ort und dann habe ich uns noch für einen Salsa-Kurs angemeldet. Immer mittwochs. Ich kann ja auch an einem anderen Tag ins Fitness-Center gehen.« So einfach ist das.

Hat nicht eine aktuelle Studie gerade ergeben, dass Männer einfach kein Auge für Details haben? Und also gar nicht sehen können, was zu tun ist?

Super Ausrede! Tatsächlich soll es Männern schwerer fallen, kleine Veränderungen in ihrer Umwelt wahrzunehmen. Sie könnten etwa Geschirrberge frühestens dann als solche registrieren, wenn es sich fast schon lohnen würde, eine Bergsteigerausrüstung dafür anzuschaffen, oder merken erst, dass die Katze tot ist, wenn es so komisch riecht. Ebenso würden es Gegenstände von der Größe gebrauchter Gläser, alter Zeitungen oder verschmutzter Töpfe nur selten bis in das männliche Bewusstsein schaffen. Das würde allenfalls einer Boeing gelingen, die im Wohnzimmer steht. Dennoch macht man die Erfahrung, dass ein Mann durchaus in der Lage ist, in fünf Sekunden festzustellen, ob man in seiner ungefähr 2356 Bände umfassenden Comicsammlung ganz unten links die Erstausgabe von »Lucky Luke und die verrückte Erbschaft« gegen »Clever & Smart Olympia Sonderband 1996« ausgetauscht hat. Um danach einen Nervenzusammenbruch zu markieren. Das liegt an der Struktur der Wahrnehmung. Sie selektiert, bevorzugt Eindrücke, die uns wichtig erscheinen, positive Empfindungen auslösen. Was Lucky Luke also mühelos gelingt, schafft das Frühstücksgeschirr selten. Es sei denn, man verknüpft auch damit Positives: »Wie würde meine Frau sich freuen, wenn ich auch mal etwas aufhebe, aufräume, weglege.« Oder: »Wenn ich das jetzt tue, überlegt sie vielleicht noch mal, ob sie die Comicsammlung in den Keller verbannt.«

Woran merkt man, dass eine Frau Hunger oder Durst hat?

Man könnte zum Beispiel fragen: »Willst du auch etwas aus der Küche, Schatz?« Idealerweise noch *bevor* man es sich mit einem Berg Stullen und einem Glas Bier vor dem Fernseher gemütlich macht. Frauen würden so erst gar nicht diesen galligen Zug um die Mundwinkel bekommen, gegen den man nicht mal mit Botox etwas ausrichten kann. Noch eleganter wäre allerdings die japanische Methode »amae«. Das Wort bezeichnet Empfindungsvermögen. Dazu beobachtet man seine Frau eine Weile sehr gründlich, studiert ihre Ernährungsgewohnheiten, ihre Vorlieben, ihren Biorhythmus, schaut in den Einkaufswagen und in den Kühlschrank. Nach spätestens einem halben Jahr weiß man dann, dass sie sich über eine Weißweinschorle am Abend freut und dazu zwar am liebsten Chips oder Schokolade essen würde, aber gerade deshalb total dankbar ist für den Obstteller, den ihr Mann ihr dazu reicht.

Muss ein Mann das Auffinden von Gegenständen im Haus nicht zwangsläufig seiner Frau überlassen? Schließlich ist sie doch auch diejenige, die Teller, Socken und die Butter versteckt.

Frauen sind eigentlich Eichhörnchen. Wie die putzigen Nager sich an die Verstecke ihrer weiträumig verstreuten Wintervorräte erinnern, so können Frauen noch im Schlaf sagen, wo genau in ihrem Haushalt sich gerade die Kartoffelreibe, das Kind und der Spezialreiniger für den Teppich aufhalten. Es liegt daran, dass sie sich sklavisch an die Vorgaben der Möbelhersteller halten, die Butter also nicht in den Schuhschrank stellen, die Socken nicht im Kühlschrank unterbringen und die Teller dort aufbewahren, wo man sie gewöhnlich am häufigsten braucht. Sogar den Autoschlüssel würden sie wiederfinden, läge er, wo er hingehört. Aber da liegt er nicht. Ein Mann hat ihn in seiner Gewalt. Womit wir beim Kern des Problems wären: Männer lassen sich nichts vorschreiben, schon gar nicht von einer Besteckschublade oder einem Kleiderschrank. Sie feuern Schuhe unters Bett, legen Notizen auf den Esszimmertisch, das Handy verschwindet in der Bademanteltasche und damit sofort aus dem Gedächtnis. Dann schreien sie: »Wo ist mein Palm?« oder: »Was hast du eigentlich mit meiner schwarzen Hose gemacht? Ich weiß ganz genau, dass ich sie ins Schlafzimmer gehängt habe!« oder vor dem Kühlschrank stehend: »Wo ist eigentlich die Salami?« Jetzt wäre es natürlich nett, die Frau würde eingreifen, besänftigend sagen: »Lass mich mal, ich finde das schon.« Aber die ist auch gerade auf der Suche – nach dem Mann, der seine Frau nicht mit einer Suchmaschine verwechselt.

Darf ein Mann schnarchen?

Wenn er es sich aussuchen könnte: niemals. Oder nur in Ausnahmefällen. Also wenn seine Frau gerade ihre Mutter besucht oder so viel getrunken hat, dass sie praktisch in Vollnarkose neben ihm liegt. Neben einem Schnarcher schläft man ungefähr so gut wie neben einem eingeschalteten Staubsauger, der jedes Mal, wenn man ihn anschubst, auch noch sagt: »Ich mach doch gar nichts!« Wenig tröstlich, dass im Alter von 30 Jahren etwa die Hälfte der männlichen Bevölkerung schnarcht. Die Schnarcher-

Frau also, wenn sie mit aufgerissenen Augen wach liegt, an all die anderen Frauen da draußen denken kann, denen laut einer Studie britischer Forscher auf diese Weise durchschnittlich pro Woche fünf Stunden Schlaf abhandenkommen. Extrazeit, in der man mal eben den Haushalt durchplanen, sich Namen für seine Fußzehen ausdenken oder sich Gründe überlegt, seinen Mann jetzt nicht sofort umzubringen. Was bestimmt der mühevollste Teil der Nacht ist.

Ein mildernder Umstand lässt sich immer geltend machen: Ob einer schnarcht oder nicht, kann er sich nicht aussuchen. Wohl aber die Art und Weise, wie er auf »Du schnarchst!« reagiert. Da paart sich mit der nächtlichen Geräuschkulisse oft ein nerviges Unverständnis den Belastungen gegenüber, denen eine Frau dabei so ausgesetzt ist. Sicher, man könnte zu Oropax greifen. Wenn es aber nachts brennt und man sowohl das Klingeln der Nachbarn als auch die Rettungsversuche der Feuerwehr verschläft? Man könnte sich auch sagen, es gibt Schlimmeres. Zum Beispiel mit dem Schweden Kare Walkert verheiratet zu sein, der es mit 93 Dezibel bis ins Guinness-Buch der Rekorde geschafft hat. Man könnte nach dem Sandmännchen ins Bett gehen, um endlich das Naturgesetz auszuhebeln, demzufolge derjenige, der schnarcht, immer zuerst einschläft. Oder sich an den Tipp von Loki Schmidt halten, die nach dem Geheimnis ihrer langen Ehe gefragt, antwortete: »Getrennte Schlafzimmer.« Es gibt viele Möglichkeiten, das Zusammenleben mit einem Schnarcher erträglich zu gestalten. Die absolut beste ist: Er zeigt Problembewusstsein und sagt: »Tut mir echt leid!« und noch besser: »Ich glaube, ich sollte mal zum Arzt gehen.«

Darf ein Mann seiner Frau sagen, dass sie schnarcht?

Ja.

Wieso kann ein Mann in seinen eigenen vier Wänden nicht mal furzen?

Ja, warum eigentlich nicht? Schon Hippokrates, der Vater der Medizin, stellte der Blähung eine Unbedenklichkeitsbescheinigung aus. Er meinte, das Ablassen von Gasen sei ganz normal. Es sei notwendig für das Wohlergehen des Menschen.[42] Es gibt sowieso keine Alternative wie tief ausatmen oder Luft aus den Ohren lassen. Jeder muss es auf dem bekannten Wege tun. Durchschnittlich zehn Mal am Tag. Menschen mit Lactose-Intoleranz oder anderweitigen Nahrungsmittelunverträglichkeiten bringen es sogar auf das Doppelte. Männliche Fürze füllen dabei etwa eine halbe Tasse mit Gasen wie Methan, Kohlenmonoxid, Kohlendioxid, Schwefelwasserstoff, weibliche etwas weniger, eine drittel Tasse.

Es stimmt übrigens nicht, dass die leisen Fürze mehr stinken würden als die lauten. Oder dass man seine Darmgeräusche nicht regulieren könnte. Männer können das. In den ersten Monaten einer Beziehung. Da furzen sie praktisch nie in Anwesenheit ihrer Freundin. Sie gehen raus ins Bad, tun es auf dem Balkon oder auf der Straße. Aber schon nach ein paar Monaten schaffen sie es nicht mal mehr, vom Sofa aufzustehen, und behaupten: »Oh, dafür konnte ich jetzt aber nichts« oder: »Der ist mir einfach so rausgerutscht.« Manche scheinen nach einer gewissen Zeit sogar geradezu hart dafür zu trainieren, in Konkurrenz mit Jean Pujol zu treten. Der gelernte Bäckermeister (1857 bis 1945) schulte seinerzeit zum Kunstfurzer um und trat mit seinem Können sogar im Moulin Rouge auf. »Das Repertoire reicht von Kinderliedern wie Au clair de la lune über den Radetzkymarsch bis hin zu Geräuschimprovisationen über das Erdbeben von San Francisco von 1906.«[43] Allerdings waren seine Darmgeräusche weitgehend geruchsfrei und man musste nicht mit tränenden Augen alle Fenster in der Wohnung öffnen oder länger die Luft anhalten können als ein Perlentaucher. Aber vielleicht halten sich Männer ja für Fische? Die unterhalten sich per Furz in einer Art Morsealphabet, wie kanadische und schottische Forscher herausgefunden haben. Aber man muss kein Hering sein, um die Botschaft des häuslichen Darmgasausstoßes zu begreifen: »Deinetwegen steh ich nicht auf!«

Also: Ein Mann darf in Anwesenheit seiner Frau nicht furzen. Es ist ihm zuzumuten. Schließlich gelingt es ihm auch in Kundenmeetings, auf Aktionärsversammlungen und beim Vorstellungsgespräch, seine Umgebung nicht in Dantes achten Kreis der Hölle – »und als Trompete er den Steiß gebraucht« – zu verwandeln.

Wie viel Mitspracherecht sollten Männer bei der Wohnungseinrichtung haben?

Wenn sie Bundesligatabellen aufhängen, schwarze Ledersofas in der Größe von Kinderschwimmbecken ins Wohnzimmer stellen wollen und für eine Musikbox im Flur votieren: Keines! Ist die Wohnung groß genug, dann steht einem eigenen Herrenzimmer, das man nach Herzenslust mit Filmplakaten von »Terminator« bis »Alien« tapezieren kann, in dem man alle angefangenen Bastelarbeiten (»Den Staubsauger kann ich doch selbst reparieren!«) auch langfristig, so für zehn Jahre, *und* die Comicsammlung unterbringt, nichts im Wege. Ansonsten gilt: Frauen haben einfach den besseren Geschmack. Und da sie ja – siehe oben – die allermeiste Zeit damit verbringen, den Laden sauber und ordentlich zu halten, steht ihnen unbedingt das letzte Wort bei der Einrichtung zu. Auch bei der Frage, ob ein gallig-gelber Sessel mit Vorrichtungen für Bierdosen und Ascher mit Hydraulik nicht prima in die minimalistische Art-Deco-Einrichtung passt oder das Autogramm von Bob Dylan nicht einen eigenen Altar im Wohnzimmer braucht.

Sollte ein Mann seine Frau auf Styling-Makel aufmerksam machen?

Auf jeden Fall. Und möglichst bevor wir mit einer weißen Hose, durch die man jede Zellulite-Delle einzeln sieht, auf die Straße gehen. Ehe wir Kleider ausführen, die so durchsichtig sind, dass man sogar noch erkennt, ob wir eine Slip-Einlage tragen. Wir wären sogar ziemlich froh, würde uns unser Mann sagen, wenn wir aussehen, als würden wir unter den Achseln jeweils ein Pfund Hackfleisch transportieren, weil der BH klemmt, und wenn das T-Shirt hinten so anschmiegsam ist, dass man sich auch gleich auf jede Speckfalte einen roten Pfeil hätte malen können. Eine Auskunftspflicht sollte auch für eingerissene Säume und verschmierte Mascara, für Haare am Kinn wie für Lippenstift auf den Zähnen bestehen. Das setzt allerdings eine gewisse Aufmerksamkeit voraus, die nur die wenigsten Frauen genießen, sieht man sich mal auf Deutschlands Straßen um. Da sind Frauen mit Männern unterwegs, die vermutlich nicht mal bemerken würden, wenn ihre Frau nackt neben ihnen herliefe, und die deshalb auch völlig blind sind für offene Reißverschlüsse oder ein Haarnest am Hinterkopf, das beim Frisieren leider übersehen wurde. Einmal lief eine Frau mit ihrem Mann vor mir her, der die Umhängetasche den Rock bis praktisch auf die Hüften hochgezogen hatte. Für jedermann sichtbar. Nur nicht für ihren Mann. Traurig ist das. Egal, ob Männer später beteuern, sie hätten eben nur Augen für unsere inneren Werte gehabt.

Darf man als verbandelter Mann auch anderen Frauen hinterherschauen?

Dem Gebot der Fairness folgend: ja. Frauen schauen sich ja auch gern andere Männer an. Sie gehen sogar wegen anderer Männer ins Kino und verbringen ganze Nachmittage damit, sich zu überlegen, wer »süßer« ist: Franz Müller aus der Buchhaltung oder Peter Maier aus der Personalabteilung. Ohne an den unübersehbaren Qualitäten von Stefan oder Ulrich oder Gert zu zweifeln. Wir schweifen halt nur gern etwas ab in ein Männer-Märchenreich, in dem man sich ausschließlich mit der schönen Hülle und nicht mit deren schmutziger Wäsche und der Frage: »Weißt du, wo meine Bowlingschuhe sind?« beschäftigen darf. Ähnliche Kurzausflüge sind auch Männern unbedingt zu gestatten, solange daraus keine Wochenendtrips oder Jahresurlaube werden und sie anfangen, sich Scarlett Johansson als Bildschirmschoner auf den PC zu laden. Geht eine wahnsinnig attraktive Frau vorbei, sehen wir ja selbst die Unterschiede – viel dünner, mehr Haar, 20 Jahre jünger. Aber wir sehen auch unseren Mann: etwa gleich alt, etwas aus der Form und schon etwas licht ums Haupt. Attribute, die einen beruhigen. Ebenso wie der Satz: »Ja, die sieht echt toll aus. Aber nicht annähernd so gut wie du!«

Schwerstpeinlich wird es, wenn Männer anfangen zu sabbern, Teenagertöchter von Freunden beflirten und offenbar völlig ignorieren, was ihnen der Badezimmerspiegel und ihr Personalausweis seit Jahren mitzuteilen versuchen: dass ihr Verfallsdatum als Frauenbetörer schon länger abgelaufen ist als das von Udo Jürgens.

Wie oft sollte ein Mann einer Frau sagen, dass er sie liebt?

Gegenfrage: Wieso stellen sich Männer bei diesem kleinen Satz so an, als hätte man sie aufgefordert, ihr Auto zu verschenken oder sich eigenhändig zu kastrieren? Fürchten sie, dass sie damit ihren Anspruch auf die Sportschau verlieren? Dass ihnen Handschellen angelegt und sie in der Küche an den Herd gekettet werden? Dass seine Kumpels davon erfahren werden und ihn lebenslänglich von der Skatrunde ausschließen? Es muss jedenfalls eine ungeheure Hürde sein, sonst würde beispielsweise Bruce Willis in dem Film »Das fünfte Element« nicht erst warten, bis der Meteorit, der die Erde zerstören wird, nur noch 68 000 Meilen entfernt ist, bevor er es endlich zu Mila Jobovich sagt: »Ich liebe dich!« Obwohl es dieser Satz ist, der die Menschheit retten wird.

Ähnlich Großes bewirken die drei kleinen Worte auch in Beziehungen. Sie sorgen dafür, dass Frauen sofort ihren Verstand und große Teile ihres Urteilsvermögens verlieren. Oder jedenfalls die Bereiche des Denkens, die ihnen normalerweise sagen: »Er hat schon wieder vergessen, Brot mitzubringen« oder: »Wieso merkt er eigentlich nie, wenn das Toilettenpapier zur Neige geht?« Oder: »Wäre schön, er würde mal nicht schon um 21 Uhr auf dem Sofa einschlafen.« Zwar sagt die Männerforschung, der Mann sei einfach nicht fürs Gefühlige geschaffen. Doch gerade die Vernunft, von der es doch immer heißt, es sei das männliche Hauptfach, sollte ihm in aller Deutlichkeit sagen, dass ein Mann nur profitiert, wenn er – wenigstens einmal wöchentlich – deutlich macht, wie sehr er die Frau an seiner Seite schätzt und liebt.

Wie antwortet man auf die Frage: »Findest du mich zu dick?«, ohne ein Scheidungsverfahren zu riskieren?

Zugegeben, was Frauen da manchmal von Männern wissen wollen, würde selbst ein Rhetorik-Ass wie Roger Willemsen in Verlegenheit bringen. Der an sich richtige Gedanke: »Wenn sie es unbedingt wissen will, dann sage ich ihr halt, dass sie in letzter Zeit ziemlich zugelegt hat«, führt garantiert auf dem kürzesten Weg in die Ehe-Hölle. »Ich würde nicht unbedingt ›dick‹ sagen, aber auch nicht gerade ›dünn‹« oder: »Die paar Extra-Pfunde stehen dir wirklich gut!« klingt zwar diplomatischer. Ändert aber nichts an den Folgen: »Du findest mich also nicht mehr attraktiv! Vermutlich liegen dir diese Hungerhaken ja sowieso mehr. Ist mir doch gleich aufgefallen, wie du unsere Nachbarin immer anstarrst. Du liebst mich nicht mehr …«

Also lügen? Sagen, dass sie wunderbar schlank ist, obwohl man in Gedanken schon überschlägt, ob die Statik der Wohnung eigentlich für solche Schwergewichte ausgelegt ist? Frauen haben Augen im Kopf und merken schon, wenn die Hose, die sie vor einiger Zeit noch mühelos zuknöpfen konnten, nun bereits an den Knien eine Kapitulationserklärung abgibt. Andererseits lautet die Frage ja nicht: »*Bin* ich zu dick?«, sondern: »*Findest* du mich zu dick?«. Semantische Feinheiten, die den Ausschlag über Krieg und Frieden geben könnten.

Sollte sie wirklich sehr, sehr dick geworden sein, wäre es hilfreich, zu sagen: »Also ich habe jedenfalls ziemlich zugelegt. Vielleicht sollte ich regelmäßig joggen gehen. Aber allein ist das öde. Kommst du mit? Das wäre toll!«

Etwas anders liegt der Fall bei Männern, die für ihren Sportwagen etwas brauchen, das man zur Not auch im Handschuhfach unterbringen kann. Falls mal ein Freund mitkommen will. Die haben vermutlich keine Schwierigkeiten, ihrer Frau jedes

Gramm vorzurechnen, auch ohne dass die erst fragen muss, und sich dabei aufzuführen, als hätten sie gerade einen Kratzer in der Ferrarirot-Lackierung ihres Autos entdeckt. Da sollte man sich als Frau selbst einmal ein paar Fragen stellen. Zum Beispiel: Gibt es nicht auch andere schöne Berufe für Frauen außer »Ich bin jung und brauche das Geld«?

Darf man einer Frau Kosenamen geben?

Natürlich! Gern »Liebchen« und »Zuckerschnute« oder »Gurkenzwiebel« (Jurek Becker).[44] Kosenamen signalisieren Exklusivität und Intimität. Meist kristallisieren sie sich wie das Goldnugget aus dem Sand des Klondike erst aus vielen gemeinsamen Erlebnissen, aus Neckereien, Intimitäten, Anekdoten. In Zeiten, in denen viele nicht mal lange genug zusammenbleiben, um sich die jeweiligen Vornamen zu merken (»Gaby? Simone? Ach, jetzt weiß ich es: Michaela!«), ist so eine verbale Kuschelecke sicher fast schon so etwas wie ein Liebesleistungsnachweis. Und ein prima Bindemittel. Darf man sich doch in dem Gefühl herrlicher Innigkeit sonnen.

Trotzdem sind Kosenamen nur mit Vorsicht zu genießen. Wenn zwei etwa vor anderen verbal intim werden, lassen sie nämlich immer auch weit mehr Mutmaßungen über Beziehungsdetails zu, als Redner und Zuhörer lieb sein kann. Gerade weil man ja nicht weiß, wie und wo all die Neckerei und Koserei entstanden ist, bleibt viel zu viel Platz für Interpretationen. Man fragt sich bei welcher – sicher sehr privaten – Gelegenheit Edmund Stoiber darauf gekommen ist, seine Frau »Muschi« zu nennen und wieso sie sich mit »Edelmann« revanchiert hat. Veranstalten die vielleicht Ritterspiele im Bett? Tritt er im Schlafzimmer mit einer goldenen Rüstung an? Und mal ehrlich: Wie wahrscheinlich ist es, dass zwei, die sich »Teddybär« und

»Diddlmaus« nennen, ein ausschweifendes Liebesleben haben? Im Ikea-Bälleparadies vielleicht? Wo wir schon bei den nächsten Risiken und Nebenwirkungen von Kosenamen wären: Sind sie zu niedlich, dann wirken sie auf den Sex wie ein Entschärfungskommando. Sie sind also mit Vorsicht zu genießen. Eigentlich müssten sie deshalb mit dem Warnhinweis: »Wird möglicherweise Ihrem Ansehen im Freundeskreis schweren Schaden zufügen!« oder: »Kann zur totalen Verkehrsberuhigung führen!« versehen werden.

Beim Versuch, mit Kosenamen möglichst viele Grenzen zwischen Ich und Du zu vernichten, gehen leicht ein paar Dinge drauf, die die Liebe braucht: Respekt, Leidenschaft und das prickelnde Gefühl, mit einer Frau und nicht mit einem »Kuschelhasen« Sex zu haben. Liebe ist kein Kinderkram. Auch und gerade, wenn es sich so anhört. Deshalb verhält es sich mit Kosenamen ein wenig wie mit Eva Herman. Der hat schließlich auch keiner etwas Böses zugetraut – gerade weil sie immer so niedlich dreinschaut. Und jetzt haben wir den Salat …

Muss man als verheirateter Mann einen Ehering tragen?

Wenn man schon mal geheiratet, sich also für die Konvention entschieden hat, warum ihn dann ablegen? Weil man sich sonst so besetzt fühlt? Weil es die Argumentation mit anderen – unverheirateten – Frauen erschwert (»Bei uns läuft schon lange nichts mehr! Praktisch bin ich so gut wie geschieden.«)? 60 Prozent aller verheirateten Männer sehen das ein und tragen ihren Ring. Schätzungsweise zehn Prozent tragen ihn nicht, weil er bei der Arbeit stört, und der Rest lässt mit seiner Ringlosigkeit die Vermutung zu, dass er sich offenbar mehr offenlassen will, als der Bund der Ehe hergibt.

Die Top 20 der nervigsten männlichen Angewohnheiten im Zusammenleben

1. Wenn Männer die Toilettenbrille nicht wieder herunterklappen (wenn sie schon unbedingt im Stehen ...). Das führt dazu, dass man nachts im Dunkeln die Fallhöhe komplett falsch berechnet, um dann einen Tag lang mit einem detailgenauen WC-Schüssel-Abdruck hinten auf den Oberschenkeln herumzulaufen.
2. Wenn Männer glauben, Bedienungsanleitungen seien etwas für Warmduscher, und das Fernsehgerät für Stunden lahmlegen. Natürlich ausgerechnet jene Stunden, in denen »Grey's Anatomy« oder »Californication« laufen.
3. Wenn Männer mit einem Handtuch Schmutz vom Boden wischen. Mit den Füßen natürlich – weil es offenbar unmännlich ist, sich zum Dreck herabzulassen.
4. Wenn Männer bei Anrufen von Freundinnen, Schwestern, Müttern – so sie überhaupt ans Telefon gehen – wortlos den Hörer weiterreichen und man schon ein Buch mit Ausreden (»1000 Gründe, weshalb mein Mann rein gar nichts gegen dich hat, obwohl er es offenbar vermeidet, mit dir zu sprechen!«) füllen könnte.
5. Wenn sie jeden Mittwoch wieder fragen: »Wo gehst du eigentlich hin?«, obwohl man seit zwei Jahren diesen Malkurs macht.
6. Wenn sie fünf Minuten, bevor man mit ihnen zum Geburtstagsessen, zur Vernissage, ins Theater aufbrechen will, behaupten: »Das hast du mir nicht gesagt!«
7. Wenn sie ihre verdreckten Sportschuhe über dem Abwaschbecken in der Küche reinigen.
8. Dass sie nie fragen: »Schatz, wie war dein Tag?«

9. Wenn man ihnen ungefähr 1254 Mal gesagt hat, was genau man sich zum Geburtstag wünscht, und dann trotzdem etwas bekommt, das sogar ihrer Mutter nicht gefallen würde.
10. Wenn sie nach dem Hauptgang im Restaurant sofort nach der Rechnung schreien, ohne zu fragen, ob man vielleicht noch einen Kaffee, ein Dessert oder einfach nur noch etwas entspannte Zeit miteinander möchte.
11. Wenn sie sich nach zehn Jahren immer noch nicht gemerkt haben, dass man Sardellen auf der Pizza verabscheut. Ebenso: Fenchel, Gelbwurst und Pfefferminzschokolade.
12. Wenn sie nicht anrufen, sollte es später werden.
13. Wenn sie das Toilettenpapier verbrauchen und offenbar annehmen, der Haushalt beherberge einen eigens für die Nachschublieferung ausgebildeten Zwerg. Nicht zu verwechseln mit dem Zwerg, der das Geschirr abräumt, dem anderen, der die Betten eben mal aufschlägt und dem, der die Wäsche aus dem Trockner holt.
14. Wenn sie in der Küche stehen und so tun, als würden sie diesen Ort das erste Mal betreten: »Wo stehen die Teller?«, »Wo ist das Besteck?«, »Wie funktioniert die Mikrowelle?«, »Wie komme ich von hier zurück ins Wohnzimmer?«
15. Wenn ihnen zwar auffällt, dass »mal wieder ordentlich sauber gemacht werden muss«, sie aber weder an Selbstbeteiligung denken noch auch nur bemerken, geschweige denn ein Wort darüber verlieren, wenn man aufgeräumt hat.
16. Wenn sie beim Besuch ihrer Schwiegereltern den ganzen Abend so maulfaul am Tisch sitzen, als hätten sie ein-

Schweigegelübde abgelegt, das sie für ein »Wie geht es euch?« auf keinen Fall brechen wollen.

17. Wenn sie unbedingt das »Kettensägenmassaker« oder »Nightmare on Elmstreet« sehen wollen, aber schon nach 20 Minuten auf dem Sofa einschlafen. Während man selbst die ganze Nacht wach liegt und an abgetrennte Arme und ausgestochene Augen denkt.
18. Wenn sie irgendwann aufhören, Fotos von ihrer Frau zu machen und es nach ein paar Jahren in unseren Fotoalben so aussieht, als hätten uns unsere Männer wegen eines Selbstauslösers verlassen.
19. Dass sie abends nicht ans Telefon gehen, wenn man sie anruft. Und dass sie, sagt man später: »Ich hätte blutend im Straßengraben liegen können«, mit messerscharfer Männerlogik antworten: »Aber du hast ja nicht blutend im Straßengraben gelegen!«
20. Wenn sie so betont langsam über die Straße gehen, als wollten sie sagen: »Also wegen dir, Lkw, beschleunige ich ganz bestimmt nicht mein Tempo«, und man schon überlegt, wo genau eigentlich seine Lebensversicherung liegt. Im Ordner »Privates« oder in dem mit der Aufschrift »Im Fall tödlicher Dämlichkeit zu öffnen«.

PS: Der Mann und sein Auto

Ja, dieses Thema benötigt ein eigenes, kleines Kapitel. Beim Auto, respektive dem Fahrersitz, verstauen selbst ansonsten nette Kerle letzte Reste von Benehmen im Handschuhfach. Das bestätigt eine Umfrage im Freundinnenkreis. Die dort am häufigsten genannten Probleme, wenn eine Frau am Steuer sitzt:

- Er fragt so besorgt: »Willst du wirklich fahren?«, als wäre seiner Frau kurz vorher verminderte Zurechnungsfähigkeit oder ein schweres Drogenproblem attestiert worden.
- Er wirkt, als sitze er in einem Flugzeug, in dem gerade die Sauerstoffmasken aus der Deckenverkleidung gefallen sind.
- Er bremst mit.
- Er beträgt sich, als wäre sie blind, und spricht das Geschehen auf der Straße schon mal vorsorglich mit: »Da ist eine Frau auf dem Gehweg.«, »Jetzt kommt eine Ampel.«, »Da sind Leitplanken.«
- Er kommentiert ihren Fahrstil: »Du musst früher schalten.«, »Jetzt die Kupplung laaangsam kommen lassen.«, »Du hättest locker noch bei Gelb drüberfahren können.«
- Er sagt ständig: »Musst du so schnell fahren?« oder: »Fahr doch nicht so langsam!«

Jetzt könnte man ins Feld führen, was Männer für das Überzeugungsmittel schlechthin halten, also »Fakten, Fakten, Fakten!«: Männer verursachen die schwereren Unfälle und haben mehr Punkte in Flensburg, so der Auto Club Europa (ACE). Der macht sogar die Rechnung auf: Je höher ein verzeichneter Punktestand, desto wahrscheinlicher ist ein Mann der Verursacher. Zwar stammen 60 Prozent der Eintragungen wegen Geschwindigkeitsübertretungen von weiblichen Rasern (so viel zum Vorwurf, Frauen würden über die Straßen schleichen!), und relativ oft missachten Frauen die Vorfahrt. Allerdings hinterlassen ihre Unfälle viel seltener Tote oder Verletzte. Und schon beim Fahren unter Alkohol sind die Männer wieder vorn.

So weit zu den Tatsachen. Aber wir befinden uns im Auto, noch schlimmer: auf dem Fahrersitz, also in einer Art Männer-Schrein, einer komplett vernunftbefreiten Zone, in der nur eine Regel gilt: meins, meins, meins! Entsprechend reagieren Männer, als hätten Frauen gerade die Weltherrschaft übernommen und nicht etwa bloß einen Wagen gestartet. Also ziemlich kindisch. Sollte es ein paar Irritationen darüber geben, wozu Frauen eigentlich da sind – eines ist mal sicher: ganz bestimmt nicht dazu, für die Statusprobleme von Männern zu büßen.

»Bei Frauen erlauben sie sich einfach mehr«

Interview mit Brigitte Heiduschat (61), Toilettenfrau in Köln

Wo arbeiten Sie derzeit?
Ich habe gerade in einer Kneipe mit über 600 Plätzen angefangen. Ich mache dort beides: die Männer- und die Frauentoiletten. Vorher war ich in einem WC am Hauptbahnhof beschäftigt.

Wie werden Sie bezahlt?
Von dem Geld, das die Gäste auf den Teller legen. Davon muss ich noch die Putzmittel bezahlen.

Sind die Gäste einsichtig, dass da was auf den Teller gehört?
In der Kneipe am Hauptbahnhof brauchten die Gäste streng genommen gar nicht zu zahlen. Obwohl es auch da einige gab, die mir was hingelegt haben. Nur die, die von außen kamen, mussten 50 Cent bezahlen. Dafür gab es einen Teller. Auf den habe ich dann selbst schon mal 50 Cent gelegt, damit man weiß, wozu der da ist. Allerdings musste man schon sehr aufpassen, dass im Vorbeigehen keiner das Geld wegnimmt. Irgendwann habe ich mein Geld mit Tesafilm festgeklebt. Aber selbst da kam einer und wollte es vom Teller abkratzen. Eine Kellnerin hatte das bemerkt. Wie dämlich muss man sein, um so was zu machen? Wenn, dann nehme ich doch den ganzen Teller mit!

Kamen denn überhaupt genug Kunden, um etwas zu verdienen?
Schon. Nebenan war zwar noch eine Toilettenanlage, ein McClean. Dort war es aber wesentlich teurer. Zu mir kamen oft Leute, die sich beschwerten. Entweder war es nicht sauber oder die Toiletten waren zu nass abgewischt. Eine junge Frau, hochschwanger, hat mir erzählt, wie sie sich ganz am Anfang ihrer Schwangerschaft auf diesen Toiletten eine Infektion geholt hat.

Deshalb setze ich mich eigentlich nie auf eine öffentliche Toilette …
Bei mir konnte man sich hinsetzen. Ich habe nach jedem sauber gemacht. Auch mein Mann, der mir zeitweilig geholfen hat. Das ist ein richtiger Putzteufel.

War es schwer, in diesen Job einzusteigen?
Am Anfang schon. Vor allem das Abwerten. Dass manche Leute sagen: »Wie kann man Klofrau machen.« Dass man so als unterste Stufe angesehen wird. Das hat mir zu schaffen gemacht. Aber ich brauchte den Job.

Was war für Sie das Unangenehmste?
Die vielen zweideutigen Angebote. Ich hatte überhaupt keine Ahnung, was mich da erwartet. Nur ein Beispiel: Einmal kam ein Gast, der fragte: »Wieso 50 Cent?« Ich sagte zu ihm: »Das steht doch da. Sie können ja auch nach nebenan gehen. Da ist es noch teurer.« Er daraufhin ganz frech: »50 Cent? Ich kann dir mal meinen Schwanz geben, da hast de was …« Mir haben so viele zweideutige Angebote gemacht, so fiese Angebote. Dabei bin ich 61!

Es gibt aber auch andere?
Ja, sonst würde man das wohl auch nicht aushalten. Wir hatten da einen besonders netten. Thomas hieß der. Der machte mich mal drauf aufmerksam, dass bei den Männern gerade jemand in

das Pissoir gekotzt hatte, ohne natürlich einen Ton zu sagen. Als ich gucken ging, was da los war, kam mir schon das Wasser entgegen. Thomas hat den Typen aber nicht weggehen lassen. Er hat zu ihm gesagt: »Du zahlst der Frau jetzt zehn Euro! Sonst lass ich dich nicht durch.«

Es gibt Statistiken, dass Männer sich nach dem WC kaum die Hände waschen. Stimmt das?
Ja, die meisten waschen sich nicht die Hände. Manche nutzen das Waschbecken allenfalls dazu, reinzupinkeln. Mein Mann hat zu manchen gesagt, Händewaschen wäre nicht schlecht. Dann bekam er zur Antwort: »Wozu? Ich hatte doch nur mein Ding in der Hand.«

Setzt da nicht ein Lerneffekt ein?
Das werden sie nie schaffen. Männer wollen einfach nicht lernen. Nur ein Beispiel: Ich war 41 Jahre mit meinem ersten Mann verheiratet. Mein Exmann ist jetzt 66 geworden. Ich habe ihm immer gesagt: »Setz dich beim Pinkeln!« Ich musste den Mist sauber machen. Die Heizung war bespritzt, die Brille. Da kam immer dasselbe blöde Argument »Ich fange doch in meinem Alter nicht an, mich zu setzen!« Wenn er ein großes Geschäft macht, muss er sich doch auch setzen. Das ist was, das ich nicht begreife.

Sind die Frauen reinlicher?
Im Prinzip schon. Allerdings gibt es da vor allem bei den Jugendlichen Ausnahmen. Einmal haben mir drei Teenager komplett das WC mit Papiertüchern verstopft. Die hatten sich geärgert, weil sie bezahlen sollten. Eine junge Frau hat mich mal geschubst, als ich von ihr die 50 Cent wollte, weil sie kein Kneipengast war. Sie sagte: »Verpiss dich!« Da habe ich die Kellnerin geholt.

Sind die besser Angezogenen auch die mit den besseren Manieren?
Da wundert man sich manchmal. Oft sind es gerade die piekfeinen Herren, mit Anzug, Schlips und Köfferchen, die auf den Bahnhof kommen. Die sehen ja, dass ich da sitze oder stehe. Ich sage dann: »Ich bekomme 50 Cent.« Aber die tun dann, als würden sie es nicht hören. Ich stehe auf und stelle mich vor den Eingang – sie müssen ja raus. Und dann sage ich noch mal: »*Ich bekomme 50 Cent!*«. Einer hat mich dann mal gegen die Schulter gestoßen und angeschrien: »Du kriegst gar nichts von mir!« Das sind die feinen Herren, das sind die Schlimmsten. Wissen Sie, die Penner von draußen, die zahlen Ihnen eher 50 Cent als diese – auf Deutsch gesagt – reichen Säcke. Viele meinen Wunder, wer sie wären. Sie vertrinken bis zu 100 Euro und sind dann zu geizig für 50 Cent. Das sind übrigens meistens auch die, die daneben pinkeln.

Haben Sie eine Erklärung dafür, weshalb Männer ihre Hose erst zumachen, wenn sie draußen sind?
Die nehmen sich einfach keine Zeit. Sitzen stundenlang in der Kneipe und auf dem Klo geht es ihnen nicht schnell genug. Die Hose ist ja oft nicht nur offen, sie ist auch noch nass, weil sie es zu eilig hatten, wieder zu ihrem Glas zurückzukommen.

Was würden Sie sich wünschen?
Mehr Respekt. Ich bin oft gefragt worden, wie man so was tun kann, für andere den Scheiß wegmachen? Aber wenn es keiner macht, würden sie im Dreck verkommen. Anscheinend glauben viele, dass Frauen genau dazu da sind. Dass sie da machen können, was sie wollen. Bei Frauen erlauben sie sich einfach mehr.

Der Mann und sein Fleisch und Blut

Was der Habicht für die Breitrandschildkröte, das ist Nähe für das gute Betragen: einer der gefährlichsten Fressfeinde. Nicht umsonst heißt es im englischsprachigen Raum: Familiarity breeds contempt – Vertrautheit erzeugt Verachtung. Meint: Je näher uns jemand steht, umso weniger Rücksichten werden genommen. Nirgendwo werden so viele Gefühls- und Verständnisvorschüsse erwartet wie in Familien. Man denkt sich: Blut ist dicker als Wasser, und die kennen einen doch, die wissen, wie es gemeint ist, wenn man nicht zurückruft, sich für Gefälligkeiten nicht bedankt, Geburtstage vergisst, nicht spricht, nicht zuhört und es als Zumutung empfindet, durch die halbe Republik zu reisen, bloß weil die eigene Mutter mit einem Oberschenkelhalsbruch im Krankenhaus liegt. Die wird sicher verstehen, dass ihr Sohn etwas sehr viel Wichtigeres zu tun hat. Und ganz bestimmt werden es Tante Helga und Onkel Willy einem nicht lange nachtragen, wenn man ihre Goldene Hochzeit auslässt. Sie sind ja schon über 80.

Männer brauchen eben Raum. Auch emotionalen. Besonders in ihren eigenen Familien stecken sie so großzügig bemessene Claims ab, dass man darin eine türkische Doppelhochzeit veranstalten könnte. Verwandte – das sind jene Menschen, bei denen man sich einmal ohne Rücksicht auf Verluste an Ansehen, Respekt, Liebe austoben darf. Da die überwiegend meisten Angehörigen volljährig sind, könnten sie natürlich selbst für Ausgleich sorgen. Mutti könnte sagen: »Wenn du deinen Hintern nicht so was von pronto ins Krankenhaus bewegst, werde ich deinen Kindern sagen, wie dein Zeugnis wirklich ausgesehen hat.« Die Gattin könnte einwerfen: »Falls du noch einmal mitten im Weihnachtsessen aufstehst, um die Ergebnisse im Thai-Boxen zu checken, wirst du das nächste Fest ganz allein mit deinem Computer feiern. Vielleicht brät der dir ja eine Gans und wäscht deine Unterhosen.«

Heikel wird es erst, wenn Minderjährige mit im Spiel sind. Beim eigen Fleisch und Blut. Dabei scheint sich gerade dort alles zum Guten gewendet zu haben. Längst gehört die sogenannte aktive Vaterschaft, also die tätige Teilnahme am Wachsen und Gedeihen des eigenen Nachwuchses, ganz oben auf die Wunschliste für ein erfülltes Männerdasein. Glaubt man der einschlägigen Vater-Literatur. Bücher mit Berichten von der Kinderfront, von männlichen Autoren verfasst, haben im letzten Jahrzehnt beinahe mehr für das Ansehen der Vaterschaft in der Gesellschaft getan als Roland Koch für den Ausbau des Frankfurter Flughafens. Wird dort doch ausführlich beschrieben, wie Männer ganz allein ein ihnen bislang fremdes, von vollen Windeln, ausgespucktem Babybrei und durchwachten Nächten vermintes Krisengebiet betreten. Mit großem Gewinn an Aufmerksamkeit, Anerkennung, Applaus und Auflage. Vor allem die weibliche Leserschaft beschert den launigen Berichten von der Windelfront erkleckliche Absätze. Vermutlich weil wir es gern mal schwarz auf weiß haben, wie goldig Vatis sein können. Aber auch Männern gefallen die Erfahrungsberichte ihrer Geschlechtsgenossen. Sind doch damit endlich mal die sauertöpfischen Klagen vom Tisch, Männer hätten an Kindern kaum mehr Interesse, als zwischen Sandmännchen und Tagesthemen passt. So etwas nennt man wohl eine klassische Win-Win-Situation. Trotzdem bleiben ein paar Fragen offen. Und nicht nur, wie es den so engagierten Vätern überhaupt gelingt, Bücher zu verfassen, während Mütter manchmal monatelang nicht mal dazu kommen, sich regelmäßig die Haare zu waschen. Vom Beine rasieren oder etwas zu lesen, das nicht auf der Rückseite eines Babynahrungsgläschens steht, ganz zu schweigen.

Nein, ich zweifele nicht daran, dass sich bei der Vaterschaft Gewaltiges verändert. Ganz so, als wäre die Botschaft, dass man in kaum einem Bereich durch Verantwortungslosigkeit mehr Katastrophen anrichten kann als bei der Elternschaft, voll angekommen und begriffen worden. Es gibt Väter, die sich rührend um ihren Nachwuchs kümmern. Väter, die zutiefst bedauern, nicht mehr Zeit mit ihrem Kind verbringen zu können, weil die Selbstverständlichkeit, mit der sich Mütter eine Auszeit vom Job nehmen können, für Männer noch lange nicht gilt. Väter, die nicht mit jedem Kind etwas länger im Büro bleiben, um wirklich ganz sicher sein zu können, dass die meiste Arbeit daheim schon erledigt ist. Väter, die sich nicht nur die Rosinen aus dem Erziehungskuchen picken, etwa einen halben Tag pro Woche auf dem Kinderspielplatz verbringen, um sich von der weiblichen Nachbarschaft beklatschen zu lassen. Väter, die für ihre Kinder, aber auch für ihre Frauen da sind und zumindest ahnen, was es bedeutet, monatelang tagsüber ganz allein mit zwei Kleinkindern zu sein, wofür das Wort »Psychoterror« vermutlich noch eine schamlose Untertreibung ist. Solche, die sagen: »Schatz, mach dir mal ein schönes Wochenende mit deiner Freundin. Ich kümmere mich hier schon um alles!«, und die nicht erst drei Tage lang nachdenken müssen, fragt man sie, gegen welche Krankheiten ihr eigen Fleisch und Blut bislang geimpft wurde. Die bei der Entscheidung für ein Kind die volle und nicht nur die finanzielle Verantwortung übernehmen. Die das alles *wirklich* tun und nicht nur behaupten, weil es sich schlecht macht, wenn man sagt: »Männern liegt das nicht. Ich habe einen wichtigen Job und ganz andere Verpflichtungen. Meine Zeit ist einfach zu kostbar, um sie im Kinderzimmer zu vergeuden.«

Aber es sind immer noch zu wenige. Die Mehrheit, besonders der jüngeren Männer, das ergab eine in Wuppertal veröffentlichte Umfrage des Instituts für Demoskopie in Allensbach, träumt lieber wieder vom Fünfziger-Jahre-Modell. Mehr als 1800 Bundesbürger wurden für die »Vorwerk-Familienstudie 2008« befragt. Nur 32 Prozent der Männer zwischen 16 und 29 zeigten dabei auch nur theoretische Bereitschaft, den Wunsch der Frauen nach Selbstverwirklichung trotz Kindern unterstützen zu wollen.[45] Hier könnte eine der Ursachen dafür liegen, dass in Deutschland langsam die Säuglinge knapp werden und Kindertagesstätten vermutlich bald in Handy-Läden umgewandelt werden müssen. Bedeutet diese Haltung doch im Umkehrschluss, dass man die Zuständigkeit für Kinder mehrheitlich wieder an die Frauen delegieren möchte. Und dass man den Ball – sinkende Geburtenraten hätten etwas mit überzogenen weiblichen Selbstverwirklichungsambitionen zu tun – locker zurückspielen kann. Auch die Mehrheit der Männer will auf ihre Selbstverwirklichung, auf Karriere und »Ich will noch was vom Leben haben« keinesfalls verzichten. Jeder zweite Mann fühlt sich mit 35 Jahren noch zu jung für Kinder und die damit verbundene Verantwortung.[46] Und auch die, die älter sind und die Verantwortung eigentlich schon nicht mehr ausschlagen können, weil das Kind nun mal da ist, verletzen oftmals die fundamentale Anstandsregel: dass man für sein eigen Fleisch und Blut gefälligst zu sorgen hat. Vor allem und in erster Linie finanziell.

»Zwei Drittel aller geschiedenen Väter zahlen ihren Kindern und der Ex-Frau nicht den Unterhalt, der ihnen zustünde. Wie viele von ihnen sich vorsätzlich drücken, ist umstritten«, schreibt die *Süddeutsche Zeitung.*[47] Und bemerkt das erstaunliche Versiegen einstmals sprudelnder Geldquellen. Da schwächeln plötzlich die Einkommen von Selbständigen, Vermögen und Immobilien werden an die neue Partnerin verschenkt, sogar Arbeitslosigkeit nimmt man in Kauf, um nicht zahlen zu müssen. Das kostet den

Staat und damit den Steuerzahler mehr als 800 Millionen Euro im Jahr. Mit dieser Summe springen die Kommunen für die säumigen Väter ein. Einen Teil des Geldes holt sich der Staat wieder – aber hier liegt die Erfolgsquote bei einem dürftigen Viertel. Vätervereine argumentieren an dieser Stelle gern, es sei nicht einzusehen, für ein Kind, das man gar nicht oder nicht so oft wie gewünscht sehen dürfe, auch noch bezahlen zu müssen. Aber erstens sind es sicher nicht im Entferntesten alle Mütter, die auf Zahlungen verzichten müssen, auf die dieser Vorwurf zutrifft. Und zweitens ist es ebenso eine Form der Geiselnahme, erst Bedingungen zu stellen, bevor man sich bereit erklärt, für die Grundsicherung seines Kindes aufzukommen. Zumal, wenn eine der Bedingungen lautet, auch dann noch der Bestimmer sein zu dürfen, wenn keiner mehr seine Füße unter Vatis Tisch stellt.

Sicher, auch Frauen betragen sich in Trennungskriegen bisweilen geradezu erbärmlich. Aber im Moment sind wir bei »Manieren für Männer«, speziell jenen, die sie rund um ihre Vaterschaft zeigen, respektive vermissen lassen. Unter anderem, weil es ihnen ungleich leichter gemacht wird, sich nicht zuständig zu fühlen. In der extremsten Form bei den Kindsmorden gleich nach der Geburt, die immer mal wieder durch die Schlagzeilen geistern. Rechtlich spielt es offenbar überhaupt keine Rolle, ob ein Ehemann wenigstens die letzten Schwangerschaftsmonate lang quasi mit der Nase drauf gestoßen wird, dass sich da was Kleines und möglicherweise eine Katastrophe anbahnt. Nicht mal den Straftatbestand der unterlassenen Hilfeleistung sehen Gerichte erfüllt. Wie in jenem Fall der 40-jährigen Wissenschaftlerin, die ihr viertes Kind tötete und dafür ins Gefängnis kam. Die Zeitschrift *Emma* schilderte ihren Fall in der September / Oktober-Ausgabe 2008. Demnach habe sie das Kind tagsüber zur Welt gebracht, sei mit dem Kind durch die Dämmerung geirrt und habe sich dann mit ihm in das heimische Wohnzimmer gesetzt. Ihr Mann sei nach Hause gekommen, habe auf sie geblickt und sei dann wieder gegangen. Sabine S.: »Da hat es bei mir Klick gemacht. Stromausfall.« Als sie wieder zu sich kommt, »bin ich mit der Hand am Hals des Kindes«. Auch später, sie hat das tote Kind in die Tiefkühltruhe gelegt, sagt ihr Mann nichts. Als sie ihn ein halbes Jahr später bittet, Fischstäbchen aus der Truhe zu holen, tut er es. Erst sieben Wochen später verständigt er die Polizei. Sabine S. bekommt zehn Jahre Gefängnis. Ihr Mann wird noch nicht einmal angeklagt.

Auch der Mann von Sabine H. aus Brandenburg, in deren Blumenkübel die Polizei neun Babyleichen fand, will von den neun vorausgehenden Schwangerschaften nichts mitbekommen haben. Die Staatsanwaltschaft Frankfurt/Oder sah »keine Veranlassung anzunehmen, dass er lügt«. Es ist ein bisschen, als würde man einen 18-Jährigen mit einer Pump-Gun in eine Schule gehen sehen und später zu Protokoll geben, man habe die Waffe für eine Plastikente gehalten und sich nichts dabei gedacht.

Drastisch? Dachten Sie, hier würde es ausschließlich um lässige Stil-Fragen wie: »Kann ich mein Kind Jefferson nennen?« oder: »Welcher Kindersitz passt am besten zu meinem Ferrari?« gehen? Nein, manchmal ist das Fehlen von Manieren, von Verantwortungsgefühl und Fürsorge eine ziemlich ernste Sache. Kann das Wegducken im Kleinen katastrophale Folgen haben.

Dennoch: 99,9 Prozent aller Väter sind ganz anders. Auch als der Oldschool-Vater. Der war dermaßen abwesend, dass man sich schon mit einem Elternabend pro Jahr geradezu wohltuend von ihm abheben kann. Mit drei Mal Geschichten vorlesen im Monat und ein Mal Rührei mit Spinat pro Woche zählt man als Vater heutzutage schon locker zu den Lorbeer-Spitzenverdienern. Als Ehefrau eines solchen neuen Vaters darf man sich dann – gern auch von der eigenen Mutter – anhören, wie gut man es hat und dass man eigentlich täglich den Boden küssen müsste, auf dem dieser wunderbare Vater wandelt. Für den gilt: Hat man mal mit so wenig so viel erreicht, will man sich das keinesfalls streitig machen lassen. Schon gar nicht von Berichten aus dem realen Mutti-Alltag. So musste sich die Journalistin und Buchautorin Iris Radisch, die als Mutter von drei Kindern wohl wissen sollte, wovon sie schreibt, ein paar sehr unmanierliche Reaktionen anhören. Sie habe »abgesabbert«, schrieb ein Leser, und: »Sie, meine Liebe, haben unwahre, abschätzige und beleidigende Bemerkungen über mich und alle anderen Männer vor einem Millionenpublikum ausgebreitet.«[48] Dabei hatte sie lediglich ein paar fundamentale Wahrheiten beschrieben, die jede Frau, die ein Kind hat, nur abnicken kann:[49]

1. Eine Frau, die Kinder bekommt, muss ihr Leben ändern; ein Mann, der Kinder bekommt, oft nur einen Lebensabschnitt.
2. Ein Vater ist ein Vater, aber nur, solange es ihm Spaß macht. Wenn das Kind oder die Mutter ihm keinen Spaß mehr macht, kann er für sein Kind auch per Dauerauftrag sorgen. (Und tut oft nicht mal das – siehe oben.) Eine Mutter aber bleibt meist eine Mutter. Lebenslang.
3. Ein Mann, der ein Kind bekommen hat, kann sich weiter verwirklichen. Er kann Biobauer in Timbuktu werden und so viele neue Leben beginnen, wie er will.
4. Die angepriesene Vereinbarkeit von Beruf und Kindern ist – für Frauen – eine Chimäre.

Vier Unterschiede – mit großen Folgen. Für die ganze Lebensplanung, für die Alltagsgestaltung, für den Gefühlshaushalt von Frauen. Es wäre ein unglaublicher Gewinn und ein Gebot der Fairness, wenn Männer wenigstens in Ansätzen diese vier Wahrheiten begreifen. Und würden sie ihren Aktionsradius auch auf jene Bereiche ausdehnen, mit denen man streng genommen erst das Vollbild »aktiver Vater« erfüllt: Geschenke organisieren für andere Kinder, Kostüme für Fasching, Läuse bekämpfen, Basteln, Geburtstage ausrichten, Lieder singen, Schwimmen lehren, Vorlesen, Hausaufgaben kontrollieren, Spielen, Essen zubereiten, Trösten, Elternabende besuchen und Ausflüge begleiten, Fieber messen, nachts aufstehen, wenn das Kind einen Albtraum hat, und sich gemeinsam zum ungefähr 156sten Mal die CD »Bob hilft dem Weihnachtsmann« anhören, das Kind baden, mit ihm sein Zimmer aufräumen, sich um saubere Wäsche kümmern und in die komplizierten Kinder-Netzwerke einarbeiten (»Die Jana ist doof.«, »Ich dachte, ihr seid beste Freundinnen?«, »Das war gestern!«). Zugegeben, das lässt sich mit einem Vollzeit-Job nicht vereinbaren. Was sich aber selbst zwischen den vermeintlich unverzichtbaren Karriereschritten machen lässt, ist wenigstens die Anerkenntnis der Größe der Aufgaben, die Frauen immer noch mehrheitlich übernehmen. Etwas, das aber offenbar schwerfällt. Womöglich, weil sich dagegen das eigene Engagement bisweilen so ärmlich ausnimmt, dass man ihm am liebsten ein Spendenkonto einrichten möchte. Viel gewonnen wäre außerdem, Männer würden nicht bei jedem Tatsachenbericht von der Mütterfront gleich die Fassung verlieren und zickiger werden als Gulia Siegel im Dschungelcamp.

So, und jetzt die wirklich spannenden Fragen rund um den Mann und seine Anverwandten. Zu denen ja nicht nur Kinder zählen. Auch die Restfamilie hat mehr als genug Bedarf an jenem Sozial-Dünger, genannt »Manieren«.

Sollte ein Mann bei der Geburt seines Kindes dabei sein?

Zunächst wäre es einmal dufte, ein Mann würde sich an Geburtsvorbereitungskursen beteiligen. Damit man als werdende Mutter nicht gleich das Mitleid der Mithechlerinnen auf sich zieht und ständig erklären muss, dass man nicht schon vor der Geburt alleinerziehend ist. Das stört gerade bei den Entspannungsübungen enorm. Außerdem ist es von Vorteil, jemanden dabei zu haben, der noch mal genauer nachfragt, was unter »positivem Schmerz« zu verstehen ist und ob ein Kirschkernsäckchen tatsächlich die beste Methode darstellt, sich gegen den »extremsten Ausnahmezustand, ... dem ein Mensch ausgesetzt werden kann«[50] zur Wehr zu setzen.

Was die Anwesenheit von Vätern im Kreißsaal anbelangt, so entscheiden sich laut einer Umfrage des Instituts Allensbach[51] ohnehin 77 Prozent der Väter unter 45 Jahren dafür. Bei den älteren Vätern über 60 Jahren lag der Anteil interessanterweise nur bei 16 Prozent. Es steht zu vermuten, dass zwischen der Abwesenheit im Kreißsaal und der später am Wickeltisch gerade in dieser Altersgruppe ein enger Zusammenhang besteht. Da die Frauen schon mit der Geburt sowieso mal wieder die Hauptarbeit leisten, steht ihnen ein wenig Beistand unbedingt zu. Deshalb sollte die Mutter entscheiden, ob sie den Kindsvater dabei haben möchte. Allerdings spricht einiges dafür. Endlich wäre mal das mit dem »Gebärneid« vom Tisch und man hat einen Augenzeugen. Weil Männer ja sonst später niemals glauben würden, dass ein Kind auf die Welt zu bringen ein ähnlich großer Spaß ist wie der Versuch, einen Kürbis durch einen Harnleiter zu pressen. Und: Ja, es ist viel schlimmer, als wenn man sich den Penis im Reißverschluss einklemmt!

Wie geht man bei der Namenssuche vor?

Es gilt zu bedenken, ob ein Name auch noch passt, wenn das Kind eigene Kinder hat. Hilfreich wäre es, ihm zwei oder drei Vornamen zu gönnen, um etwaige Entscheidungsschwächen abzufedern. Es könnte später, wenn es sich für »Kiki« einfach zu alt fühlt oder ein »Shakira«-Eintrag im Telefonbuch falsche Assoziationen etwa in Richtung Erotik-Hotline weckt, immer noch auf Caroline oder Luise zurückgreifen. Mehr als drei Vornamen sollten es aber nicht sein. Das verbieten schon die eher kurz gefassten Zeilen für »Vorname« amtlicher Vordrucke. Und: Halten Sie bloß dem Originalitätsdruck stand. Die Sehnsucht, seinem ja ganz sicher einmaligen Nachwuchs auch einen garantiert einmaligen Namen zu geben, führt nur zu Exzessen wie »Princess Tiaamii« (so heißt das Kind von Katie Price und Peter André), die eher an das Pony aus dem Barbie-Sortiment erinnern.

Kinder schätzen es ohnehin nicht sonderlich, jedem Lehrer, jedem Mitschüler erst mal ihren Namen buchstabieren und dann auch noch einen Grundkurs in der korrekten Aussprache von »Sean« abliefern zu müssen (»Nein, nicht Sieen, *Schoan*!«). Möglicherweise lernt man da zwar schon ganz früh was fürs Leben. Etwa wie hartleibig der Deutsche sein kann, wenn ihm eine »Laoghaire« (gesprochen »Lieri«) begegnet. Umgekehrt sollte es einem zu denken geben, wenn sich in der Geburtsvorbereitung die eine Hälfte der Mütter für »Alexander« und die andere für »Anna-Maria« entschieden hat. Dann wäre es schlau, die beiden Namen aus der Liste zu streichen. Sonst hat man später jedes Mal die Bude voll, wenn man aus dem Fenster schreit: »Alexander, Essen ist fertig!« oder: »Anna-Maria, da hat eben ein Junge für dich angerufen!«

Muss ein Vater auch für ein Kind da sein, das er gar nicht wollte?

Es ist nicht allein für Boris Becker eine riesige Überraschung, dass nicht der Klapperstorch die Kinder bringt, sondern dass sie beim Sex entstehen. Mindestens so groß, wie unser Erstaunen darüber, dass man einem Mann – wie Becker nach seinem Quicki in der Besenkammer behauptete – seinen Samen rauben kann. Man möchte gar nicht daran denken, welche miesen Tricks einem solch spektakulären Raub vorangegangen sein müssen:

totale Sinnesverwirrung durch »Obsession« oder »CK One«, La-Perla-Black-Outs, Wonderbra-Amnesien, Mascara-Koma? Sonst müsste man ja zwangsläufig die Frage stellen, weshalb einem Mann erst nachher einfällt, was er vorher hätte wissen müssen: wozu ein Präservativ doch gut sein kann. Sollte einem das erst aufgehen, wenn man Vater wider Willen wurde, bleibt einem immer noch der Trost, dass Kinder ihre Intelligenz, wie gern behauptet wird, tatsächlich von ihren Müttern und nicht von ihren Vätern erben. Die Väter sollten wenigstens *nach* der Befruchtung klug genug sein, sich um den Fleisch gewordenen Nachweis enormer Bildungslücken in Sachen »Fortpflanzung« zu kümmern. Der kann nämlich nichts dafür und hat sich seinen Vater so wenig ausgesucht, wie der sich sein Kind.

Können Frauen das nicht viel besser mit der Säuglingspflege?

Eigentlich müsste man sich darüber freuen, wenn Männer einmal freiwillig zugeben, etwas gar nicht oder nicht so gut zu können wie Frauen. Würde sich dieser selbst verordnete Rückzug aus der Front in die Etappe nicht immer auf Bereiche beziehen, die viel Arbeit machen und wenig einträglich sind: Bügeln, Knöpfe annähen, die Verwandtschaft bewirten oder Geschenke für seine Mutter aussuchen. Bei Vorstandsvorsitzen, Fußball-Berichterstattung, Kanzlerschaft oder der Moderation von »Wetten dass ..?« jedenfalls sagen Männer nie: »Ich glaube, das kann eine Frau viel besser!« oder: »Das liegt uns einfach nicht.«

Doch die Wahrheit ist: Frauen können das nicht viel besser mit der Säuglingspflege. Sie haben vielfach bloß mehr Praxis. Das sind überwindbare Vorsprünge, die sich leicht etwa mit: »Bleib ruhig liegen, ich wickle Niklas!« aufholen lassen.

Sollte ein Mann den Zweifeln an seiner Vaterschaft nachgehen?

»Pater semper incertus est«, hieß es im Römischen Recht, der Vater ist immer unsicher. »Mamas Baby, Papas maybe«, lautet einer der moderneren Sprüche: Mamas Baby, vielleicht auch Papas Baby. Kurz: Als Vater war man schon immer Unsicherheiten ausgeliefert, die einen ziemlich mürbe machen können: Woher hat der Sohn bloß seine Mathe-Schwäche und die Tochter ihre Renitenz? Weitere Zweifel säen die Nachmittagstalkshows. Dort hat man sich darauf spezialisiert, nach genetischer Klarheit zu suchen. Aus zwei, manchmal sogar drei oder vier möglichen Kandidaten wird in nur einer halben Stunde das biologisch Passende herausgefischt. Das dauert ein bisschen, aber man kann sich die Wartezeit bis zur Verkündigung des Ergebnisses mit unflätigen Beschimpfungen der potenziellen Kindsmutter vertreiben: »Du machst doch für jeden die Beine breit!« Dass dabei eine erstaunlich hohe Trefferquote an sogenannten »Kuckuckskindern« erzielt wird, mag beunruhigen. Aber erwartungsgemäß manifestieren sich bei einer Klientel, die sich vermutlich nicht mal ihren Namen lange genug merken kann, um ihn ganz auszuschreiben, eben auch größere Erinnerungslücken in Sachen Sexpartner.

Im wirklichen Leben dagegen bestätigen derzeit rund 80 Prozent der durchgeführten Gentests die Vaterschaft. Das heißt: nur bei 20 von 100 Prozent der Väter, die misstrauisch sind (nicht zu verwechseln mit 100 Prozent *aller* Väter), bestätigt sich der Verdacht.

Es mag zwar ein legitimes Interesse sein, ganz sicher sein zu wollen und am Ende nicht für ein Kind aufkommen zu müssen, das gar nicht das eigene ist. Andererseits sollte man sich auch fragen, weshalb man seiner Frau einen solch fundamentalen Betrug zutraut. Ob es sich nicht eher um fortgeschrittene Eifersucht handelt, die einen mangels echter Gründe eben zum Vaterschaftstest drängt? Ein weit höheres Risiko, als feststellen zu müssen, dass man gar nicht der Vater ist, liegt in den Folgen des Misstrauensvotums. Für die Beziehung eines Vaters zu seinem Kind und zu der Kindsmutter. Vielleicht tut es ja auch ein Blick in die Augen, auf die Haare, die Grübchen und das Lächeln des Kindes.

Muss ein Mann wegen eines Kindes sein Leben ändern?

Ja.

Kann man einer Mutter das Kind auch mal aus den Armen reißen?

Unbedingt. Sobald man Müttern einen Säugling in die Arme legt, entdecken sie ihre Sympathien für die Diktatur. Schon wollen sie ganz exklusiv wissen, was das Beste für das Kind ist und wen man auf gar keinen Fall mit dem Kind allein lassen darf: den Vater! Nicht allein aus tiefer Furcht, er könnte den Säugling im Supermarkt vergessen oder ihn so hoch in die Luft werfen, dass sich die Flugsicherung für ihn interessiert. Es geht auch um Kompetenz, um das – ja, auch berauschende – Gefühl, immer noch am anderen Ende der Nabelschnur zu sitzen. Bis das Kind etwa 50 ist. Das hat die Natur so eingerichtet, damit Frauen ihr Baby nicht gleich nach der ersten durchwachten Nacht frankieren und ohne Absender dem Briefträger mitgeben. Mag sein, dass es deshalb zunächst schwierig sein könnte, sich seinen Platz am Wickeltisch oder am Fläschchenwärmer zu erobern. Auf die lange Strecke jedoch wird eine Mutter sehr, sehr dankbar sein, wenn man sie mit etwas Hartnäckigkeit (»Du besuchst deine Mutter. Jetzt!«) davon überzeugt, dass so ein Kind auch längere Zeit mit seinem Vater allein sein kann, ohne bleibende Schäden davonzutragen.

Ist es nicht die Sache meiner Frau, wenn sie sich nicht mit meiner Mutter versteht?

Es spricht ja einiges dafür, so zu tun, als seien da ganz zufällig zwei Frauen aufeinander getroffen, für die der Begriff »Zwei-Komponenten-Sprengstoff« als die Untertreibung des Jahrhunderts durchgeht. Wenn die nicht Frieden miteinander halten, sich wegen jeder Kleinigkeit in die Haare bekommen, dann geht das völlig unbeteiligte Dritte – also den Ehemann, respektive den Sohn – kaum mehr an als der Spargel, der jetzt gerade in der Lüneburger Heide umfällt. Aber ohne Mann keine Schwiegermutter und also auch nicht die üblichen Probleme, die sich aus so einer Konstellation bisweilen ergeben. Wenn die erste Frau im Leben eines Mannes nicht akzeptieren mag, dass sie die Deutungshoheit über das Leben ihres Kronprinzen an eine andere verloren hat. Aber auch weil der es ihr nicht in der gebotenen Deutlichkeit vermittelt. Womit wir schon beim Kern des Problems wären: mangelnde Loyalität, gepaart mit Feigheit vor Mutti.

Selbst längst erwachsenen Söhnen erscheint die Vorstellung, etwas, das ihre Mutter tut oder lässt, zu kritisieren, ähnlich beängstigend wie die Aussicht auf ein zweitägiges Aura-Soma-Seminar. »Lass sie doch!« oder: »Du weißt doch, wie sie ist«, sagen sie, wenn ihre Mutter mal wieder lautstark bezweifelt, ob die Kochkünste ihrer Schwiegertochter ausreichen, das Überleben der Sippe auch nur für die nächste Woche zu garantieren. Wenn an vermeintlich schlecht gebügelten Hemden (»Also diese Knicke in den Ärmeln, benutzt du kein Ärmelbrett?«), an Lebensstil (»Zu meiner Zeit gab es das nicht, dass eine Ehefrau ohne Mann einfach so um die Häuser zog.«) und beruflichen Ambitionen (»Man kann eben nur eines richtig machen: Arbeit oder Kindererziehung!«) herumgenörgelt wird. Einmischung könnte schlimme Folgen haben. Mutti könnte beleidigt sein oder sogar krank werden vor Kummer. Etwas, das sich relativ einfach dadurch vermeiden ließe, würden sich Ehefrau und Schwiegermutter einfach nicht mehr begegnen. Eine Lösung, die viele Frauen sicher in ähnliche Ekstase versetzen würde wie ein 5000-Euro-Gutschein für die nächste Prada-Filiale. Aber dafür müsste man als Mann laut aussprechen, dass etwas gründlich schiefläuft, und sich vermutlich lebenslang von seiner Mutter anhören, bei der Partnerwahl einen ähnlich schlechten Geschmack bewiesen zu haben wie bei sämtlichen Frisuren zwischen 1978 und 1989. Da kann man frei nach Schopenhauer auch gleich das kleinere von zwei Übeln wählen: Stellung beziehen und sich ein paar Dinge verbitten. Etwa Einmischung in die Beziehung und Herabsetzung der Frau, die man liebt. Schöner Nebeneffekt: Man steht als strahlender Held da. Denn nichts deprimiert Frauen mehr, als miterleben zu müssen, wie selbst die stärksten Kerle vor Mutti zu verzagten Schwanzeinkneifern mutieren. Außer vielleicht, dabei zuzusehen, wie ein Mann versucht, den Reißverschluss seiner Jacke zu schließen.

Neue Frau, neue Kinder – darf man da nicht einfach mal nach vorne sehen?

Und was sieht man da? Kinder, deren Vater ihnen vorlebt, wie man jederzeit durch ein neueres Modell ersetzt werden kann? Dass das Verfallsdatum der innigsten und verlässlichsten Verbindung, die ein Mensch haben sollte, eine, auf der alle anderen Sicherheiten im Leben aufbauen, mühelos mit dem einer Auster konkurriert? Man kann nur ahnen, was Kinder aus früheren Verbindungen fühlen, wenn ihre prominenten Väter in Interviews zu Protokoll geben, in der zweiten Runde hätten sie erstmals so richtig die Freuden der Vaterschaft empfunden. Nichts habe sie jemals so begeistert wie diese wunderbare Gelegenheit, die Fehler, die man bei den ersten Kindern gemacht habe, nun mit den nächsten auszubügeln. Absolution durch Reproduktion. Das macht das schöne Leben leichter. Sogar ein Goldhamster zeigt mehr Verantwortungsgefühl für seine Sippschaft als solche Väter. Nein, man darf nicht einfach nach vorne schauen. Man hat gefälligst auch zurückzugucken und die Beziehung zu seinen früheren Kindern mindestens so intensiv zu pflegen wie die Radkappen seines Autos.

Weshalb muss man mit zu der sterbenslangweiligen goldenen Hochzeit ihrer Tante Gerlinde, wenn es nun mal keinen Spaß macht, jetzt schon zwischen lauter Senioren herumzusitzen?

Um eine solche Frage zu stellen, darf man höchstens acht Jahre alt sein. Einem Achtjährigen könnte man dann sagen: »Du kommst gefälligst mit!« oder: »Ich kann mich nicht erinnern, dass du dich über die x-box von Großtante zum Geburtstag beschwert hättest.« Und jetzt für alle über acht eine große Überraschung: Das Leben ist kein Wunschkonzert. Und sagen Sie nicht, Frauen falle es leichter, lange Gespräche über offene Beine, die Probleme mit der Wasserwelle oder das desolate Rentensystem zu führen. Sie müssten sich dabei einfach nicht so quälen wie Männer. Das behaupten Männer oft, um sich argumentativ abzusichern, falls ihre Frau ihnen zu Recht vorhält, sie sei ja schließlich auch bei der Konfirmation *seines* Neffen, der Hauseinweihung *seines* Cousins, der Weihnachtsfeier *seines* Fußballvereins und dem Achtzigsten *seines* Großonkels gewesen.

Nein, es gibt kein Gen, das Frauen anders als Männer dazu befähigt, riesigen Spaß daran zu finden, die herrlichsten Sommertage im Hinterraum einer Wirtschaft mit schätzungsweise 4500 Kalorien zu verbringen – und Männern damit einen moralischen

Vorteil verschafft. Allerdings geht es hier um weit mehr als schnöde Aufrechnerei. Tante Gerlinde hat mit ihrer Einladung Verbindlichkeit und Entgegenkommen bewiesen. Das sollte ein Mann schon aus Selbstschutz nicht ausschlagen. Er verbraucht schließlich an Spitzentagen weit mehr davon, als ihm eigentlich zusteht.

Kann ich meiner Frau sagen, dass sie auch als Mutter mal wieder arbeiten und etwas zum Haushaltsbudget beitragen sollte?

Klar. Am besten noch bevor das Kind da ist. Pränatal wäre der perfekte Termin darüber zu sprechen, wie eine Frau in ihrem Job nicht den Anschluss verpasst. Da hat man noch Zeit zu planen und sich Gedanken über Organisationsfragen zu machen. Leider handelt es sich dabei – vor allem im Hinblick auf Scheidungsquoten und weibliche Altersversorgung – um ein sträflich vernachlässigtes biographisches Detail.

Mit dem Ergebnis, dass Frauen eine Beschäftigungs- und Rentenperspektive haben, für die eigentlich Taschentücher verteilt werden müssten. Ganz egal, wie locker flockig uns die Staubsaugerwerbung weismachen möchte, dass man sich mit einem langjährigen Dasein als Hausfrau und Mutter quasi für einen Manager-Job qualifiziert.

Offenbar aber bekommen Väter Sätze wie »Wäre schlau, du würdest baldmöglichst wieder in deinen Job einsteigen« ähnlich schwer über die Lippen wie »Wir sollten uns mal wieder die Lindenstraße anschauen«. Nicht bevor das Kind nicht aus dem Gröbsten raus ist oder eine Scheidung ins Haus steht. Dann aber erleben viele Männer regelrechte Emanzipationsschübe. Plötzlich finden sie, dass eine Frau aber so was von dringend arbeiten und eigenes Geld verdienen müsste. Ohne Rücksicht darauf, dass man beim Arbeitsamt entgegen anderslautenden Gerüchten nicht die Korken knallen lässt, wenn eine Mutter nach längerer Auszeit dort wegen einer Stelle nachfragt. Es wäre also klüger, ein Mann würde seiner Frau gleich nach dem Schwangerschaftstest sagen, was er für sich ja ohnehin schon als selbstverständlich proklamiert: dass es nicht gut ist, wenn eine Frau dem Arbeitsmarkt bis zur Konfirmation ihrer Kinder fernbleibt. Selbst auf die Gefahr hin, daheim mehr Verantwortung übernehmen zu müssen.

Sollte man sein Kind nicht über die charakterlichen Mängel der Mutter und Exfrau aufklären?

Niemals und unter keinen Umständen. Selbst wenn man mit einer Mischung aus Lucrezia Borgia und Claudia Roth verheiratet gewesen wäre, rechtfertigt es nicht, einem Kind die Mutter madigmachen zu wollen. Das gilt selbstredend auch umgekehrt und da sogar für Horst Seehofer.

Sind Mutterbesuche nicht eher etwas für Frauen?

Wenn es ihre eigene Mutter ist – auf jeden Fall. Frauen sind meist gern mit ihren Müttern zusammen. Wenigstens ein paar Stunden lang. Das kann man umgekehrt von Söhnen nicht immer behaupten. So richtig viel können Männer der Themenwelt ihrer Mütter (»Habe ich dir schon erzählt, dass Frau Krause diese Woche fünf Zehen amputiert wurden?« oder »Die Tomaten sind schon wieder teurer geworden!«) nicht abgewinnen. Trotzdem will auch eine Sohnesmutter gelegentlich unterhalten werden. Ein Dilemma, das nicht wenige Männer durch Heirat zu lösen hoffen. Manche treten vermutlich nur deshalb vor den Traualtar, um ihrer Mutter eine Frau zum Spielen mitbringen und selbst in einen Zustand verfallen zu können, den man in der Biologie »Totstellreflex« nennt. Nach fünf Stunden intensiver Debatten über die Krankheiten der Nachbarn, die Familiendramen im Hause Windsor und die neue Haushälterin des Pfarrers sagt die eine oder andere Frau dann schon mal: »Das ist *deine* Mutter, also sprich mit ihr.« Daraufhin sagt der Mann meistens: »Das liegt mir einfach nicht.«

Deshalb zum Mitschreiben: Nein, Frauen langweilen sich genauso schnell wie Männer. Wir wurden von Gott *nicht* dazu gemacht, Schwiegermüttern den Talkmeister zu geben und Söhne von der Last der Verantwortung für ihre Mütter zu befreien. Und wo wir gerade bei den Schwiegermutter-Klärungsfragen sind: Natürlich besorgen wir die Geschenke für Schwiegermuttis Geburtstag und zu Weihnachten. Aus Entgegenkommen und damit sie überhaupt einmal etwas anderes bekommt als Kölnisch Wasser oder Kochtopf-Sets. Wie zu jeder Freundlichkeit gehört auch zu dieser Dienstleistung mindestens ein herzliches und überzeugendes »Danke«.

Wer hat das letzte Wort in Erziehungsfragen?

Sie sagt: »Auf keinen Fall nimmst du Jan-Eric mit zur Formel 1 und mir ist egal, ob Beethoven noch komponiert hat, als er schon völlig taub war.« Er meint, sobald das Kind den Mutterleib verlassen hat, sollte man es nicht mehr wie ein rohes Ei behandeln. Außer, es handelt sich um eine 17-jährige Tochter, die plant, mit ihrem Freund ein Wochenende in Berlin zu verbringen. Allein. Da entdecken selbst die lässigsten Väter ihren harten Kern in der sonst wachsweichen Schale. Was auch immer zu debattieren ist, wie unterschiedlich die Erziehungsvorstellungen auch sein mögen: Eltern sollten an einem Strang ziehen. So verführerisch der

Gedanke auch sein mag, sich ein paar Extrapunkte mit Nachgiebigkeit bei den Kindern zu verdienen. Und egal, wie gut man die auch gebrauchen kann, weil man ganze Wochen während der Wachzeiten des eigenen Nachwuchses außerhalb verbracht hat (das Büro, der Außendienst, die wichtigen Sitzungen im Fußballverein). Sollte sich ein Vater länger von den täglichen Entscheidungen fernhalten als ein Bundestagsabgeordneter vom Sitzungssaal, gehört es sich nicht, die Mutter zwischen Tür und Angel mal eben als höchste Erziehungsinstanz zu entmachten. Da gilt: Wer sich vom ganzen täglichen Erziehungswahnsinn fernhält, der muss sich auch am siebten Tag damit begnügen, lediglich das Zeugnis unterschreiben zu dürfen.

Muss ein Mann heute immer noch einen Sohn zeugen, ein Haus bauen und einen Baum pflanzen?

Es gibt mittlerweile Alternativen. Aus den USA schwappt derzeit so etwas wie eine extended version der Sache mit dem Haus, dem Sohn und dem Baum über den Atlantik. Sogenannte »Life Lists«, lebenserfüllende To-Do-Listen. In ihnen wird das, was Philosophen seit Jahrtausenden umtreibt – große Fragen wie »Warum sind wir da?« oder »Wozu leben wir« –, als mentales Finger-Food wie »Lass dich tätowieren« oder »Lerne kochen« dargeboten. Es gibt Vorgaben, welche tausend Bücher man gelesen, welche Orte auf der Welt man gesehen und welche Abenteuer man überstanden haben sollte, ehe man stirbt. Das kann richtig anstrengend werden, nimmt man sich beispielsweise die Life-List von John Goddard[52] vor. Sie enthält 127 Aktivposten. Bis auf ein paar wenige Punkte wie »Visit the moon« oder »Appear in a Tarzan movie« oder »Visit every country in the world« sind die überwiegend meisten abgehakt. »Marry and have children« liegt übrigens auf dem vorletzten Platz, weit hinter einigen Bergbesteigungen,

Flussfahrten, Entdeckungsreisen. Noch hinter »Study native medicines and bring back useful ones«, »Catch a ten-pound lobster and a ten-inch abalone« und »Read the works of Shakespeare, Plato, Aristotle, Dickens, Thoreau, Rousseau, Conrad, Hemingway, Twain, Burroughs, Talmage, Tolstoi, Longfellow, Keats, Poe, Bacon, Whittier, and Emerson«. Es steht nicht zu vermuten, dass Herr Gordon viel Zeit mit seiner Frau und seinen sechs (!) Kindern verbringt. Vermutlich hätte die Mutter seiner Kinder etwa den Punkt »Become familiar with the compositions of Bach, Beethoven, Debussy, Ibert, Mendelssohn, Lalo, Liszt, Rimski-Korsakov, Respighi, Rachmaninoff, Paganini, Stravinsky, Toch, Tschaikovsky, Verdi« gern gegen »Vollständige Organisation sämtlicher Kindergeburtstage zwischen drei und zwölf Jahren« ausgetauscht. Und sicher für die tägliche Hausaufgabenbetreuung auf »Build own telescope« verzichtet.

Bevor ein Mann aber reumütig zu Sohn zeugen, Baum pflanzen und Haus bauen zurückkehrt, ein paar Vorschläge, die mindestens so sinnstiftend sind. Auch und gerade für Kinder. Ein Mann sollte:

1. Einem Kind mindestens einmal einen ganzen Harry-Potter-Roman vorgelesen haben.
2. Die besten Freunde seines Kindes persönlich kennen.
3. Mindestens einmal einen ganzen Kindergeburtstag allein organisieren. Ja, auch den kulinarischen Teil.
4. Mit seinem Kind regelmäßig Museen besuchen.
5. Seinem Kind zeigen, womit Vater sein Geld verdient.
6. Einmal nicht fragen: »Wie läuft es in der Schule?«, sondern: »Was möchtest du gern mit mir spielen?«
7. Seinem Kind ein ganzes Wochenende lang die Regie überlassen.
8. Mit seinem Kind kochen *und* nachher spülen.
9. Eine ganze Woche allein mit dem Kind daheim sein können,

ohne dass die Wohnung nachher ein Fall für den Seuchenschutz ist.

10. An den eigenen Eltern demonstrieren, dass Vater und Mutter auch im Leben eines Erwachsenen keine lästigen Begleiterscheinungen sind.
11. Einmal im Monat gemeinsam einen ganzen Abend lang mit Pizza, Limo und etwa allen drei Folgen von »Ice Age« verbringen.
12. Seinem Kind den Sternenhimmel erklären.
13. Sich freinehmen, um beim kranken Kind daheim zu bleiben. Auch wenn es die Mutter genauso gut könnte.
14. Babysitter für einen gemeinsamen, kinderfreien Abend organisieren.
15. Seinem Kind das Schwimmen beibringen, ohne dass es heult.
16. Die Mutter seines Kindes nicht nur bei der Hausarbeit unterstützen.
17. Die Mutter seines Kindes mit Respekt behandeln. Auch wenn sie nicht mehr seine Ehefrau ist.
18. Sein Kind von der Schule abholen.
19. Mitgefühl vorleben – nicht nur mit der jüngsten Verletzung von Frank Ribéry.
20. Das Bewusstsein weitergeben, dass man die Welt verändern kann und nicht alles egal ist. Dass Geld – besonders das selbstverdiente – wichtig ist, aber nicht alles.
21. Mit dem Kind lernen.
22. Seinem Kind erklären, wofür man lernt, und dafür mehr als nur einen Satz gebrauchen.
23. Seinem Kind sagen, weshalb es ein ganz besonderer Mensch ist. Möglichst mehrmals im Leben.
24. Einmal eine selbst erfundene Geschichte erzählen. Nein, nicht die von den Überstunden …
25. Mit seinem Kind alle Verwandten besuchen.
26. Mit seinem Kind singen.

27. Wenn es alt genug ist, also noch deutlich unter 18, mit ihm über Sex sprechen.
28. Niemals sagen, wie prima sein Leben ohne Nachwuchs verlaufen wäre.
29. Seiner Tochter das Gefühl geben, dass sie ein kluges und wunderschönes Mädchen ist, auch wenn sie ein paar Pfunde zu viel hat.
30. Seinem Sohn vermitteln, dass Frauen keine Servicekräfte sind.
31. Strenge so dosieren, dass sie motiviert – nicht lähmt.
32. Keine Versprechen machen, die er nicht halten kann.
33. Sich entschuldigen. Wenn es nötig ist.
34. Seine Tochter unterstützen, wenn sie Fußball spielen will, seinen Sohn, wenn er ins Ballett möchte.
35. Seinem Kind sagen, dass er es liebt.

Wenn ein Mann das alles getan hat, dann kann er ja immer noch ein Haus bauen und einen Baum pflanzen.

»Ich bin der Schaffer, er ist der Denker«

Claudia*, 34, verheiratet, zwei Kinder (vier Jahre, ein Jahr), seit vier Jahren in Elternzeit

Wollten Sie beide gleich mehrere Kinder?
Ja. Ich allerdings schon ein bisschen früher als mein Mann. Bei ihm gab es eher so widerstreitende Gefühle. Einerseits wollte er einfach jung und ungebunden bleiben. Andererseits war sein größter Wunsch schon immer so ein typisch konservatives Leben. Man hat ein Häuschen. Abends kommt er dann mit

* Name geändert

seinem Kombi von der Arbeit nach Hause und Frau und Kinder freuen sich, weil Papi wieder daheim ist.

Der Wunsch hat sich ja erfüllt …
Ja. Bis auf die Sache mit dem Häuschen. Aber zwei Kinder waren immer geplant. Und ich glaube, mein Mann hätte jetzt sogar gern auch ein drittes Kind. Aber das kommt für mich überhaupt nicht in Frage.

Weshalb?
Ich würde das nicht schaffen. Auf keinen Fall. Schon jetzt ist es eine Selbstaufgabe im wahrsten Sinne des Wortes, weil man viel allein ist. Ich bin ja seit vier Jahren, seit mein Sohn auf der Welt ist, zu Hause. Verstehen Sie mich nicht falsch. Ich bin eine total begeisterte Mutter. Vielleicht sogar ein bisschen zu begeistert. Sicher glucke ich auch sehr. Aber gerade deshalb wäre ein drittes Kind einfach zu viel.

Hatten Sie sich die Mutterschaft nicht so vorgestellt?
Eigentlich schon. Besonders am Anfang war es eine sehr, sehr schöne Zeit. Da war ich sehr viel alleine mit unserem Sohn. Ich wollte das auch. Es hat mir nicht viel ausgemacht, dass mein Mann so wenig daheim war. Ich hatte mein Wunschkind und habe es sehr genossen.

Ihr Mann hatte da nicht viel Zugang?
Nein. Das liegt sicher auch an mir. Ich bin, glaube ich, schon jemand, der alles an sich zieht. Es kommt ganz selten vor, dass ich beispielsweise sage: »Geh du mal zum Arzt.« Ich will immer dabei sein, wenn es um die Kinder geht. Auch weil ich diejenige bin, die zu Hause ist und das Kind betreuen muss.

Klingt nicht so, als würden Sie Ihrem Mann als Vater allzu viel zutrauen.
Mag sein. Ich bin so. Schon im Job habe ich ungern an andere abgegeben. Andererseits ist es auch so, dass ich mit den Kindern das meiste allein stemme. Einfach, weil mein Mann nicht da ist. Er lässt mir deshalb vermutlich auch den Vortritt bei den Kleinen. Und ich halte ihm den Rücken frei, damit er sich auf seine Arbeit konzentrieren kann. Das heißt eben auch, dass ich zu Hause eigentlich alles mache.

Es gibt Statistiken, die belegen, dass Männer besonders lange bei der Arbeit bleiben, wenn sie Väter werden. Drückebergerei oder Last der Verantwortung, für die Familie aufkommen zu müssen?
Sicher, mein Mann kommt oft sehr spät von der Arbeit. Aber als unser Sohn auf die Welt kam, wurde er auch in seinem Beruf einfach mehr beansprucht. Allerdings ist er sehr verantwortungsbewusst, jemand, der sich im Job sehr engagiert.

Was würden Sie sagen, wie hat sich Ihr Leben jeweils verändert?
Das Leben meines Mannes hat sich längst nicht so stark verändert wie meines. Er geht jeden Morgen zur Arbeit, er kommt abends heim. Da sieht er die Kinder – wenn überhaupt – mal für eine Stunde, und das ist schon lang. Meistens ist es eher eine halbe Stunde. Das, was ihm wichtig ist, der Fußball und eine Reise zu Freunden einmal im Jahr, ist ihm geblieben. Er macht sich auch nicht so viele Sorgen wie ich, wenn die Kinder mal krank sind. Nachts schläft er, während ich wach bin und die Kinder tröste, wenn sie weinen. Sicher: Er geht nicht mehr so viel weg wie früher und er spielt nicht mehr jeden Donnerstag Skat.

Entlastet er Sie im Haushalt?
Ich mache schon viel. Manchmal überlege ich: Wie kann ein

Mann da ruhig sitzen und Zeitung lesen oder sich was im Fernsehen anschauen, wenn in der Küche das Essen überkocht, ein Kind gewickelt werden muss, das andere schreit und im Bad auch mal wieder das totale Chaos herrscht. Das ärgert mich dann schon. Da hat er wirklich seine Ruhe weg.

Was tun Sie dann?
Ich werde manchmal ganz schön aggressiv. Ich sage ihm dann, ich hätte keine Zeit, mich mit einer Zeitung hinzusetzen oder mir einen Bericht anzuschauen, und ob er nicht merkt, dass hier alles am Kochen ist. Wenn er schon da ist, will ich auch Hilfe haben und nicht wie sonst ganz allein kochen, putzen und für alle da sein.

Könnte es sein, dass Sie vielleicht zu penibel sind?
Mein Mann sagt manchmal: »Weshalb machst du dich so wegen der Wohnung verrückt?« Aber er sieht eben nicht, was unbedingt gemacht werden muss. Er ist einfach nicht so in diesem Ablauf drin, in dieser Routine. Und es ist ja nicht so, dass ihn Unordnung gar nicht stören würde. Er sagt schon mal: »Wieso steht das da in der Küche rum?« Ich hatte einfach keine Zeit, aufzuräumen. Ich biete ihm dann an, dass er ja mal 24 Stunden Haushalt und Kinder machen könnte. Das lehnt er aber ab.

Warum?
Ich glaube, weil er Angst hat. Dass ihm alles über den Kopf wächst.

Ihr Mann weiß also, was Sie da leisten?
Ich glaube, ihm ist das bewusst. Tauschen wollte er sicher nicht. Es wäre nicht seine Welt. Wir haben da eine Rollenaufteilung: Ich bin der Schaffer, er ist der Denker. Mit meinem Teil der

Arbeit käme er nicht zurecht. Das merke ich schon, wenn ich mal für zwei Stunden weg bin. Dann bricht hier das totale Chaos aus. Er ist damit völlig überfordert. Vor allem damit, dass mit Kindern immer alles gleichzeitig passiert: Da ruft sein Sohn, dann schreit seine Tochter, weil sie in die Hose gemacht hat. Beide wollen etwas zu essen und dann bricht auch noch eines der Kinder. Ihm fehlt da einfach die Routine.

Ist er also eher der Papa für die schönen Stunden?
Jetzt schon. Er macht nun auch Ausflüge mit seinem Sohn. Trotzdem: So eine richtige emotionale Nähe, die hat mein Sohn eher zu mir. Singen und Tanzen, das tut er nur, wenn ich dabei bin. Und wenn ihm etwas fehlt, kommt er nur zu mir.

Das muss hart sein für einen Vater.
Ja, das war es sicher. Bevor sich Vater und Sohn etwas angenähert haben. Allerdings ist es nun wieder mit unserer Tochter so. Wenn ihr etwas wehtut oder wenn sie schreit, dann rennt sie nur in meine Richtung. Auch nachts will sie nur zu mir.

Vermutlich ist es da eher ungünstig, mal ein paar Tage zu verreisen?
Ich könnte bestimmt mal für eine Woche wegfahren. Aber dann würde ich meine Kinder zu meinen Eltern geben. Die sind zu zweit und sie können kochen. Ich wüsste, dass die Kinder da wenigstens etwas Gescheites zu essen bekämen. Aber damit warte ich noch.

Gehen Sie gar nicht mal aus?
Es wurde jetzt nötig. Ich bin krank geworden. Ich bekam Depressionen. Immer nur Müttergespräche, und wenn ich mal rauskam, war ich bei meinen Eltern. Ich bin seit Jahren nicht mehr in der Stadt gewesen, allein mit viel Zeit. Allerdings hatte ich lange nicht das Gefühl, dass mir was fehlt oder dass ich

unglücklich bin, weil ich nicht mehr rauskomme. Ich hatte das ja so gewollt. Ich hatte Angst, dass ohne mich alles schiefläuft. Das war so ein schleichender Prozess. Erst vor kurzem wurde mir klar: Nur Mutter, nur zu Hause, das ist nicht alles.

Was würden Sie sich von Ihrem Mann wünschen?
Nicht mal unbedingt, dass er mehr daheim wäre. Wenn er könnte, würde er das sicher tun. Ich finde andere Dinge frustrierend. Zum Beispiel am Wochenende. Da gab es hier im Kindergarten eine Sportveranstaltung, eine Art Schnupperkurs für Kinder. Mein Mann kam erst später, weil er wieder länger arbeiten musste. Statt gleich zu den Kindern zu gehen und ihnen zuzuschauen, wie sie den größten Spaß haben, hat er sich erst mal mit anderen Männern unterhalten, die draußen standen. Das finde ich traurig. Dass er nicht mal reinkommt, zu seinen Kindern. Es war so schön, wie die beiden sich gefreut haben, und er muss sich mit den Nachbarn unterhalten. Das sind Sachen, die mich frustrieren. Genauso, wenn wir daheim sind und er hinter seiner Zeitung steckt, während die beiden miteinander spielen. Das sind so schöne Momente, das ist so eine große Freude und mein Mann verpasst alles, weil er Zeitung liest. Das ist sehr enttäuschend.

Würden Sie gern mit ihm tauschen?
Nein. Obwohl ich meinen Mann oft darum beneide, wenn er morgens zur Arbeit geht. Er klagt dann manchmal, dass er den ganzen Tag Termine hat. Ich sage dann, dass ich diese Termine auch gern hätte. Ich würde mich gern mal nicht in Babysprache, mit Erwachsenen, unterhalten und nicht den ganzen Tag nur Wikinger spielen. Mein Sohn ist gerade in so einer Phase. Ich beneide meinen Mann darum, dass er einfach rausgeht, dass er im Bus sitzt und Zeitung lesen kann. Das habe ich nur, wenn ich beim Arzt bin und länger warten muss.

Angenommen, Ihr Mann käme heute Abend von der Arbeit und würde sagen: Weißt du was, du nimmst dir jetzt mal ein paar Tage frei. Ich übernehme Kinder und Haushalt. Was würden Sie tun?
Mein Mann sagt schon gelegentlich: Geh doch mal allein in die Stadt. Aber ich kann das nicht. Vielleicht, wenn die Kleine reden kann. Wenn sie sagen kann, was sie will und wenn ihr etwas wehtut. Also so in anderthalb Jahren. Dann würde ich auch mal ein paar Tage verreisen.

Was fehlt Ihnen am meisten?
Was wir beide vermissen, das ist dieses Spontane. Dass man einfach mal weggeht, durch die Stadt läuft, sich irgendwo hinsetzt, etwas trinkt. Das haben wir früher gemacht. Oft bin ich auch allein losgezogen. Nach der Arbeit. Dann bin ich in eine Wirtschaft gegangen und bin mit vielen Leuten ins Gespräch gekommen. Das ist etwas, das ich sehr vermisse.

Wie sieht es mit Ihrer beruflichen Zukunft aus?
Eigentlich bin ich ja noch angestellt. Aber mit zwei Kindern geht nur eine Halbtagsstelle. Die würden sie mir in meiner Firma nicht geben. Das hat erst kürzlich eine Freundin erlebt. Ich werde mich wohl beruflich umorientieren müssen.

Der Mann auf der Suche

Neben der Arbeitswelt gibt es wohl kaum einen Lebensbereich, der besser mit Beipackzetteln ausgestattet ist als die Kontaktanbahnung. Vom Ansprechen: »Ich bin neu in der Stadt. Könntest du mir den Weg in deine Wohnung zeigen?«, über die Verabredung: »Dass Sie nicht mit fettigen Haaren und ungepflegten Händen zu Ihrem Date gehen, versteht sich wohl von selbst.«[53], bis zur ersten Nacht: »Wer zu lange wartet, riskiert, aus der Sicht der Frau enteiert zu werden.«[54], wird der Mann von Experten ganz fest an die Hand genommen. Sogar postkoital. Allein an der Frage, wann genau ein Mann nach dem ersten Sex anrufen sollte, entspannen sich mehr Diskussionen als an Angela Merkels Frisur. Sofort? Nach einer Woche? Oder stimmt es, dass manche Frauen einen »After-Date-Timer« haben, der drei Tage tickt, und ein Mann deshalb besser am vierten Tag anruft, also etwa zu dem Zeitpunkt, an dem Frauen schon anfangen, lange, glühend heiße Nadeln in die Augen kleiner Puppen zu stecken, die verdammt große Ähnlichkeit mit ihrer Verabredung haben?

Noch mehr Hinweise für den manierlichen Umgang mit Frauen – gerade beim Erstkontakt – zu geben wäre da beinahe, als würde man Christine Neubauer sagen wollen, wie man ein Dekolleté publikumswirksam in Szene setzt. Und man denkt: Bei der ganzen Hilfe sollte es selbst für einen Mann nicht so schwer sein, ganz allein eins und eins zusammenzuzählen. Zumal Mann und Frau beim Bandeln, Baggern, Balzen ja ausnahmsweise einmal dasselbe wollen: sich von ihrer besten Seite zeigen. Offenbar aber beginnen genau da die Unsicherheiten: Welches ist eigentlich die beste Seite bei einem Mann? Und muss er sie wirklich allen Frauen zeigen, denen er begegnet, oder nur denjenigen, auf die es ihm ankommt?

Bei der richtigen Frau will natürlich jeder eine elegante Punktlandung hinlegen. »Tipp: vor dem Angriff genau auf die Körpersprache der Frau achten.«[55] Und knappst sich den dafür fälligen Energieaufwand frei nach der Devise »da hätte ich ja viel zu tun, wenn ich zu allen nett wäre« bei den Falschen ab. Vermutlich zum Energieausgleich, weil die Weltvorräte an Freundlichkeit ohnehin immer knapper werden und man diese wertvolle Ressource nicht an Frauen jenseits des Beuteschemas verschwenden will. So viel Ökonomie war jedenfalls selten – ausgerechnet im Liebesspiel. Und das ist umso überraschender, als wir ja angeblich nicht mehr aus Berechnung (»Nimm Luise, die erbt mal den größten Bauernhof im Ort und an ihr Schielen gewöhnst du dich.«), sondern rein aus Zuneigung zueinander finden sollen. Ein Paradox, das sich dem modernen Single-Markt verdankt. Einerseits soll es da um nichts anderes als reine Gefühle gehen. Andererseits wird das Bandeln in einem nie gekannten Umfang organisiert, professionalisiert, perfektioniert. Internet-Partnerbörsen, Speed-Dating, Kochkurse und Reisen für Solisten rangeln um Kundschaft und versprechen nicht nur Erlösung vom Single-Dasein. Sie befördern auch etwas, das sich auf die Bereitschaft, sich manierlich zu betragen, verheerend auswirkt: die Illusion, dass es unbegrenzten Nachschub an Kandidatinnen gibt, und den zweiten apokalyptischen Reiter des freundlichen Miteinanders – die Anonymität.

Wo es keine Berührungspunkte, keinen gemeinsamen Bekanntenkreis gibt, fehlt der soziale Druck. Und so kann man sich ungehindert von Muttis drohendem Zeigefinger und den gerunzelten Augenbrauen der Freunde einiges erlauben. Guckt ja keiner, jedenfalls keiner, den man kennt und der nachher vielleicht herumerzählt, wie man eine Frau im Restaurant mit den Worten: »Du gefällst mir nicht!« einfach vor dem halbleeren Glas sitzen ließ. Wenn ein Mann überhaupt zur ersten Verabredung erscheint und nicht – wie es eine Münchnerin in der Zeitschrift *Focus* schilderte – gar nicht erst kommt. »Die Kerle schalten sogar ihr Handy aus«, um nicht erreichbar zu sein für den Ärger und den Frust, den sie verursachen. Das Fazit der 39-Jährigen: »Die Männer aus dem Internet, mit denen ich dann essen war und einen netten Abend verbrachte, waren eigentlich alle beziehungsunfähig und wollten sofort ins Bett. Außer einem, der wollte gar nichts von mir. Der wollte, dass ich ihn ins ›P1‹ reinbringe. Er war vom Land und dachte, ich sei eine Partymaus und mit mir käme er leichter am Türsteher vorbei. Sonst kommt am Ende des Abends aber immer die Frage: ›Zu dir oder zu mir?‹«[56] Und da wäre dann noch der eine, der 300 Euro bot und nur deshalb nicht gleich ins Bordell wollte, weil ihm so die Illusion blieb: »Die habe ich aufgerissen.«

Eine Freundin, Patricia Anfang 50, schildert Ähnliches. Per Mail, sagt sie, machen sie alle den Eindruck, als hätten sie ein Brigitte-Abonnement, mindestens! Sie suchen eine Frau mit Tiefgang, die an einer ernsthaften Beziehung interessiert ist. Respekt sei wichtig und natürlich sei man bereit, sehr, sehr viel zu geben. »Manches ist selbst mir beinahe zu kitschig gewesen«, sagt Patricia und dass sie manchmal schon befürchtete, der Kandidat wollte später vielleicht die gemeinsamen Abende mit Lyrik statt mit »Desperate Housewifes« verbringen. Das legt sich spätestens, wenn Patricia ein Foto mailt, aus dem hervorgeht, dass eine 50-Jährige tatsächlich eine – wenn auch sehr gut erhaltene – 50-Jährige ist und nicht eine 20-Jährige, die sich einfach mal älter machen wollte. Einige verschwinden nun ebenso wie ihre »Sensibilität« grußlos in den unendlichen Weiten des Cyberspace. Ein paar treffen immerhin noch Verabredungen, zu denen sie dann allerdings nicht erscheinen. Und ein kleiner Rest lässt sich offenbar in der Hoffnung blicken, ernten zu können, was andere Männer gesät haben: »Manche denken wirklich, ich müsste unheimlich dankbar sein, weil sie überhaupt erscheinen, und mich entsprechend – am besten mit einer schnellen Nummer – erkenntlich zeigen. Als Warm-up erzählte einer gleich ausführlich von den Unterleibsproblemen seiner Ex. Sie leide derzeit unter einem schlimmen Scheidenpilz. Ich sollte mir aber keine Sorgen machen. Sie hätten ja schon seit Monaten keinen Sex mehr.« Ein anderer wollte wissen, bei welchen Sexpraktiken er noch an ihr Pionierarbeit leisten könnte (»Hast du eigentlich schon mal anal?«), zwei wollten eigentlich gar nicht viel reden, sondern gleich Sex (»Wir sind doch erwachsene Menschen!«). Einer war zwar ganz nett, sagte aber schon vor der Bestellung in einer ohnehin sehr günstigen Pizzeria: »Also wir zahlen dann ja getrennt. Ich treffe mich diese Woche noch mit zwei anderen Frauen, das wird mir sonst zu teuer.«

Es stimmt also, was Dr. Leonard McCoy damals in Star-Trek weitsichtig erkannte: »Die bürokratische Mentalität ist das Einzige, auf das man sich im Universum verlassen kann.«

Kann ein erwachsener Mann sein Desinteresse nicht eleganter ausdrücken? Also so, dass in der Frauenseele allenfalls ein paar kleine Wunden zurückbleiben, die sich mit ein wenig Arnika und einer Flasche Rotwein leicht verarzten lassen? Anstatt unbedingt etwas hinterlassen zu wollen, das sich anfühlt, als wäre man gerade von einem Panzer überrollt worden? Er könnte schon. Aber er sieht nicht ein, weshalb er sich die Mühe machen sollte. Jedenfalls solange wir keine Software haben, wie sie in dem Episodenfilm von Monty Python, »Amazonen auf dem Mond«, zur Anwendung kommt. Da tippt eine Frau vor dem ersten Date mit einem vielversprechenden Kandidaten dessen Daten in den PC ein und erhält flugs ein umfassendes Beziehungsprofil, erstellt von seinen Ex-Frauen. Alles wird minutiös aufgeführt: Vom Verhalten im Bett (»Wie ein Bonobo.«) über sein Betragen bei Tisch bis hin zu wichtigen Charaktermerkmalen wie Großzügigkeit, Fürsorge, Interesse, Zärtlichkeit. Man weiß gleich, woran man ist, und ob man ihm, noch bevor er sagen kann: »Irgendwie bist du nicht mein Typ. Aber gegen ein bisschen poppen dann und wann habe ich nichts!«, eine knallen darf.

Bislang kostet es bloß Karmapunkte im hoch zweistelligen Bereich, seine Höflichkeit nach Bedarf zu dosieren. Zu unterscheiden zwischen Menschen, die es »verdient« haben, gut behandelt zu werden, und solchen, denen man diese Gunst selbstherrlich verweigert. Karmapunkte, die später möglicherweise den Ausschlag dafür geben, ob man als Regenwurm oder als Flechte wiedergeboren wird. Seine Manieren wie ein Aktienpaket zu behandeln, bei dem es nur um den Shareholdervalue geht, ist beinahe schlimmer, als gar keine Manieren zu haben. Sogar wenn man dabei einen Brioni-Anzug trägt. Man bleibt ein Stoffel. Wenn auch ein sehr gut gekleideter.

Umso begehrter sind die raren Exemplare, die beherzigen, was Prinz Asfa-Wossen Asserate als das Wesen der Manieren bezeichnet: Aufmerksamkeit. Der ideale Mann blickt demnach »die Menschen, die ihm begegnen, an. Diese Menschen sind ihm wichtig. Es gibt keine unwichtigen Menschen.«[57] Natürlich wird so einer niemals unpünktlich zu einer Verabredung erscheinen. Und wenn, nur mit einer ordentlichen Entschuldigung: »Ein Meteorit ist auf die Erde zugerast, ich musste ihn in eine neue Umlaufbahn lenken.« Niemals würde er eine SMS mit dem Wortlaut schicken: »Ich hab's mir anders überlegt«, anstatt sich der Herausforderung zu stellen, einer Frau direkt zu sagen, dass sie nicht die Richtige ist. Und zwar so, dass es ihr *nicht* das Herz bricht. So einer kann ruhig Klamotten tragen, für die man auf jedem deutschen Schulhof Prügel beziehen würde, denn er besitzt Herzenswärme. Auf die und nicht etwa aufs perfekte »Eindrucksmanagement« kommt es an. Findet auch Gunter Sachs: »Wichtig ist nicht der große Auftritt, entscheidend sind kleine Gesten und die Gabe, zuhören zu können.« Und: »Ohne gute Gespräche, tiefe Gefühle und die Fähigkeit, den Partner täglich auf Händen zu tragen, funktioniert wahre Liebe nicht.«[58] Schon wegen der Karmapunkte und weil auf der Welt sowieso schon mehr als genug Flechten in Brioni-Anzügen unterwegs sind.

Sollte ein moderner Mann das Ansprechen nicht einfach der Frau überlassen?

Angeblich steuern die Frauen ohnehin das Flirt-Geschehen mit subtilen Gesten. Da wäre es nur recht und billig für einen Mann, gleich zu Anfang schon mal einen eigenen Beitrag zu leisten und wenigstens das Ansprechen zu übernehmen. Lastenausgleich ist ein Argument. Das andere: Dass es sich um eine Konvention handelt. Es liegt ein Drehbuch vor, die Rollen sind verteilt. Das gibt Sicherheit. Auch was die Wirkung des Stücks »Ansprechen« anbelangt. Immerhin ist es die erste kleine Hürde, die es zu überwinden gilt. Man zeigt: »Für dich ignoriere ich meine flatternden Nerven und deine giggelnden Freundinnen. Ich riskiere sogar einen Korb! Wenn ich es mir recht überlege, würde ich jetzt beinahe lieber auf einem Zahnarztstuhl liegen und eine Wurzelbehandlung über mich ergehen lassen. Ohne Betäubung! Aber ich bin hier und ich frage dich, ob du mit mir ausgehen willst!« Kurz: Das Konzept hat sich bewährt. Und deshalb: Nein, der moderne Mann sollte das Ansprechen nicht der Frau überlassen! Es gibt sowieso schon viel zu viele Anzeigen, in denen steht: »Habe dich am vorletzten Samstag um 13 Uhr in der U-Bahn Richtung Merianplatz gesehen. Du hast schulterlange, blonde Haare und zwei Einkaufstüten dabei. Habe leider versäumt, dich anzusprechen. Bitte melde dich!«

Muss ein Mann weinen, um heutzutage bei Frauen gut anzukommen?

Die Zeitschrift *Leben & Erziehen* will zwar herausgefunden haben, dass 80 Prozent der Frauen Männer besonders liebenswert finden, die auch mal heulen können. Gleich am Anfang in Tränen auszubrechen könnte allerdings etwas verstörend wirken. Frauen nehmen ja gern persönlich und würden am Ende glauben, es könnte an ihrer Frisur liegen oder es bitter bereuen, statt des blauen Rocks doch die schwarzen Hosen angezogen zu haben. Am Ende heulen beide und nicht nur der Abend, sondern auch das Make-up ist ruiniert. Besser, man hat einen Grund, der keinen Anlass zu kränkenden Spekulationen gibt. So wie David Beckham, der am ersten Schultag seines Sohnes Brooklyn weinte, oder Churchill, der ständig feuchte Augen bekommen haben soll. Sei es bei Treffen mit Überlebenden deutscher Bombenangriffe oder beim Wiedersehen mit seiner Frau. Aber der Engländer weint sowieso gern einmal. Fast ein Drittel aller britischen Männer, so eine Untersuchung, veröffentlicht in der *Sunday Times*, mindestens einmal im Monat. Lebt der Brite in London, hat er sogar regelmäßig regelrechte Heulkrämpfe. Das kann allerdings auch mit den Mieten dort zu tun haben.

Weinen gilt also längst nicht mehr als unmännlich. Im Gegenteil. Ein bisschen wässrig dürfen Männeraugen ruhig werden, wenn man vom tragischen Tod des Familienhundes (»Und dann habe ich ihm aus Versehen sein Stöckchen vor den Zwanzigtonner geworfen.«) erzählt oder in Erinnerungen an ihre absolute Lieblingsszene aus Winnetou schwelgt (»Als Old Shatterhand sich über die tödlich getroffene Nscho-tschi beugt und sie ihre letzten Worte haucht: ›Es war – eine große Freude!‹ Du hast nicht zufällig ein Taschentuch dabei?«). Das zeigt Frauen, dass der Mann Gefühle hat und sich nicht scheut, sie auch szenisch umzusetzen. Frauen finden das vielversprechend und ziemlich rührend. Im Unterschied zu Sätzen wie: »Männer weinen nicht. Sie schwitzen aus den Augen«, die auch von »Nummer 5« oder »Mr. Spock« stammen könnten und an denen man schon hochrechnen kann, dass dieser Mann viel zu viel Zeit mit Dosenbier, John Wayne und dem *Kicker* verbracht hat.

Längst nicht alle Männertränen wirken allerdings gleichermaßen herzerweichend. Heult der Mann aus Selbstmitleid – etwa weil man ihn gerade mit seiner flotten Assistentin im Bett erwischt hat und ihm noch die letzte Ausrede ausgegangen ist (»Es ist nicht so, wie es aussieht!«) – oder hat er sich seine Tränen exklusiv für Eintracht Frankfurt reserviert, dann zeigt sich, dass auch das gefühligste weibliche Gemüt erstaunlich wasserfest sein kann.

Kann ein Mann praktisch jede Frau ansprechen?

Das sagt einem ja schon die Wahrscheinlichkeitsrechnung, dass, wer viel probiert, die größeren Chancen hat, dass auch mal was gelingt. Für einen gewissen Souveränitätszugewinn beim Flirten mag es sinnvoll sein, frei von den ganz ernsten Absichten, einfach mal seine Wirkung auszuprobieren. Vorsicht ist allerdings geboten, wenn man das Spielfeld nicht oft genug wechselt. Schnell hat man den Ruf weg, alles anzubaggern, was nicht bei drei auf den Bäumen ist, und der könnte sich bei der Kontaktanbahnung mit der vermutlich richtigen Frau als ziemliche Hürde erweisen. Jahrelang muss man nachher beteuern, kein Filou zu sein, kann vielleicht deshalb nur noch halbtags arbeiten, weil man nebenberuflich damit beschäftigt ist, seiner Frau zu beweisen, dass sie ganz ehrlich die Einzige ist.

Sollte die Frage aber auf eine Kompatibilitätsprüfung abzielen, wäre etwa gemeint, ob ein 54-Jähriger eine 20-Jährige ansprechen darf? Gibt es nicht schon viel zu viele mittel- bis sehr alte

Männer da draußen, die ihr Beuteschema seit 1978 nicht mehr verändert haben? Und sich wundern, wenn Mädchen im Alter ihrer Töchter (so sie welche hätten) schon Augen im Kopf haben? Nehmen wir Albert. Er jammert immer wieder: »Ich verstehe die Frauen einfach nicht. Ich bin lustig, ich bin großzügig und ich will eigentlich gar nichts Besonderes.« Außer einer Frau, die höchstens halb so alt ist wie er. Männer können natürlich ansprechen, wen sie wollen. Ohne einen kritischen Blick auf ihre Geburtsurkunde und auf ihr Spiegelbild werden manche allerdings weiterhin wie Bernard Fokke in Wagners Fliegendem Holländer durch ein Meer unerfüllter Sehnsüchte segeln.

Und was ist mit der Liebe? Übersieht die nicht großzügig alles? Beinahe wären wir bereit, das zu glauben, gäbe es nicht so viele Kerle, die nicht im mindesten bereit sind, auch nur einen Krähenfuß zu übersehen. Von Zellulitis oder Truthahnhals ganz zu schweigen. Sollte sich das irgendwann einmal ändern, dann würde die Schönheitskönigin vielleicht sogar mit Albert ausgehen. Aber nur dann.

Wie spricht man eine Frau an?

Wäre das nicht toll? Ein Spruch für alle. So ein Tür- und Herzensöffner, dem garantiert keine Frau widerstehen kann, der sie zwangsläufig dazu bringt, einem ihre Telefonnummer aufzudrängen (»Hier nimm, ich kann nicht anders!«)? Diese Idee ist es offenbar auch, der sich die 64 900 Internetseiten verdanken, die Google aufführt, wenn man es mit der Suche nach »Anmachsprüchen« beauftragt, um 64 900 Mal Konfektionsware zu erhalten. Lauter Sätze, die sagen: »Ich hatte einfach keine Lust, mir eigens für dich etwas auszudenken.« Dabei hat so ein Anfang, wenn er vielversprechend sein soll, wenigstens den Zauber von Maßarbeit verdient. Und keine Angst, den größten Blödsinn seit

Giovanni Trapattoni (»Offensiv, offensiv ist wie machen in Platz.«) zu verzapfen. Alles, sogar ein »Äh, ich weiß jetzt gar nicht, was ich sagen wollte«, ist besser, als eine billige Kopie abzuliefern. Wer weiß, was er will – eine Verabredung mit dieser einen Frau –, dem fällt etwas ein, bei dem Frauen nicht gleich »dann lieber nichts zu Weihnachten!« denken. Was es aber unbedingt zu vermeiden gilt, sind die zehn Sprüche, die laut der Zeitschrift *Men's Health* auf Frauen eine ähnliche Wirkung haben wie die Aussicht auf einen Abend mit Stefan Effenberg.

Die zehn unerträglichsten Anmachsprüche

1. Ruf mich an, ich stehe im Telefonbuch unter »H« wie »Hengst«.
2. Dein Vater muss ein Dieb sein, dass er die Sterne vom Himmel stahl und sie dir in die Augen legte.
3. Ich bin vom ADAC und heute Abend würde ich dich gerne abschleppen.
4. Na, du auch hier?
5. Ich habe meine Telefonnummer verloren. Gibst du mir deine?
6. Kenn ich dich nicht irgendwoher?
7. Ich dachte, Engel hätten Flügel!
8. Hast du eine Zigarette? Meine sind noch im Automaten.
9. Deine Augen sind so tief wie ein Gebirgssee.
10. Ich habe im Lexikon ein Bild von dir gesehen. Unter »wunderschön«.

Braucht eine Verabredung eine spezielle Vorbereitung?

Sollte es sich beim Frager um einen männlichen Bonobo handeln, könnte der Tipp, den Ben Stiller in »Verrückt nach Mary« bei seiner ersten Verabredung mit seiner Angebeteten anwendet, nützlich sein. Jedenfalls, um auffälliges Verhalten in der Öffentlichkeit zu vermeiden: Er masturbiert vorher. Ein anderer Rat lautet, mal eben an den Klamotten zu riechen, ob man sie noch einen weiteren Abend tragen kann, ohne dass im Restaurant Atemmasken an die Gäste verteilt werden müssten. Allerdings ist auf den eigenen Geruchssinn oft kein Verlass. Besonders auf den männlichen. Nicht, dass der etwa freiwillig ins Exil gegangen wäre, nachdem er ein paar Jahre in inniger Gemeinschaft mit Socken verbracht hat, die strenggenommen als chemischer Kampfstoff geächtet gehören.

Der männliche Geruchssinn ist einfach nicht so ausgeprägt wie der weibliche. Das hat teilweise ärgerliche Konsequenzen. Nicht nur für die Umwelt, sondern auch für den Urheber von Ausdünstungen, die jedem austrainierten Stinktier allergrößten Respekt abnötigen würden. So durfte ein Passagier von British Airways, ein Rechtsanwalt aus dem Rheinland – seinen Rückflug von Hawaii nach Düsseldorf leider nicht antreten, weil er so übel roch. Es lohnt sich also in jedem Fall, täglich zu duschen, die Kleider zu wechseln, sich zu rasieren und sein Eau de Toilette so vorsichtig zu dosieren wie Gerhard Schröder seinen Charme. Immerhin gehören Geruchs- und Geschmackssinn nun mal so eng zusammen wie Klaus Zumwinkel und Liechtenstein und deshalb stört es den Genuss eines Lammfilets oder eines Rieslings empfindlich, wenn darüber eine Wolke von Vetiver jedes Sauerstoffatom im Keim erstickt. Duschen sollte also unbedingt in den Maßnahmenkatalog aufgenommen werden. Ebenso wie frische Kleidung und eine Rasur.

Worüber sollte ein Mann beim ersten Date mit einer Frau sprechen?

Da ist die Auswahl natürlich gigantisch: sportliche Auszeichnungen (»Und dann habe ich mit drei Jahren mein Seepferdchen gemacht, sogar der Bademeister hat damals geweint!«), berufliche Erfolge (»Nicht mehr lange und ich werde den ganzen Laden übernehmen!«) und private Glanzleistungen (»Meine Exfreundinnen schreiben mir heute noch Dankesbriefe!«). Mühelos kann man so einen ganzen Abend, ach was, ein ganzes Leben rumbringen und hat immer noch genug Stoff für mindestens drei weitere: »Habe ich dir eigentlich schon erzählt, dass meine Freunde finden, ich hätte Ähnlichkeit mit Mick Jagger?«

Schade, dass sich die Gelegenheit vermutlich nicht ergeben wird. Frauen reden nämlich auch gern über sich. Manche haben da wie Allison Charney sogar ganz genaue Vorstellungen. Beim ersten Treffen berechnete die Sopranistin die Zeit, bis ihr Gegenüber eine Frage an sie richtete, in der das Wort »du« vorkam. Als sie dann das erste Mal mit Adam Epstein ausging, hatte sie nicht mal genügend Zeit, um auf die Uhr zu schauen. Ein Jahr später waren sie verheiratet. Offenbar wollen nicht alle Männer heiraten, viele möchten sogar viel lieber Single bleiben. Deshalb erzählen sie gleich am ersten Abend ausführlich von ihrer Ex, »dieser Schlampe!«, und weihen uns in die Geheimnisse ihrer Buchhaltung (»Ich bin für getrennte Rechnungen, ich meine, weiß ich, ob du nachher noch mitkommst?«) ein.

Die häufigsten Lügen beim Erstkontakt

Ich bin Single.
Ich ruf dich an.
So verliebt war ich noch nie.
Ich suche eine Frau auf Augenhöhe.
Oh, ich habe mein Geld vergessen.
Du bist etwas ganz Besonderes.
Ich dich auch.
Du bist die Einzige.
Nein, ich bin nicht verheiratet.
Ich mag Kinder.
Mit meiner Frau habe ich seit Jahren nicht geschlafen.
Ich werde meine Frau verlassen.
Treue ist das Wichtigste.
Normalerweise trinke ich nicht so viel.
Schade, dass du so weit weg wohnst.
Du bist einfach zu gut für mich.
Ich muss erst zu mir selbst finden.
Ich geh nur mal mein Auto umparken.
Ich hänge noch zu sehr an meiner Ex.

Wie viel Etikette müssen Männer für ein Essen zu zweit mitbringen?

Genug, um nicht den Eindruck zu erwecken, sie seien an ihrer Begleitung kaum mehr interessiert als an den Reispreisen in Thailand. Deshalb ein paar Basis-Regeln:

- Erst setzt sich die Frau. Nachdem man ihr den Mantel abgenommen hat.
- Das Handy bleibt ausgeschaltet. Außer man ist Hirnchirurg und hat gerade Bereitschaft oder man heißt Kofi Annan.
- Frauen können sehr gut selbst ihr Essen auswählen. Auch ohne hilfreiche Kommentare wie: »Was die hier für einen Salat mit Hähnchenbrust verlangen, davon könnte eine Familie eine ganze Woche lang leben« oder: »Für deinen Thunfisch mussten zwei Delphine sterben. Mindestens!«
- Frauen bestellen zuerst.
- »Viele Menschen sind zu gut erzogen, um mit vollem Mund zu sprechen; aber sie haben keine Bedenken, dies mit leerem Kopf zu tun«, soll Oscar Wilde einmal gesagt haben. Allerdings spricht nichts dagegen, gleichzeitig etwas im Kopf zu haben und seine Umwelt vom Anblick des Arrangements von Lachs in Dillrahm in der männlichen Mundhöhle zu verschonen.
- Die Serviette wird nicht zum Naseputzen missbraucht.
- Das Messer leckt man niemals ab. Egal wie ausgezeichnet die Soße ist.
- Beim Essen stützt man sich nicht mit einem Arm vor dem Teller ab. Es ist statisch durchaus möglich, beide Hände zu benutzen, ohne vom Stuhl zu rutschen oder Gefahr zu laufen, dass der Kopf haltlos in den Teller fällt.
- Beim Gläserauffüllen hat natürlich die Frau den Vortritt.
- Man beginnt mit dem Kellner keine Wein-Fachsimpelei. Entgegen anderslautenden Gerüchten hassen es Frauen, wenn man sie zwingt, an einem Weinseminar teilzunehmen, wo sie doch eigentlich nur einen netten Abend zu zweit verbringen wollten.
- Der größte Fettnapf: Die Gunst der Stunde (»Ich bezahle schließlich!«) dazu zu nutzen, einer Frau zu demonstrieren, wer hier der Platzhirsch ist, und den Service zu behandeln, als wäre er ein Hündchen, das sich weigert, »Sitz« zu machen.

Sollte man sich eine Frau schöntrinken?

Dass es funktioniert, haben britische Psychologen in einem hochprozentigen Test herausgefunden.[59] Aber auch, dass dieser Effekt ganz unabhängig vom Geschlecht ist. Männer also auch andere Männer gleich viel attraktiver finden, wenn sie nur genug getrunken haben, und umgekehrt Frauen Männer viel wohlwollender beurteilen, wenn sie ihr Urteilsvermögen nur ausreichend mit Promille narkotisieren. Das erklärt den vermeintlichen Freixenet-Konsum von Naddel, als sie noch mit Dieter Bohlen zusammen war, soll aber nicht heißen, dass Trinken eine Lösung ist. Mag ja sein, dass man nach zehn Wodka schon beinahe glaubt, mit allen 12 Playboy-Centerfold-Hasen in einem Raum zu sein – aber was nutzt es einem, wenn man nicht mehr ernten kann, was der Alkohol gesät hat?

Muss ein Mann tanzen können?

Ja, Frauen lieben Männer, die tanzen können. Männer, die Taktgefühl haben, Rhythmus, Eleganz und Führungsqualitäten. Männer dagegen halten es immer noch mit Norman Mailer – »Harte Männer tanzen nicht.« Sie schaben höchstens mit den Füßen auf dem Boden wie Ed das Pferd beim Zählen. Sie schütteln den Kopf, als hätten sie noch ihre Mähne von 1978 und nicht bloß ein wenig Resthaar. Sie halten sich an Michael Jacksons »Moonwalk« fest oder klammern sich ans Headbanging wie an den letzten Rettungsring auf der Titanic. Vor allem aber verweigern sie den Tanzkurs, als hätten sie Angst, man würde sie dort zwingen, ihre primären Geschlechtsmerkmale an der Garderobe abzulegen. Möglicherweise liegt es auch daran, dass sie sich nicht gern etwas beibringen lassen und schon gar nicht von anderen

Männern. Daran haben weder »Dirty Dancing« noch »Shall we dance« etwas geändert.

Rühmliche Ausnahmen wie versierte Tango-Anhänger oder ausgereifte Gesellschaftstänzer über 60 bestätigen die Regel, dass Männer fahrlässig eine der besten Gelegenheiten verschmähen, sich ganz unverfänglich näherzukommen und auch mal außerhalb des Bettes und ohne jegliche Verpflichtungen zwei Körper in harmonische Schwingungen zu versetzen. Im Walzer übers Parkett zu schweben, bringt auch das Gehirn in Schwung. Wie eine Studie an der Ruhr-Universität gezeigt hat, fördert regelmäßiges Tanzen gleich mehrere Bereiche im Gehirn, die sonst mit den Jahren verkümmern. Natürlich nehmen wir notgedrungen auch Männer, die nicht tanzen. Schon aus Selbstschutz. Schließlich könnte das Kriterium – »nur einer, der tanzen kann« – angesichts des verbreiteten männlichen Tanz-Unvermögens geradezu zwangsläufig zum Aussterben der Deutschen führen. Sollte da aber mal einer kommen, der richtig gut tanzen kann, dann können wir für nichts mehr garantieren …

Wer zahlt eigentlich im Restaurant?

Der Mann.

Wann stimmt's denn so?

Es sagt mehr über einen Mann, als manchem lieb sein kann: das Trinkgeld. Schließlich handelt es sich bei »diesem über die eigentlich zu bezahlende Summe hinausgehenden Geld, das als Anerkennung für eine freundliche Bedienung oder besondere Dienste gegeben wird«, wie die Gesellschaft für deutsche Sprache das »Trinkgeld« definiert, um eine freiwillige Leistung. Und so offenbart sich gerade deshalb genau hier ganz unfreiwillig manch charakterliches Elend. Mit dem Trinkgeld verhält es sich nämlich wie mit Medizin. Es kommt auf die Dosierung an, ob es giftig oder wohltuend wirkt. Aber welche ist die richtige? Aus der Trinkgeldforschung wissen wir, dass die Höhe des »Tip« keine statische, sondern eine psychologische Größe ist. Erst kürzlich wurde in Holland festgestellt, dass der Extra-Obolus enorm steigt, wenn Kellner die Bestellung der Kunden wörtlich wiederholen. Zu diesem Ergebnis kommt eine Studie von Psychologen der Universität Nijmegen.[60] Hier ließen die Wissenschaftler die eine Hälfte des Personals eines Restaurants die Bestellung der Gäste noch einmal nachsprechen, die Übrigen brauchten bloß etwas Freundliches wie: »Kommt sofort« zu sagen. Die Wiederholer – so zeigte sich – erhielten durchschnittlich fast doppelt so viel Trinkgeld wie ihre Kollegen. Grund: Die Imitation wird als Bestätigung der richtigen Wahl genommen, der Gast fühlt sich geschmeichelt und gibt deshalb mehr. Auch die Zahl der Esser – das zeigte sich in einer amerikanischen Trinkgeldstudie, bestimmt, wie hoch das Trinkgeld ausfällt. Alleinesser sind demnach am großzügigsten, sie geben um die 20 Prozent des Rechnungsbetrags, statt des in den USA als absolutes Minimum empfohlenen Zehntels. Zu zweit ist man dort mit 17 Prozent schon kniebiger. Ab drei Personen sinkt die Gebefreudigkeit noch einmal – und nähert sich also jenem gefährlichen Bereich, in dem man vom Personal als »shitty tipper« oder auch »pain in the ass« bezeichnet wird.

Um solcherlei Dissonanzen zu vermeiden, wäre nichts leichter, als dem Kellner lässig einen knisternden Schein zuzustecken oder bemerkenswerte Münzhäufchen auf dem Tisch zu hinterlassen. Aber wer ist schon so reich? Und wenn, dann gibt er nichts, so die betrübliche Kellner-Erfahrung. Gerade die, die locker 200 Euro pro Nase für ein Essen mit edlen Tropfen ausgeben, lösen den »faustischen Konflikt zwischen Akkumulations- und Genusstrieb«, also Geiz und Hunger, wie Karl Marx das typische Trinkgelddilemma beschrieb,[61] gewöhnlich mit einem Obolus, der eigentlich als Beleidigung strafrechtlich verfolgt werden müsste. Als mitessende Frau kann man sich dagegen leider nicht wie Brad Pitt in »Fight Club« wehren und dem Geizhals heimlich in die Suppe pinkeln. Das würde das Trinkgeld sowieso nicht erhöhen und außerdem ist die Suppe ja meistens schon weg, bevor man nach moralischem Ausgleich dürstet.

Trinkgeld ist also weit mehr als nur eine lässliche Randerscheinung. Es ist ein Psychogramm und damit Ärgernis und Fettnäpfchen zugleich. Oft wird es mit dem längeren Hebel verwechselt, an dem einer gerne ganztägig sitzen würde. Dafür isst er jetzt im Restaurant und erfreut sich weniger an den Speisen als an dem großartigen Gefühl, entscheiden zu dürfen, ob sich der Kellner sein Trinkgeld wirklich »verdient«. Gut, der Service war freundlich, aber das Bier hätte doch schneller auf den Tisch kommen sollen und die Schaumkrone? Da fehlt doch mindestens ein halber Zentimeter bis zur Perfektion! Das gibt Punktabzug – also zwei Euro weniger.

Wer sonst nicht viel Gelegenheit zum Herrschen und Lenken hat, der hält sich eben am Trinkgeld schadlos für diese Schmach. Kein Wunder, wenn die von solcherlei Zuwendung und Zumutungen abhängigen Beschäftigten manchem Gast das Trinkgeld am liebsten Sie-wissen-schon-wohin schieben würden und im amerikanischen Internet gar schon »schwarze Listen«[62] kursieren, in denen üble, aber prominente Trinkgeldsparer wie etwa der Schauspieler Forrest Whittaker von betroffenen Kellnern angeprangert werden (er soll in einem New Yorker Restaurant bloß zwei Prozent gegeben haben).

In Deutschland gibt es diese Form des Outings leider noch nicht. Hier muss eine Frau erst einmal ein ganzes Essen hinter sich bringen, bevor sie erfährt, ob in dem vermeintlich großzügigen Gönner ein ausgeprägter Geizhals steckt. Aber immerhin hat sie noch Gelegenheit genug, wenigstens nach dem Dessert die

Spreu vom Weizen zu trennen, und noch bevor sie einen Mann mit auf einen Kaffee zu sich nach Hause nimmt, zu erfahren, ob er gönnen kann.

Wie man sich täuschen kann – die zehn miesesten Trinkgeldgeber Hollywoods[63]

Bill Cosby – soll bei einer 350-Dollar-Rechnung lediglich drei Dollar Trinkgeld gegeben haben.

Bobby Brown – »Grob zum Service, lässt seine Kinder im Restaurant Amok laufen und gibt schließlich gerade mal zehn Dollar bei einer Rechnung von 250 Dollar«, so das vernichtende Urteil einer Servicekraft.

Sean Penn – soll nicht einen Cent hinterlassen haben, nachdem er mit drei anderen in New Orleans für immerhin 450 Dollar gespeist hatte.

Duane »Dog the Bounty Hunter« Chapman – auch ein heißer Kandidat für Spucke in der Suppe. Er und seine Frau gelten als sehr anspruchsvoll. Und als sehr geizig.

Rupert Everett – genießt den zweifelhaften Ruf von »one of the worst tippers ever«.

David Byrne – der Frontmann der Talking Heads hält offenbar seine Anwesenheit schon für Belohnung genug.
Richard Dreyfuss – hier soll zusammenkommen, was besonders unerträglich ist: Geiz *und* Weinerlichkeit.

Michael Moore – der Kämpfer für die Armen und Entrechteten scheint selbst ein kleiner Ausbeuter zu sein. Indiz: Soll bei einer Rechnung von stolzen 452 Dollar nicht mal fünf Prozent Trinkgeld gegeben haben.

Tiger Woods – soll angeblich grundsätzlich kein Trinkgeld geben, mit der Begründung, dass er niemals Bargeld bei sich habe.

Usher – Kniebigkeit für Fortgeschrittene. Soll nicht nur kein Trinkgeld geben, sondern versucht auch, sich vor der Rechnung zu drücken.

D'Angelo – hat bei einer Rechnung von 250 Dollar gerade mal sieben drauf gelegt – und das, obwohl der R&B-Sänger nebst seiner Entourage vorher durch fortgesetztes Jammern schon einen 50-Prozent-Rabatt auf die Gesamtsumme von 500 Dollar rausgeschlagen hatte.

Müssen Männer die Kraft der Steine kennen?

Männer können alle 54 Trainerstationen von Rudi Gutendorf kennen oder sämtliche Bundesligatabellen seit Gründung der Liga 1963. Aber niemals war in der männlichen Arbeitsplatzbeschreibung davon die Rede, dass ein Mann die unendlichen Weiten der Esoterik bereisen muss. Aus gutem Grund. Mit Männern, die die Kraft der Steine kennen, trinkt man wahrscheinlich Yogi-Tee statt Schampus, isst Rohkost statt Edelfisch und verbringt seine Abende damit, vor Kristallen zu meditieren, statt fröhlich um die Häuser zu ziehen. Außerdem belegt so ein Kraft-der-Steine-Wissen im männlichen Hirn wichtigen Speicherplatz. Erfahrungsgemäß genau die Stellen, die von der Natur eigentlich für »kreatives Vorspiel« und »Sextechniken, die sie verrückt machen« vorgesehen sind. Kurz: Nein, ein Mann sollte auf gar keinen Fall die Kraft der Steine kennen. Das verdirbt nur den Charakter.

Darf man eine Frau nach ihrem Alter fragen?

Eines steht mal fest: Gott kann keine Frau sein. Sonst hätte sie Moses mit einem elften Gebot vom Berg Sinai geschickt: Du sollst eine Frau niemals nach ihrem Alter und auch nicht nach ihrem Gewicht fragen (einzige, wirklich einzige Ausnahme: man ist Anästhesist und braucht diese Angaben zur Dosierung einer Vollnarkose). Nicht etwa, weil wir Alterspanik hätten. Es liegt an den Reaktionen, die jede denkbare Antwort zwischen »Ich bin 30« und »Ich bin 70« so zuverlässig begleiten wie der Lotsenfisch den Hai: Man landet sofort in einer Schublade, in der womöglich schon Florian Silbereisen, das ARD-Programm und Blasentee liegen. Eine Erfahrung, die Jeanne Moreau einmal so beschrieb: »Frauen fürchten nicht das Alter. Sie fürchten nur die Meinung der Männer über alte Frauen.«[64]

Es ist also nur Notwehr, wenn manche Frauen lieber tot über einem Zaun in Mecklenburg-Vorpommern hängen würden, als ihr Alter preiszugeben. Es sagt ja auch nichts über unseren Charakter, unsere Leistungen, unsere Fähigkeit, Kanzler oder Fußballweltmeister zu werden und das beste Risotto der Stadt zu kochen aus. Und würde die Aufmerksamkeit in eine völlig falsche Richtung lenken. Nein, Frauen wollen nicht wie ein Schweineschnitzel nach ihrem Herstellungs- und vermeintlichen Ablaufdatum beurteilt werden.

Sollte ein Mann gleich am Anfang seine Lieblingswitze erzählen?

Immerhin 14 Prozent der Männer legen sich laut einer Forsa-Umfrage[65] für die Verabredung mit einer Frau ein paar gute Witze zurecht. Warum auch erst wochenlang warten, bevor sie in den Genuss von: »Frauen hinter den Herd? *Blödsinn* – wenn die

Schalter doch nun mal vorne sind!« kommt? Frauen lieben Männer mit Humor. Steht ja in beinahe jeder Kontaktanzeige. Und ist Humor nicht sowieso eine männliche Domäne? Dieter Nuhr, Mario Barth, Urban Priol, Eckart von Hirschhausen, Jürgen von der Lippe – Männer haben es einfach besser drauf. Stand kürzlich sogar in der *Brigitte.* Die Begründung: Männer würden sich einfach mehr trauen. Was man schon wegen Elton und Simon nur unterschreiben kann.

Tatsächlich gehört eine Menge Mut dazu, einen Witz wie »Wann sind Frauen am intelligentesten? Beim Geschlechtsverkehr. Da sind sie an einen Großrechner angeschlossen!« zu erzählen. Und es könnte also durchaus von Heldentum zeugen, seinen Lieblingswitz gleich am Anfang zum Besten zu geben. Vorausgesetzt, man kennt die Risiken und Nebenwirkungen. Und nicht nur, weil Witze ganz schön entlarvend sein können. Am Ende erzählt die Frau auch ihren Favoriten: »Was hat man, wenn man drei Männer bis zum Hals in Sand eingegraben hat? Zu wenig Sand.« Und schon hat man den Salat: Kastrationsängste, die leicht in einer tiefen Abneigung zur Witzeerzählerin münden.

In einer Studie, veröffentlicht in der Wissenschaftszeitschrift *Evolution and Human Behavior*[66], gaben mehr als die Hälfte der befragten Männer an, sie wollten lieber nicht mit einer Frau zusammen sein, die sich auf geistreiche Witze versteht. Die Wissenschaftler schlossen daraus, dass sich Männer von Frauen, die selbst Witze machen, bedroht fühlen. Der Kalauer als Eisbrecher ist also nur Männern zu empfehlen, die sich selbst nicht zu ernst nehmen. Die sind sowieso die amüsantesten – und können deshalb leicht aufs Witzeerzählen verzichten.

Wie sagt man einer Frau, dass sie nicht die Richtige ist?

So viel vorneweg: Auch die Falschen haben Gefühle. Und mit denen muss man beinahe sorgsamer umgehen als mit den Gefühlen der Richtigen. Letztere dürfen sich ja sowieso hoch geschätzt fühlen. Ersteren muss man wenigstens das zarte Pflänzchen Selbstliebe retten. Allein wegen der Karmapunkte (siehe oben) und weil man sich ja ungefähr vorstellen kann, wie nachhaltig einem grobe Zurückweisung (»Es ist nichts Persönliches, aber du bist mir einfach zu fett!«) die Seele erschüttert. Außerdem haben auch Falsche ganz sicher Freundinnen, die vielleicht die Richtigen sind oder wenigstens wissen könnten, wo gerade eine günstige Wohnung frei wird. Deshalb wartet man mit seiner Gefühlstrendmeldung besser nicht so lange, bis sich die Falsche in der trügerischen Sicherheit wiegt, sie wäre die Goldrichtige, und schon überlegt, wen sie zur Hochzeit einlädt. Eine Ablehnung im Schnellverfahren ist aber auch nicht zu empfehlen. Männer, denen ein Blick durch das Restaurantfenster genügt, um zu entscheiden, dass sie sich das Essen mit ihrer Internetbekanntschaft lieber sparen und grußlos verschwinden, gehören ganz oben auf die Liste der Menschen, für die sich selbst Gott schämt.

Nein, man tritt freundlich in Kontakt und unterlässt alles, was irgendwie auf Gefühlsüberschwang schließen lassen könnte – auch die Frage: »Zu dir oder zu mir?« Außer man hat vorher gesagt: »Du bist eine tolle Frau – aber ich bin nicht in dich verliebt!« Dann kann man seine Frage auch umformulieren: »Darf ich mit zu dir gehen, mir meine Ohrfeige abholen?«

Wann ist die beste Gelegenheit für den ersten Sex?

Am besten gleich. O. k., nicht im Restaurant, jedenfalls nicht, wenn es ein gutes ist und man dort gern wieder essen gehen würde. Aber sofort nach der ersten Verabredung. Das – so wird in Umfragen gern behauptet – ist es doch, was Männer wollen: die Dame ihres Herzens möglichst rasch zur Materialprüfung auf die Matratze zu bitten. Aber eine Frau gehört aufs Podest und nicht in den Einkaufskorb. Steht sie erst mal dort, ist natürlich alles möglich. Auch, dass es beide wollen. Allein aus Gründen der Zeitersparnis und weil es ziemlich ärgerlich wäre, eine 10 000-Euro-Hochzeit in den Sand gesetzt zu haben, bloß weil man der Meinung war, dass wahre Liebe wartet.

Dagegen scheint es wesentlich effektiver, gleich herauszufinden, ob man auch beim Sex harmoniert, ehe man unnötig weiter in Restaurantbesuche, Kino, Konzerte investiert. Und dann kann man bei dieser Gelegenheit gleich diesen unerträglichen Erwartungsdruck abbauen, der jeder Premiere innewohnt. Andererseits ist Vorfreude die schönste Freude und es zeigt Frauen durchaus, wie ernst es jemand meint, wenn er sich mal ein paar Verabredungen lang gedulden kann. Eine gewisse Trennschärfe zum One-Night-Stand ist nämlich durchaus nützlich. Bei aller Lockerheit – insgeheim fragt man sich natürlich, ob sie entgegen ihrer Beteuerung »Ich mach so was sonst nicht!« nicht bei allen Verabredungen so leicht zu überzeugen war. Und auch bei Frauen wirft so ein Schnellschuss beunruhigende Fragen auf: Will er noch weiterhin etwas von mir, wenn er schon bekommen hat, worauf es ihm anscheinend vor allem ankam? Wie viel gemeinsame Zukunft hat er für uns eingeplant, wenn er sich für die wichtigsten Meilensteine kaum mehr Zeit nimmt als fürs Zähneputzen? Sollte man also an einer etwas langfristigeren Bindung interessiert sein, könnte man sich entspannen und frei nach Andy Warhol (»Manchmal ist es am aufregendsten, es nicht zu tun.«) den ganz besonderen Reiz der Ouvertüre genießen. Falls das nicht überzeugt, sollte ein Mann auf die Beine einer Frau schauen: Sehen sie da ein paar Stoppeln? Dann hat diese Frau entschieden, heute keinen Sex zu haben und sich nicht die Beine rasiert, um nicht schwach zu werden. Aber Männer können ja warten. Ungefähr drei Verabredungen lang. Außer sie halten es mit Prince. Der soll zur Frau seines Herzens gesagt haben: »Darling, ich weiß, es ist lange her, dass du befriedigt worden bist, ich sehe es in deinen Augen, du brauchst es wirklich!« In diesem Fall sollte man ein wenig mehr Wartezeit bis zum ersten Sex einplanen. Etwa so lange wie die Hölle braucht, um zuzufrieren.

Kann man nicht auch mit der Falschen richtig guten Sex haben?

Ja – und ist es nicht wunderbar, dass umgekehrt auch Frauen mit den falschen Männern richtig guten Sex haben können? Allerdings postkoital nicht mit gleichbefriedigenden Ergebnissen. Laut einer Studie der britischen Universität in Durham[67] empfinden Frauen und Männer beim One-Night-Stand ganz unterschiedlich. 80 Prozent der Männer gaben an, danach vor Selbstvertrauen zu strotzen und ein dringendes Bedürfnis zu verspüren. Wohlgemerkt nicht danach, der Frau einen Blumenstrauß zu schicken. Sie wollen unbedingt ihren Freunden davon erzählen, so die Studienleiterin Anne Campbell. Dagegen empfinden nur 54 Prozent der Frauen ein derartiges Abenteuer als befriedigend. Der Rest hat eine Art Sex-Hangover, bereut und hat Angst um seinen guten Ruf. Aber sollte einen Mann das interessieren? Eigentlich nicht. Vorausgesetzt, die Frau, mit der er ins Bett geht, ist bereits volljährig.

Wie reagiert man, wenn man leider zu spät bemerkt, dass das Schlafzimmer der neuen Eroberung von Plüschtieren bevölkert ist?

Man lässt sich alle persönlich vorstellen: »Das ist Mimi, mein Lieblingsteddy. Guck mal, der hat so treue Augen.« Damit gewinnt man Zeit, sich selbst ein Lieblingsplüschtier auszudenken und damit glaubhaft versichern zu können: »Du, da fällt mir gerade ein, dass mein Hase Schuschu – den hab ich noch von meiner Mami – mich bestimmt ganz doll vermisst. Ich muss jetzt heim, ihn zu decken.« Als Chefin des Streichelzoos wird die neue Eroberung Verständnis dafür haben.

Wie hinterlässt ein Mann bei der Sexpremiere den denkbar besten Eindruck?

Eigentlich müsste diese Frage mit dem Warnhinweis versehen sein: Vorsicht, führt Sie direkt in die trostlosesten Erotik-Favelas der Republik. Das größte Sexelend geht nämlich von Männern aus, die sich offenbar genau diese Frage gestellt und die Antworten dann bei »Nasse Katzen im Orgasmusrausch«, »Best Sex: Die 101 schärfsten Stellungen« oder »Multi-Orgasmus-Sex in drei Tagen. Ein Übungsbuch zum Erlernen des Multiplen Orgasmus« (»Fünf Orgasmen in 45 Minuten«) gefunden haben. Manche suchen danach so intensiv nach dem legendären G-Punkt, dass man ihnen am liebsten eine Grubenlampe schenken würde, um die Prozedur zu verkürzen. Andere arbeiten gewissenhaft die »erogenen Zonen der Frau« ab (»Als sehr prickelnd erleben es viele Frauen, wenn die Finger und die Handinnenflächen zärtlich gestreichelt werden.«) und vermitteln einem damit nur ein Gefühl: Teilnehmerin eines Trainee-Programms zu sein, bei dem man sich wünscht, man hätte seine Kleider nicht vorzeitig abgelegt.

Das Durchexerzieren von Positionen, von denen jeder Sportarzt ernsthaft abraten würde, zählt ebenso zu den betrüblichen Folgeerscheinungen der falschen Lektüre wie die irrige Vorstellung, Frauen wären Wasserkocher, bei denen man – um sie zu erhitzen – lediglich ein paar Knöpfe zu drücken braucht. Und wo wir gerade dabei sind: Auch mit Kniekehlenkitzeln oder Ohrpusten bringt man Frauen nicht um den Verstand, sondern treibt sie höchstens in den Wahnsinn. Und bloß keine Eiswürfel im Bett. Es sei denn, man möchte den ersten Sex in ein kleines Quiz umwandeln: »›Der perfekte Liebhaber‹? Ach nein, jetzt weiß ich, du hast es aus ›69 heiße Sex-Tipps‹.« Nicht umsonst rät die britische Autorin Flic Everett ernsthaft davon ab, zu viel Sexratgeber zu lesen: »Genau genommen gibt es nur fünf Positionen, die für angenehmen Sex geeignet sind – alle übrigen sind nur reine Dekorationen und dienen dazu, die Welt einmal aus anderer Perspektive zu sehen.«[68] Überhaupt sollte man den Gedanken, es handele sich beim ersten Sex um ein Event, das so minutiös durchgeplant gehört wie ein Staatsbankett, verabschieden. Es ist beim Sex ziemlich unpraktisch, alles unter Kontrolle zu haben und sich jede Handlung überlegen zu müssen (»Wie war das noch mal? Erst Po kneten, dann Brustwarzen kneifen oder umgekehrt?«). Besser, man verlässt sich einfach darauf, dass man ohnehin aufmerksam, rücksichtsvoll und charmant ist – dann kann sowieso nichts schiefgehen. Nicht mal beim ersten Sex.

Welche Rolle spielt das Unterzeug?

Nicht mal Nostradamus hat so viel Schlimmes gesehen wie Frauen an männlichen Lenden. Laut einer Statistik des Offenbacher Marplan-Instituts[69] wechseln nur zwei Drittel der Männer ihre Unterhose täglich. Ab 54 Jahren ist nur noch jeder zweite Mann bereit, diese Mühen auf sich zu nehmen. Will man nicht nur mit seiner Unterhose – im Durchschnitt hält der Mann seinem Slip sieben Jahre die Treue –, sondern auch mit einer Frau eine Langzeit-Beziehung, empfiehlt es sich, auch um die Lenden die richtigen Weichen zu stellen. Ein Tanga beispielsweise ist dazu nicht in der Lage. Ebenso scheidet alles aus, was vor 1980 hergestellt wurde. Auch vermeintlich witzige Wäsche mit Rennautos, Motorrädern, Sonnenuntergängen oder Hotdogs. Man muss schon Marcus Schenkenberg sein, um mit etwas durchzukommen, das wie eine Geschenkbox aussieht. Das weckt nur falsche Erwartungen. Auf der sicheren Seite ist man mit Boxershorts in neutralem Uni. Und natürlich sagt man nicht: »Die hat mir meine Mami gekauft.« Auch wenn es meistens stimmt.

Ist es o. k. zu fragen, ob sie einen Orgasmus hatte?

Um danach in Tränen auszubrechen? Das Orgasmustagebuch (»Heute wieder volle Punktzahl erreicht.«) fortzuschreiben? Oder zu sagen: »O. k., wir machen jetzt weiter. Ganz egal wie lange es dauert. Du verlässt das Schlafzimmer nicht, bevor du einen hattest!« Wenn eine Frau es wichtig findet, ihren Liebhaber darüber zu informieren, dass da noch was aussteht, wird sie es tun. Wenn nicht, dann bleibt nur die altbewährte Methode, des Einfühlungsvermögens und der Aufmerksamkeit. Sollte eine Frau während des Sex etwa sagen: »Du könntest die Decke ruhig mal wieder neu streichen!«, könnte das ein deutlicher Hinweis auf etwaige Qualitätsmängel beim Sex sein.

Geht es nicht auch mal ohne Kondom?

Diese Frage ist nicht mal der bekloppteste Beitrag zu diesem Thema. Der stammt immer noch von einem – glücklicherweise nur entfernten – Bekannten, der behauptet, er könne einer Frau ansehen, ob sie HIV-positiv ist. »Toll!« sagten meine Freundin und ich in einem Atemzug. »Nur seltsam, dass sie beim Arzt immer noch diese unheimlich komplizierten und teuren Tests machen, wo doch mitten unter uns einer ist, dem ein Blick genügt! Erkennst du auch Hepatitis B, Tripper und Syphilis?« Aids ist längst nicht die einzige sexuell übertragbare Krankheit, für deren Verhütung es sich lohnt, ein Kondom überzuziehen. Und Boris Becker (»Bisher hatte ich in meinem Leben einige Male richtig Glück.«) taugt wahrlich nicht als (noch) lebender Beweis dafür, dass Dummheit einem ganz prima das Präservativ ersetzt. Selbst wenn die neuesten Katastrophenmeldungen zum Thema befürchten lassen, dass dieser lebensgefährliche Trugschluss mittlerweile beinahe ähnlich verbreitet ist wie das Billy-Regal. Um ganze 81 Prozent stiegen die HIV-Erstdiagnosen zwischen 2001 und 2006. Und nur noch 29 Prozent der über 16-Jährigen halten Aids für eine der gefährlichsten Krankheiten. 1987 waren es immerhin noch 65 Prozent. Es geht also auf keinen Fall und niemals ohne.

Die Top Ten der dämlichsten Gründe, kein Kondom zu benutzen

1. Ich sehe einer Frau an, ob sie HIV-positiv ist.
2. Das ist so unspontan.
3. Das ruiniert mir total die Stimmung.
4. Vertraust du mir nicht?

5. Ich will dich ganz pur spüren.
6. Die sind doch sowieso nicht sicher.
7. Das ist ja, als würde man sich die Füße waschen und die Socken dabei anbehalten.
8. Ich bin allergisch gegen Latex.
9. Die sind mir immer zu klein.
10. Ich bin sowieso unfruchtbar.

Wann ist der ideale Zeitpunkt, um anzurufen?

Wenn man eine Verabredung hatte und noch keinen Sex, kann man sich ruhig ein bis zwei Tage Zeit lassen. Wenn man Sex hatte und er gut war und man gedenkt, die Beziehung fortzuführen, meldet man sich am besten gleich am nächsten Tag. Wenn man Sex hatte und er gut war, aber beiden klar ist, dass die Sache nicht für eine Fortsetzung taugt, genügt auch eine nette SMS oder eine E-Mail mit dem Hinweis, dass die Nacht wunderbar war und man sich gelegentlich wieder melden wird (was man dann auch tut). Das gilt auch für den Fall, dass nur einer von beiden an eine Fortsetzung denkt.

Braucht eine moderne Frau einen Beschützer?

Kommt drauf an. Seit es keine Säbelzahntiger mehr gibt und Frauen darauf bestehen, nicht mehr vor den Härten der Arbeitswelt bewahrt werden zu müssen, ist der Weltmarkt, jedenfalls der für den klassischen Beschützer, faktisch zusammengebrochen. Ältere Modelle sind heute nur noch antiquarisch zu haben. Ebenso wie das übliche Beschützer-Zubehör: Bestimmer-

Allüren (»Wer verdient denn hier das Geld?«), Macho-Gehabe (»Haha! Ich kann ja nicht mal ein Spiegelei!«) und Geringschätzung (»Frau am Steuer? Das wird teuer!«). Frauen, die das zu schätzen wissen, müssen teilweise schon aus dem Ausland, etwa aus Thailand oder Osteuropa, importiert werden, oder man fängt sie – wie Lothar Matthäus – noch auf dem Schulhof ein, ehe sie weiterführende Bildungsangebote wie den Besuch einer Universität wahrnehmen können, die unter Umständen zur Beschützer-Ablehnung führen. Daran ändern auch die vermutlich von Beschützer-Restposten schlau ins Spiel gebrachten trojanischen Pferde wie Eva Herman nichts. Obwohl sie sich alle Mühe geben, Frauen den Nutzen eines Beschützers schmackhaft zu machen. Vermutlich aus dem an sich ganz richtigen Gedanken heraus, dass, wer an Diäten glaubt, die einen in einer Woche um fünf Kilo leichter machten, problemlos von der Unentbehrlichkeit eines Mannes zu überzeugen sein müsse, der sich von den täglichen Pflichten mit dem Satz: »Ich beschütze ja schon!« befreit. Das klappt schon deshalb nicht, weil auf der anderen Seite Männer wie Wladimir Putin ordentlich Misstrauen gegenüber jedwede Beschützer-Allüren säen, indem sie ständig Dinge beschützen wollen, die ohne ihren Schutz vermutlich besser dran wären. Der Weltfrieden zum Beispiel.

Dennoch ist das Beschützen nicht gänzlich aus der Mode gekommen. Im Gegenteil. Es ist notwendiger denn je. Man muss sich nur ein wenig umorientieren. Besonders Männer, die anderen Männern »gleich eins auf die Fresse« geben müssen, nur weil die ihre Frauen mal angeschaut haben, sollten ihren Beschützerinstinkten mal ein gründliches Make-over angedeihen lassen. Frauen schätzen es wenig, ständig Anlass zu Schlägereien zu sein. Meistens geht es dabei ja sowieso nur um Angelegenheiten, die sie nicht interessieren. Um Männerehre etwa. Wenn etwas schützenswert ist, dann doch wohl die Gefühle anderer. Allen voran die zarte Frauenseele. Ja, auch eine moderne Frau braucht einen

Beschützer. Einen, der Rücksichten nimmt und ihr Recht auf emotionale Unbeschadetheit als heilige Pflicht betrachtet. Damit wären wir schon voll zufrieden. Sollten irgendwann in dunkler Nacht finstere Gestalten auftauchen und Böses wollen oder etwas sehr Hässliches über primäre weibliche Geschlechtsmerkmale sagen, wäre es natürlich trotzdem schön, der Mann würde sich nicht sofort hinter der nächsten Mülltonne verstecken. Frauen tun das schließlich auch nicht.

Sind Blumensträuße noch erwünscht?

An sich ist so ein Blumenstrauß, sieht man mal von den traurigen Tankstellenexemplaren ab, eine feine Sache. Hätte es nicht in der Vergangenheit so viel erschreckenden Missbrauch gegeben. Es hat dem Strauß unendlich geschadet, dass Männer ihn über Jahrzehnte sozusagen als Breitbandantibiotikum gegen jedwede Versäumnisse in der Beziehung eingesetzt haben. Betrug? Gefühlsrohheit? Fortgesetzte Faulheit im Haushalt? Den Geburtstag vergessen? Wochenlang nicht gesprochen? »Hier hast du Blumen, Schatz! Freust du dich?« Nein, wir haben uns nicht gefreut, schon gar nicht darüber, dass Männer glaubten, allein mit einem Blumenstrauß die Manieren-Ziellinie schon locker überschritten zu haben. Ich kenne sogar Beziehungen, in denen Frauen ein Blumenstrauß-Embargo für die eigenen vier Wände ausgesprochen haben, um ihren Männern diesen floralen Notausgang zu versperren.

Wie sehr die deutschen Frauen von dieser an sich harmlosen Freundlichkeitsgeste verschreckt sind, belegt eine Umfrage der Frauenzeitschrift *Freundin*. Demnach fürchten viele Frauen den Strauß sogar. Sie glauben, dass der Mann damit eine Beichte einleite. Sofort denken sie: »Er ist ein Heiratsschwindler!« oder: »Er hat was mit seiner Sekretärin!« Auch als Wiedergutmachung taugt der Blumenstrauß nicht. 81 Prozent aller befragten Frauen ziehen da – zu Recht – eine Entschuldigung dem Gebinde vor. Gerade beim Blumenstrauß ist also noch eine Menge Pionierarbeit zu leisten. Aber eine, die sich lohnt. Frauen können ja sehr, sehr dankbar sein. Vor allem für das Bemühen, den Blumenstrauß frei von Schadstoffen wie einem schlechten Gewissen zu halten.

Sollte man die genaue Zahl seiner Exfrauen verraten?

Kommt drauf an, worauf man aus ist. Will man als Deutscher Rammler punkten, also das potenteste Kaninchen im Hasenstall sein, dann darf man wie Hugh Hefner getrost schon mal »2000« behaupten. Da wissen Frauen doch gleich, worauf sie sich einlassen würden und wann es Zeit ist, sich zu verabschieden. Natürlich noch bevor man zu einer weiteren Kerbe im Bettpfosten verkommt. Will man eine Frau länger um sich haben, als sie braucht, um »verpiss dich« zu sagen, sollte man für die Zahl seiner Verflossenen nicht eigens eine Pressekonferenz anberaumen. Es genügt, die ernsthaften Beziehungen zu erwähnen und dabei die intimen Details (»Also sie kam immer sofort, wenn ich ihr ins Ohr gepustet habe.«) auszusparen. Oft braucht man als Frau aber erst gar nicht zu fragen, weil sich in der Männerwohnung ausreichend Hinweise auf etwaige Exfrauen finden. Fotos, Klamotten, Postkarten, Plüschtiere. Manche Männerbleibe sieht noch fünf Jahre nach der Trennung wie ein Sabine-Museum oder ein Charlotte-Schrein aus. Meist zwar eher aus Bequemlichkeit (»Soll ich etwa nach jeder Beziehung aufräumen? Da hätte ich ja viel zu tun!«), aber das mindert die kränkende Wirkung kaum. Deshalb: Hinter jeder Ex erst mal Ordnung schaffen. Wir stellen unsere Beziehungssouvenirs ja auch nicht öffentlich aus. Außer in dringenden Fällen. Wenn einer sich so gar nicht von seinem Exfrau-Altar trennen will. Dann darf er sich auch nicht darüber beschweren, wenn sein Vorgänger Günter nackt und hübsch gerahmt auf dem Fernseher steht.

Zu ihr oder zu mir?

Bevor man sich diese Frage beantwortet, sollte man wissen, wie entlarvend eine Wohnung sein kann. So entlarvend, dass manche vielversprechende Kontaktanbahnung schon im Ansatz scheiterte. Etwa weil der Mann daheim als Sitzgelegenheiten einen Fernsehsessel und einen Stuhl für den Campingtisch hatte, an dem er aß. Deutlicher kann man nicht demonstrieren, dass vielleicht im Bett, aber sicher nicht im Leben eines solchen Mannes Platz ist für eine Frau. Pizzareste, Schmutzwäsche, staubige Regale, klebrige Nasszellen und eine veritable Bierdosenverschlusssammlung – »mein Hobby« – sind im Frauenkosmos Synonyme für »Putzhilfe gesucht«. Dann vielleicht doch besser zu ihr. Das verschafft einem wenigstens die Gelegenheit, die Wohnung für das nächste Mal einer Grundreinigung zu unterziehen. Frühstück kann man natürlich trotzdem machen. Auch in fremden Küchen. Kleiner Tipp: Die Milch wird gewöhnlich im Kühlschrank aufbewahrt.

Wie mache ich einen Heiratsantrag?

Dafür gibt es mindestens so viele Anleitungen wie Rezepte gegen Schluckauf. Meistens spielt dabei die Romantik die Hauptrolle. Schließlich muss heute niemand mehr heiraten. Und weil die Pflicht entfällt, hat die Kür enorm viel Spielraum zur freien Entfaltung süßer Ideen dazugewonnen. Zu viel, wie Männer finden, denen allein die Vorstellung, sie sollten sich nun etwas ausdenken, das man mindestens bis zur Goldenen Hochzeit erzählen kann, Schweißperlen auf die Stirn treibt. Mit einem: »Männer tun so was nicht« oder: »Mir fällt einfach nichts ein« kann man sich da heutzutage nicht mehr so leicht aus der Affäre ziehen. Männer können nämlich so romantisch sein, dass dagegen selbst Rosamunde Pilcher nüchtern wie ein Taschenrechner wirkt. Antonio Banderas zum Beispiel fiel während einer Fernsehshow auf die Knie und hielt vor Millionen Zuschauern um die Hand von Melanie Griffith an. Tom Cruise fragte Katie Holmes auf dem Eiffelturm und Bruce Willis entlockte Demi Moore das Jawort mit einer süßen List. Beim ersten Mal, einen Monat nach ihrer ersten Begegnung, lachte Demi ihn nämlich nur aus. Zwei Monate später versuchte er es von neuem. Bei einem Boxkampf vor dem Fernseher flüsterte er seiner Angebeteten ins Ohr: »Ein Anruf genügt, und wir sind vor Mitternacht verheiratet.« Um 23.30 Uhr kam ein Priester in die Hotelsuite in Las Vegas. Eine Viertelstunde später waren sie Mann und Frau.

Gut, Bruce und Demi sind nicht mehr zusammen. Aber sicher hätte ein schnöder Antrag die Beziehung noch mehr verkürzt. Außerdem sind die beiden noch eng befreundet. Womit wir beim eigentlichen Nutzen eines romantischen Heiratsantrags wären: Man sammelt sozusagen Bonusmeilen, von denen man lebenslang zehren kann. Mit so einem emotionalen Upgrade im Rücken verlieren Frauen auf der Langstrecke mit einem Mann längst nicht so schnell die Nerven. Sie sagen sich dann: »O. k., eigentlich müsste ich jetzt die Scheidung einreichen, weil er immer noch nicht gelernt hat, dass die Handtücher nicht von allein in den Schrank wandern. Aber ich weiß ja, dass er eigentlich ein sehr aufmerksamer Mann ist. Er hat es schon mal bewiesen.«

Es ist also höchste Zeit, endlich mal mit dem dauernden Gejammer über die viel zu anspruchsvollen Frauen aufzuhören.

Entgegen anderslautenden Vermutungen wurden romantische Heiratsanträge nämlich eigentlich für Männer erfunden. Manche scheinen das auch verstanden zu haben. So wie der 29-Jährige aus dem niederbayerischen Plattling. Er hatte an der Isar 50 leuchtende Papierballons aufsteigen lassen, um seiner 27-jährigen Freundin einen Heiratsantrag zu machen. Dafür hatte er sich sogar vom Luftfahrtbundesamt eine Unbedenklichkeitsbescheinigung ausstellen lassen. Dass er damit in die Zeitung kam, verdankt er mehreren besorgten Bürgern, die bei der Polizei anriefen, weil sie unbekannte Flugobjekte entdeckt haben wollten. Gleich waren ein paar Ordnungshüter vor Ort, die dem Paar viel Glück wünschten. Natürlich hatte die Frau »Ja« gesagt. Das hätte jede getan. Selbst wenn nicht alle dann tatsächlich vor den Traualtar treten wollen. Sie möchten wenigstens gefragt werden. Und zwar richtig. Also auf Knien. Und: Es ist der Mann, der kniet, nicht die Frau.

Braucht ein Mann ein Hobby?

Es wäre schön, er hätte eines. Frauen finden es nämlich durchaus entspannend, wenn der Mann nicht ständig bespielt werden muss, sondern auch mal etwas alleine und/oder mit seinen Freunden macht. Vorausgesetzt, er arbeitet nicht hart daran, die größte Pornosammlung Westeuropas aufzubauen, oder belegt die ganze Wohnung mit den Exponaten seiner Sammelleidenschaft (»Wieso, ich finde Schaufensterpuppen sehr dekorativ. Ja, sogar im Schlafzimmer …«). Auch lebensgefährliche Leidenschaften wie das Halten von Giftschlangen oder Gleitschirmfliegen zählen eher zu den beziehungsunverträglichen Aktivitäten. Kino, Theater, Lesen wären natürlich schön. Sind aber nicht zwingend. Fußball hat auch Vorzüge: kaum andere Frauen und dann bringen die meisten Fans ja eine gewisse Leidensfähigkeit mit, die im Zusammenleben nur von Vorteil sein kann. Zum Beispiel, wenn man einem Mann untersagen muss, in Borussia-Bettwäsche zu schlafen.

Ein Hobby zeigt Frauen, dass ein Mann sich begeistern kann und dass nicht immer nur sie diese Begeisterung entfachen müssen. Was auf Dauer ziemlich viel Arbeit macht. Nur der oft sehr, sehr schmale Grat zwischen »Hobby« und »Besessenheit« sollte tunlichst nicht überschritten werden. Wie man das eine vom anderen unterscheidet? Nimmt ein Mann sich mehr Zeit für sein Hobby als für seine Frau oder nutzt er es, um sich vor der Hausarbeit zu drücken (»Ich habe da gerade einen sehr interessanten neuen Bierdeckel reinbekommen!«) oder das gemeinsame Geld zu verschleudern (»Das ist kein Schrotthaufen. Das ist eine Kapitalanlage. Du wirst mir noch mal dankbar sein!«), sind Toleranzgrenzen deutlich überschritten.

Muss ein Mann eifersüchtig sein?

Eifersucht? Das ist für Männer an sich *überhaupt* kein Problem. Eifersucht setzt ja die Befürchtung voraus, dass ein anderer für eine Frau interessanter sein könnte. Ein Gedanke, den Männer gewöhnlich an der Ego-Garderobe ablegen. Gleich neben anderen Zweifeln wie: »Ich glaube, ich kann doch nicht so gut Auto fahren« und: »Möglicherweise bin ich nicht der beste Liebhaber aller Zeiten.« So die offizielle Version. Deren Überzeugungskraft leidet allerdings an den regelmäßigen Nachrichten über Männer, die nach der Devise »Wenn ich sie nicht haben kann, soll sie keiner kriegen« ihre Frauen töten. Das ist nicht Liebe, das ist Größenwahn und offenbart nebenbei ein ausgeprägtes Dosierungsproblem. Eines, das weniger überbordenden Gefühlen, sondern gekränkter Eitelkeit geschuldet ist. Oder, wie es Max Frisch formuliert: der Angst vor dem Vergleich. Über die könnte man sprechen, würden Männer Schmerz, Verzweiflung und Verlustangst nicht mit ähnlicher Diskretion behandeln wie Gerhard Schröder sein Salär bei Gazprom. Statt zu reden, werden stillschweigend Indizien gesammelt, ein gigantisches Gebäude aus Vermutungen, Verdächtigungen und vermeintlichen Gewissheiten errichtet, das am Ende nicht mal von einem Erdbeben der Stärke 10 erschüttert werden kann. Von Argumenten wie: »Wir sind wirklich bloß Kollegen« ganz zu schweigen.

Hilfreich wäre es, Männer würden vorab schon einmal Laut geben, etwa sagen: »Mich stört es, dass du mit deinem Ex um die Häuser ziehst.« Natürlich ohne Ergänzungen wie »Schlampe!« und nicht in einer Lautstärke, dass noch die Anwohner im nächsten Stadtteil erfahren: »Aha, das Ehepaar Müller steckt knietief in einer Krise!«

Es ist ja nichts Ehrenrühriges, eifersüchtig zu sein, und schon gar nicht, es zuzugeben. Im Gegenteil. Eifersucht hat nicht nur zerstörerische, sondern – in Maßen – durchaus auch belebende Komponenten. Zum Beispiel als Kompliment. Mit Eifersucht zeigt man einer Frau, dass man ihr zutraut, noch anderweitig Begehrlichkeiten zu wecken. Dass man sie für eine echte Trophäe hält und die Liebe nicht mit einem Knebelvertrag verwechselt, sondern als etwas erkennt, das man sich ständig neu erobern muss. Ein Mann, der nicht mal vom Fernseher aufblickt, wenn man nach fünf Stunden in Bestlaune und mit einem Knutschfleck nach Hause kommt, signalisiert dagegen lediglich austrainierte Gleichgültigkeit. Ganz ohne Eifersucht geht es nicht. Vorausgesetzt, sie bewegt sich im normalen Bereich, kommt also ohne Privatdetektive, Hausarrest, Abhörgeräte oder Tascheninspektionen aus.

Sind Lügen erlaubt?

Für den guten Zweck: jederzeit. Wir tun es ja auch. Große Teile des männlichen Egos sind allein auf grundfalsche Behauptungen wie: »Keiner ist so gut wie du!«, »An deinem Hinterkopf sind wirklich noch alle Haare dort, wo sie 1978 schon waren.« oder »Nein, ich verdiene nicht mehr als du!« gebaut. Da ist es nicht nur fair, sondern auch höflich, sich zu revanchieren. Mit allen Halbwahrheiten, Schwindeleien, Beschönigungen, Lobhudeleien, die einem einfallen. Wie gesagt, für den guten Zweck. Der besteht im Wesentlichen darin, einer Frau nach Kräften zu beteuern, dass sie die wunderbarste ist, und auf keinen Fall zu sagen: »Es ist nicht das Kleid, das dich fett macht. Es ist das Fett.« Aufrichtigkeit wäre da völlig deplatziert. Die ein- bis zweihundert Mal, die ein Mensch täglich lügt, werden von Männern noch viel zu selten für diesen guten Zweck gebraucht. Statt uns in ein strahlendes Licht zu rücken, verschwenden sie große Teile ihrer Lügenration darauf, ihr eigenes Selbstwertgefühl zu päppeln. Dann sagen sie: »Ohne mich wäre die Firma schon längst den Bach runtergegangen« oder: »Klar kenne ich den Weg.«

Die Lügen-Pole-Position aber hält eine unerfreuliche Mischung aus Bequemlichkeit und Konfliktscheu – die »Ich ruf dich an«-Lüge[70]. Das ist natürlich nicht das, was Frauen unter einer gedeihlichen Lügenzusammenarbeit verstehen. Und so riskiert ein Mann, dass dem ganzen schönen Lügenaustausch die Geschäftsgrundlage entzogen wird und wir in Zukunft sagen müssen: »Am Hinterkopf ähnelst du sehr Telly Savalas – und ehrlich, ich hatte schon bessere Liebhaber.«

Kann ein Mann auch zwei Frauen lieben?

Ginge es nach einer Studie der Biologin Virpi Lummaa von der britischen University of Sheffield,[71] sollten die Folgekosten für Polygamie – also zwei Schminkspiegel, zwei Schuhschränke, zwei Friseurtermine im Monat – sogar von der Krankenkasse übernommen werden. Lummaa hatte die Lebensumstände von Männern aus 189 Nationen untersucht, die mindestens 60 Jahre alt wurden. Die Männer aus polygamen Gesellschaften lebten demnach im Schnitt zwölf Prozent länger als solche aus monogamen. Als Ursache vermutet die Forscherin, dass Männer mit mehreren Frauen mehr auf sich achten, um noch lange für spätgezeugte Kinder sorgen zu können. Eine andere Erklärung liefert der US-Anthropologe Chris Wilson. Er glaubt, dass mehrere Frauen einfach besser den erhöhten Pflegeaufwand des alternden Mannes abfedern.[72] Das erklärt, weshalb Hugh Hefner gleich einen ganzen Harem in seinem Anwesen beherbergt, aber noch nicht, weshalb Frauen als Sozialarbeiterinnen, Krankenschwestern, Altenpflegerinnen tätig werden und sich dafür auch noch einen Mann teilen sollten. Es könnte also argumentativ etwas eng werden, will man einer Frau nahebringen, dass man noch eine weitere braucht. Außer für Skat fällt uns nämlich kein Grund ein, der eine Dreierkonstellation zwingend notwendig macht. Dafür wissen wir nur sehr gut, dass ein ganzer Mann sich dadurch auszeichnet, uns nicht solche Halbheiten des Herzens zumuten zu wollen. Oder um es mit Balzac zu sagen: Es ist ebenso absurd zu behaupten, ein Mann könne nicht ständig dieselbe Frau lieben, wie zu behaupten, ein Geiger brauche mehrere Geigen, um ein Musikstück zu spielen.

Wie macht man nach einer langen Beziehung Schluss?

Männer brauchen ja eigentlich nicht Schluss zu machen. Das überlassen sie wie Bettenbeziehen oder Sockensortieren am liebsten den Frauen. Sind sie es doch in der überwiegenden Mehrheit, die hierzulande die Scheidungen einreichen. Der Mann darf sich dann zurücklehnen und sich leidtun. Wen interessiert es jetzt noch, ob seine Frau ihm drei Jahre lang in den Ohren gelegen hat, sollte er weiterhin ständig Affären haben oder seine Freizeit vor dem Fernseher verbringen, wäre jetzt aber bald mal wirklich Schluss? Wichtig ist – das sagte schon ein anderer großer deutscher Aussitzer –, was hinten bei rauskommt. Und hinten, also beim Schluss, sagen Männer *immer*: »Die Trennung hat mich eiskalt erwischt« oder: »Warum hat sie nichts gesagt?« oder: »Wenn ich gewusst hätte, wie unglücklich sie ist, hätte ich längst etwas geändert«, und müssen sehr bedauert werden.

Manchmal lässt sich das Schlussmachen aber trotz aller Vermeidungsbemühungen nicht an die Frau delegieren. Vor allem, wenn man eine andere hat, die eine Entscheidung herbeidrängelt. In diesem Fall helfen SMS und E-Mail. Da ist man einfach nicht da, um sich all die Beschimpfungen, Drohungen anzuhören. So wie der Freund einer Freundin, der eine achtjährige Beziehung mit der Kurznachricht »Habe seit drei Jahren eine Affäre und mich nun für sie entschieden« beendete. Mag sein, dass man damit seiner Exekution entgeht. Und wer will sich schon die Auszeichnung »größtes Arschloch aller Zeiten!« persönlich abholen? Dass in muslimischen Ländern sogar die Scheidung per SMS möglich ist, spricht allerdings nicht für die Methode, sondern belegt lediglich, dass Männer, haben sie die Gelegenheit, sogar Feigheit institutionalisieren würden. Deswegen halten Frauen einen Mann, der ihnen direkt mitteilt, weshalb es nicht weitergeht mit der Liebe, mittlerweile schon beinahe für anständig und sagen: »Wenigstens war er ehrlich.«

Dabei könnte das formvollendete Schlussmachen eine weit größere Herausforderung sein als jede jener Großtaten, von denen Männer irrtümlich glauben, sich damit als echter Kerl zu qualifizieren. Ein Mann, der mit Mitgefühl, Sorgsamkeit vorgeht, der weiß, dass er gerade mit Springerstiefeln auf der weiblichen Seele unterwegs ist, hat nämlich weit mehr geleistet, als einen Bären mit bloßen Händen zu erwürgen oder an einem Gummiseil von einer Brücke zu springen. Das alles ist Kinderkram gegen die Aufgabe, einem liebenswerten Menschen einen Rest Selbstbewusstsein, Würde und die Gewissheit zu lassen, dass er es wert ist, mit Anstand behandelt zu werden. Das ist natürlich nichts für Hasenherzen, Schattenparker, Warmduscher. Die können das Schlussmachen getrost weiterhin den Frauen oder ihrem Handy überlassen und stattdessen versuchen, einen Bären zu erwürgen. Wir wünschen ihnen dabei von Herzen einen Grizzly mit Nahkampfausbildung.

Die Nationen mit den miesesten Schlussmachern

Die London School of Economics untersuchte in Zusammenarbeit mit der Mobilfunkfirma The Carphone Warehouse, in welchen Ländern am häufigsten per SMS Schluss gemacht wird. Befragt wurden 5000 Handybesitzer in Spanien, Schweden, Frankreich, Deutschland und Großbritannien.[73] Das Ergebnis:

1. Frankreich (30 Prozent)
2. Großbritannien (sechs Prozent)
3. Spanien (fünf Prozent)
4. Deutschland (vier Prozent)
5. Schweden (drei Prozent)

Von Pavianmännchen, Swingerclubs, Pornos und noch mehr Sex

Sex und Manieren, das verträgt sich so gut wie Oskar Lafontaine und Angela Merkel. Denken Männer. Und dass man fürs Bett gelegentlich zwar sehr gut ein paar Hilfsmittel gebrauchen kann – Dessous, Pornos, Gleitcreme, das Beate-Uhse-Überraschungspaket –, aber ganz bestimmt nichts von dem, was Knigge so im Kopf hatte. Sex geht schließlich ganz einfach. So einfach, dass 75 Prozent der Männer, denen auf einem amerikanischen Universitäts-Campus von einer Frau die Frage gestellt wurde: »Würdest du heute Abend mit mir schlafen?«, schlicht mit »Ja!« antworteten. Allerdings reagierte keine einzige Frau auf dieselbe Frage von einem Mann gestellt so positiv. Womit wir schon beim eigentlichen Dilemma wären: Dass zum Sex meistens zwei Menschen gehören und die Vorstellungen darüber, was es braucht, damit er gut ist und vielleicht sogar nach Wiederholung drängt, offenbar reichlich auseinandergehen. Gut, manchmal ist es leicht. Man geht einfach in eine Bar, gibt einer Frau ein paar Drinks aus, nimmt sie entweder mit nach Hause oder konsumiert sie gleich vor Ort, also auf der Toilette, in der Telefonzelle oder im Auto. Manchmal kann man sich sogar die Drinks sparen – glaubt man dem Rapper Bushido, der sagt, dass Frauen nach seinen Konzerten zu ihm kommen und einfach nur fragen: »Na, Bushido, willst du mich ficken?« Auf 700 Mal Sex habe er es so gebracht. Die daran Beteiligten nennt er »Schlampen«. »Solche Frauen kann ich nicht mit Respekt behandeln.«[74] Da Bushido seinerseits auch nur »ficken« wollte, hat er nach seinen eigenen Maßstäben ebenfalls wohl keinen Respekt verdient. Außerdem: 700 Mal nur reinraus schafft jedes Pavianmännchen. Und braucht dazu vorher nicht erst noch ein Konzert zu geben.

Will man etwas anderes als Primaten-Sex und das mit Frauen, deren Eroberung etwas aufwendiger ist als die Jagd auf eine tote Ente, sollte man etwas können, das Männer wie Bushido offenbar nicht zu ihrem Repertoire zählen: denken. Womit auch? Dabei ist Kopfarbeit eine Schlüsselqualifikation für guten Sex. Wer auch nur ein bisschen seinen Grips anstrengt, hat zumindest eine Ahnung davon, dass Menschen und ihre Gefühle gerade dann besonderen Schutz brauchen, wenn sie nackt sind. Und damit meine ich nicht ein Heiratsversprechen oder Versicherungen wie: »Ich könnte sogar ein Schweinekotelett zum Orgasmus bringen.« Es ist vielmehr die Gewissheit, sich auch dann noch auf Augenhöhe mit einem Mann zu befinden, wenn man auf allen vieren vor ihm kniet. Dass man nach einem One-Night-Stand noch ein Mensch ist und nicht bloß eine weitere »Nummer«; dass ein Mann sehr wohl weiß, dass Frauen nicht dazu da sind, damit er »Druck ablassen« kann oder im Swingerclub ein bisschen Eintritt spart, wenn er eine mitbringt. Dass ein Mann Frauen wunderbar findet. Und dass er niemals, wirklich niemals von »Reste-Ficken« spricht, wenn er mit einer gleichaltrigen Frau im Bett war. Ganz freiwillig und ohne dass man ihm damit drohen müsste, die nächsten 40 Jahre nur noch mit einem Pfund Hackfleisch kopulieren zu dürfen.

Stellungsbücher und Penis-Samba, Technik oder Penislängenvergleiche sind dagegen so nebensächlich wie das Muster der Schlafzimmertapeten. Es kommt auf ganz anderes an. Auch Michael Mary, Paarberater und Autor des Bestsellers »5 Lügen die Liebe betreffend«, meint, dass Technik allein keine Leidenschaft erzeuge. Und wer glaube, er müsse sich nur an die Tipps aus solchen Ratgebern halten, werde damit garantiert auf die Nase fallen.[75] Und sie führen an den eigentlichen Mangelerscheinungen beim Sex vorbei. Das sind nicht etwas unkorrekt ausgeführte Positionen oder dass man eine Frau eine ganze Nacht lang wach halten kann und sei es nur dadurch, dass man sie öfter wendet als ein Spanferkel auf dem Rost. Was zählt, sind Aufmerksamkeit und Einfühlungsvermögen, Respekt und – ja – Manieren. Leider findet sich davon ausgerechnet zwischen den Laken herzlich wenig. Vielmehr sind dort angefangen bei fortgeschrittener Egomanie (»Also ich bin gekommen!«) über Grobheit (»Du könntest auch mal wieder abnehmen.«), Ignoranz (»Stell dich doch nicht so an, *alle* Frauen finden anal toll.«) bis hin zu Verantwortungslosigkeit (»Ich passe schon auf.«) so ziemlich alle Aggregatzustände schlechten Betragens vertreten.

Dabei braucht es eigentlich wenig, um eine für beide höchst befriedigende Antwort auf die Frage »How to be good?« zu finden. Nehmen wir beispielsweise Casanova. Er hat es nicht wegen eines XXL-Penis bis an die Spitze des Liebhaber-Olymps geschafft. Es liegt an seiner Haltung Frauen gegenüber. Er hebt sie als anbetungswürdige Schönheiten in den Himmel, ist dankbar, ehrfürchtig und hingerissen von dem, was sie ihm schenken. Trotz aller Erfolge übt er sich in Bescheidenheit: »Ich bin kein typischer Verführer. Verführt habe ich immer nur unbewusst, wenn ich selber verführt wurde.«[76] Casanova teilt großzügig seine Erfolge wie seine Leidenschaft und gibt damit vielleicht die ultimative Antwort auf die Frage, was guter Sex eigentlich ist: Der braucht – auch und gerade wenn man gar nicht mehr voneinander will, als eben nur das – Sicherheiten, Verantwortungsbewusstsein, Höflichkeit. Das Gefühl, dass man in diesem Moment für den anderen der aufregendste Mensch unter Gottes Sonne ist und auch dann noch eine hochanbetungswürdige und ziemlich kluge Person bleibt, wenn man die Wirkung genießt, die man als reines Sexobjekt erzielt. Nicht einmal spricht Casanova in seinen Erinnerungen übrigens abwertend, überheblich oder zynisch von seinen Eroberungen. In dem Wissen, dass, wer seine Liebschaften im Nachhinein abwertet, nur seine eigene Nichtigkeit vergrößert.

Schlussendlich ist guter Sex etwas ganz anderes als die Arbeit von Synapsen oder eine Alternative zum Joggen. Er dauert viel, viel länger als der eigentliche Akt. Und er setzt einiges mehr voraus als nur die Fähigkeit, einer Frau auch im Dunkeln mit den Zähnen den BH öffnen zu können oder eine Erektion so lange zu halten, dass man mit ihr Ostern *und* Weihnachten feiern kann. Begeisterung, Ehrfurcht, Leidenschaft, Hingerissenheit und Bescheidenheit zum Beispiel. Echte Mangelware in Deutschland. Glaubt man einer Umfrage der Online-Community wayn.com, an der 10 000 Frauen aus 50 Ländern teilnahmen, ist es hierzulande sogar fast leichter, einen Gratis-Parkplatz am Frankfurter Flughafen als einen guten Liebhaber zu finden.[77] Demnach sollen die Deutschen die schlechtesten Liebhaber der Welt sein. Begründung: Sie seien während des Sex zu sehr auf ihr eigenes Wohl fixiert und ignorierten die Wünsche der Partnerin. Auf Platz zwei landeten übrigens die Schweden (zu schnell), auf Platz drei die Holländer (zu grob), gefolgt von den Amerikanern (zu dominant). Am besten schnitten die Italiener und die Franzosen ab. Bei durchschnittlich vier Wochen Urlaub pro Jahr wäre es praktisch, wir müssten nicht all unsere Ferien bloß wegen des Sex im benachbarten Ausland verbringen. Zumal man ja nicht Sex auf Vorrat haben kann und auch hierzulande wunderbare Entdeckungen im eigenen Bett machen könnte – mit Männern, die Manieren haben.

Darf man einer Frau vorschlagen, gemeinsam einen Porno zu schauen?

Selbstverständlich. Auch Frauen schauen gern und in Großaufnahme zu. Allerdings verhält es sich mit Pornos ähnlich wie mit Männern: Sie müssen schon ein paar Qualitätsstandards erfüllen, bevor wir ihnen das Prädikat »geil« verleihen. Nicht weil Frauen »intelligente Storys« brauchen, bevor man ihnen einen steifen Schwanz in Aktion zumutet. Eine fatale Fehlinformation, der wir gähnend langweilige, sogenannte »Erotikfilme« verdanken, in denen der Sex so verschämt versteckt ist, dass dagegen noch ein Ultraschallbild aus der vierten Schwangerschaftswoche als deutlich durchgeht. Nein, Frauen mögen gänzlich unverblümte Akte, bei denen man alles, einfach *alles* erkennt, und zwar sofort und nicht erst nachdem man eine Viertelstunde lang gesucht hat, um die 0,5 Sekunden zu finden, in denen man einen Blick auf ein kopulierendes Paar erhaschen kann.

Das sagt mittlerweile sogar die Wissenschaft. Genauer gesagt, der Hirnforscher Stephan Hamann und seine Kollegen von der Emory University in Atlanta.[78] Sie haben in Studien festgestellt, anderen beim Sex zuzuschauen erregt Frauen mindestens so stark wie Männer. Seitdem haben wir auch ganz offiziell die Lizenz zum Pornogucken. Theoretisch. Praktisch haben sich laut Umfragen zwar schon fast die Hälfte aller Frauen mal einen angeschaut, Tendenz steigend. Doch was sie im P. O. P. im »plain old porn« zu sehen bekamen, gefiel nur einer Minderheit. Aus gutem Grund. Wie vor etwa 25 000 Jahren, als der Porno mit Zeichnungen von Vaginen an Höhlenwänden seinen Anfang nahm, sind 99 Prozent der Sexfilme vor allem zur Männerunterhaltung da. Und so sehen sie auch aus – wie ein Männersexphantasienwunderland. Bevölkert von Frauen, die als Zeichen höchster Ekstase manikürte Füße in billigen Plateauschuhen in die Luft strecken und die nichts dagegen haben, wenn man ihre Klitoris wie eine

Kartoffelreibe behandelt. Ständig wird ihnen auf den Po geklopft, als wären sie Pferde auf den letzten 100 Metern bis zur Zielgeraden. Und was ihre Brüste mitmachen, kann nur ermessen, wer schon mal eine Mammographie hatte.

Männer dagegen haben im Pornokosmos praktisch ständig eine Erektion. Einfach so. Nie erfährt man, wie es genau dazu gekommen ist. Haben sie die vom Einkaufen mitgebracht? Kommt sie beim Zähneputzen? Genügt die Anwesenheit einer Frau im Umkreis von 20 Kilometern? Rätselhaft auch die Begeisterung, mit der die weibliche Hauptdarstellerin danach giert, das Prachtstück in den Mund zu nehmen. Fast so, als würden bei Pornodarstellerinnen die erogenen Zonen sehr weit hinter den Mandeln liegen. Oder muss das leichte Würgen beim Oralsex sein, um die ganzen beeindruckenden Dimensionen des Penis zur Geltung zu bringen? Wäre es nicht praktischer und auch netter, der Mann nähme dazu einfach ein Zentimetermaß statt einer Frau? Albern auch, wie Männer im Porno grundsätzlich auswärts auf Frauen ejakulieren. Am liebsten ins Gesicht. Als wäre das gut für die Haut oder als müsste man etwaige Zweifel ausräumen, ob Männer tatsächlich Sperma und nicht etwa Cola abspritzen.

Kein Wunder, dass man als Frau beim Pornogucken an alles Mögliche, bloß nicht an das denkt, wozu er doch eigentlich da sein soll: »Mann, wie geil!«. Vermutlich ist auch das der Grund, weshalb laut einer Studie von der Northern State University, USA, viele Frauen von Schwulenpornos angeregt werden.[79] Weil dort keine Frauen vorkommen, die sich von Penissen ohrfeigen lassen müssen, weil die Männer hübscher sind und mehr Leidenschaft im Spiel ist. Das schränkt die Auswahl schon mal etwas ein. Auf Pornos, in denen attraktive Menschen echten Sex und echte oder wenigstens gut vorgetäuschte Höhepunkte aus nachvollziehbaren Gründen haben.

Kleiner Tipp: Der Independent-Regisseur Lars von Trier und seine dänische Firma Puzzy Power haben sich des vielversprechenden Entwicklungsgebiets »Pornos für Frauen« angenommen und sich dafür auch ein paar Regeln auferlegt. Zum Beispiel: keine männlichen Gewaltphantasien. Und es wird aus weiblicher Perspektive gefilmt, es werden weibliche Sexphantasien in das umgewandelt, was man mittlerweile in Fachkreisen »HeartCore« oder »ArtCore« nennt. So gesehen gibt es durchaus Möglichkeiten, den Abend mit »Ich hab uns einen Porno mitgebracht!« einzuläuten. Natürlich erst, wenn die Kinder im Bett sind.

Ist Sex in der Flugzeugtoilette noch zeitgemäß?

Diese Männerphantasie stammt aus Zeiten, als Flugzeugtoiletten noch nicht so klein waren wie ein Computertomograph. Als draußen noch nicht panische Fluggäste fürchteten, der sehr lange Aufenthalt auf dem WC könne ein sicheres Zeichen dafür sein, dass drinnen gerade eine Bombe aus Nagellackentferner und Haarfestiger angerührt wird. Und als es noch keine Sky-Sheriffs gab, die eigens dafür ausgebildet sind, Türen einzutreten und Männer mit heruntergelassenen Hosen mal eben auf den Boden zu werfen und ihren Kopf in den Flugzeugteppich zu drücken. Bei diesen Aussichten dürfte es das Schwierigste an »Sex in der Flugzeugtoilette« sein, eine passende Frau dafür zu finden. Zumal man ja heutzutage kaum noch einen Lipgloss durch die Kontrolle bringt. Von den Reinigungsmitteln, die in einschlägigen Ratgebern empfohlen werden (»Wischen Sie den Sitz am besten mit Sagrotan ab.«), ganz zu schweigen.

Man kann es natürlich mit Alkohol versuchen, so wie ein 44-jähriger Brite, der seine 27-jährige Verlobte auf einem British-Airways-Flug von London nach Jamaika erst ordentlich betankt hatte, bevor sie sich in die Flugzeugtoilette zwängten. Die folgenden Streitigkeiten zwischen dem Kabinenpersonal und dem Paar nötigten den Kapitän zu einer Zwischenlandung auf den Bermudas, wo die beiden dann von 15 Polizisten in Handschellen abgeführt wurden. Neben dem ganzen Ärger gab es dann noch von einem britischen Gericht ein Jahr Gefängnis für ihn und drei Monate auf Bewährung für sie. Fällig wurden außerdem 4500 Euro Geldstrafe. Eine Summe, die dem Honorar entsprach, die das Paar für seine Geschichte von einer Boulevardzeitung erhalten hatte.

Manche Phantasien bleiben eben am besten Phantasien. Es sei denn, man möchte einmal von Kampfjets flankiert sein Urlaubsziel erreichen, wie es einem anderen Paar auf einem Flug von American Airlines passierte. Oder man hat ein eigenes Flugzeug, so wie der Gründer des legendären Mile-High-Clubs, der Vereinigung der Männer, die es schon über den Wolken getan haben wollen. Angeblich soll Lawrence Sperry den Autopilot, die automatische Steuerung, nur deshalb erfunden haben, um die Hände für sein zweitwichtigstes Hobby frei zu haben. Lange konnte er es nicht genießen. Als junger Fluglehrer überlebte er zwar einen Absturz mit seiner Flugschülerin Mrs Waldo Polk. Beide wurden ohne Kleider geborgen und ins Krankenhaus gebracht. Als er dann beim zweiten Absturz über dem Ärmelkanal mit nur 31 Jahren starb, war er allein. Deshalb verpasste er nur knapp eine weitere Auszeichnung: die Darwin Awards. Sie werden jedes Jahr an jene (Reste von) Individuen verliehen, »die alles gegeben haben, unseren Genpool zu verbessern« – nämlich ihr Leben. Das hätte beinahe ein weiterer Mile-High-Club-Anwärter geschafft. Jener, der 1994 beischlafbedingt den Crash eines Kleinflugzeuges in Florida verursachte. Die beiden halbnackten Leichen der beiden Insassen wurden auf dem zum Bett umfunktionierten Sitz des Copiloten gefunden. Am besten also, man stattet das heimische Bad mit Seifenspender, Papiertüchern und elektrischer Absaugung aus und lädt vor dem Verkehr eine Horde Stehpinkler zum Essen ein. Nur damit das WC für den Vollzug auch im authentischen Zustand ist.

Wie fragt man eine Frau, ob sie mit in den Swingerclub geht?

Wie sagt man: »Tut mir leid, Liebling, ich langweile mich mit dir. Ich brauche einfach Sex mit anderen Frauen. Jetzt heul doch nicht gleich. Du darfst dich ja auch amüsieren. Beim Sex mit anderen Männern. Ich bin da gar nicht eifersüchtig. Im Gegenteil. Ich guck gern zu. Haben wir doch beide was davon. Du wirst merken, da wirst du dich total dran gewöhnen. Eigentlich kannst du froh sein. Und nicht nur, weil ich für dich quasi therapeutisch tätig werde. Frauen sind ja immer so verklemmt und es tut ihnen nur gut, wenn man ihnen mal die Gelegenheit gibt, sich auszuleben. Es ist doch so: Andere nehmen sich einfach heimlich eine Geliebte. Jünger natürlich. Ich will das nicht. Ich will Sex mit anderen *und* deinen Segen.«? Gar nicht so einfach, das mal eben zwischen Abendbrot und Tagesschau loszuwerden. Da muss man ganz fest an die Kostenersparnis denken. Einzelne Männer zahlen in manchen Swingerclubs nämlich bis zu fünf Mal so viel Eintritt wie Paare. Und da ist es praktisch, seine eigene Frau quasi als Rabattmärkchen dabeizuhaben.

Mal ganz abgesehen von den schwer beleidigenden Aspekten eines solchen Vorschlags, bleibt dazu noch anzumerken:

1. Dass der Reiz des Fremdgehens gerade darin liegt, dass man sich seinen Partner dafür ganz allein aussucht und es eben nicht unter Aufsicht tut.
2. Dass Frauen keine Lizenz dafür von ihren Männern brauchen.
3. Dass sich die überwiegend meisten Frauen den Rausch der Sinne nicht wie die Jahreshauptversammlung eines Schrebergartenvereins vorstellen, in dem alle G-String und Tanga tragen.
4. Dass es *nicht* anregend ist, den eigenen Mann beim Bespaßen

einer anderen zu beobachten. Auch dann nicht, wenn es einem gnädig gestattet wurde, selbst bespaßt zu werden.

5. Dass auch ein Freigetränk und eine Gratisportion Nudelsalat nichts an den Punkten 1 bis 4 ändern.

Ist das »Nein« einer Frau möglicherweise auch als »Vielleicht« zu verstehen?

Es wird ja immer noch gern behauptet, dass die vier kleinen Buchstaben von »Nein« genügend Interpretationsspielraum lassen, um ein Fußballspiel darin austragen zu können. Wenn sie von Frauen ausgesprochen werden. Dass die nicht ganz bei Trost sind, wenn es um Entscheidungsfragen geht, merkt ein Mann ja schon unschwer beim Schuhkauf (»Die Braunen? Ach, lieber die Schwarzen? Kann ich noch mal die Roten sehen?«). Und deshalb muss uns jemand sagen, was wir meinen. Nämlich eigentlich »Ja«. Vorausgesetzt, es geht um Sex. Antworten Frauen »Nein« auf die Frage, ob man ihnen helfen oder ein warmes Essen zubereiten darf, legt der männliche Deutungsdrang gern mal eine Pause ein. Dabei ist gerade beim Sex »Ja« zu glauben, wenn »Nein« gesagt wird, ein nicht nur lächerlicher, sondern auch gefährlicher Blödsinn. Deshalb hier noch mal zum Mitschreiben: Wenn eine Frau »Nein« sagt, meint sie »Nein« – oder allenfalls noch »Niemals. Auf keinen Fall. Unter keinen Umständen.«

Wie sorgt man für erotische Atmosphäre?

»Schaffen Sie sinnliche Stimmungen!« Ein kategorischer Imperativ, der sich durch ziemlich alle Sexratgeber zieht. Begleitet von Kerzen, Seidentüchern, Champagner, Aromaölen. Das alles hat in männlichen Sexphantasien gewöhnlich so viel Platz wie Damenbärte oder Pferdeposter. Dennoch haben diese Tipps ihre Berechtigung. Es geht weniger darum, alles bis ins Detail auszuführen, sich einen halben Tag freizunehmen, weil es so lange braucht, die Accessoires zu besorgen, ein Schlafzimmer zu beduften, 40 Teelichter anzuzünden und sich – natürlich frisch gebadet – nackt auf Rosenblättern zu drapieren. Es geht vor allem um die Signalwirkung, die von diesen Vorleistungen ausgeht: Sie zeigen einer Frau, dass ein Mann sich für sie Zeit nimmt, bereit ist, seine Bequemlichkeit aufzugeben, sich auf ihre Bedürfnisse einzulassen. Auch und gerade, wenn sich ihm der tiefere Sinn verschließt (»Wieso Kerzen? Wir haben doch Strom!«). Und wenn ihr beim Anblick eines Champagnerkübels nur einfällt: »Schon wieder? Heute läuft doch ›Pushing Daisies‹«, dann ist das auch in Ordnung. Schließlich heißt es »erotische Atmosphäre« und nicht »Dienstleistungsvertrag«.

Darf ein Mann eine höhere Sexfrequenz einfordern?

Warum nicht gleich »Leidenschaft« verordnen und: »Ein Orgasmus, aber pronto!« Wie ein Mann 1957. Er hatte seine Frau für das Scheitern seiner Ehe verantwortlich gemacht, weil sie keine Lust beim Vollzug empfand, und bekam dafür vom Bundesgerichtshof noch den Segen. Die Begründung des Gerichts: Die Ehe fordere von der Frau eine Gewährung ehelicher Opferbereitschaft und verbiete es, Gleichgültigkeit zur Schau zu tragen.

Heute muss man nach Mecklenburg-Vorpommern ziehen, um mehr Sex als der Rest der Republik zu haben. Laut einer Studie[80] ist die Beischlaffrequenz dort nämlich am höchsten. Man könnte natürlich auch den Mann beneiden, dessen Frau ihm zu seinem vierzigsten Geburtstag ein Jahr lang täglich Sex schenkte. Sie wollte wohl mal erleben, wie sich auf seiner Stirn Angstschweiß bilde oder den Satz hören: »Also ehrlich Liebling, könnten wir heute nicht mal etwas anderes machen?« Manchmal wollen Männer nur deshalb so oft, weil sie darauf bauen, dass Frauen sich zwischendurch auch anderweitig ganz gut beschäftigen können und sie also nicht den Beweis antreten müssen. Bis Frauen diese Art der männlichen Egopflege durchschaut haben und ihrerseits sagen: »Also ich könnte schon wieder!« Meist pendelt sich die Sexfrequenz dann auf ein für beide befriedigendes Maß ein. Beziehungsweise sie könnte es, würden Männer einmal weniger zielorientiert vorgehen. Meint: Es ist extrem nervig, wenn jede Berührung gleich zweckgebunden als Ouvertüre zum Sex missverstanden wird. Frei nach Max Merkel: »Was vorher ist, kann auch sehr schön sein, aber es ist nur Händchenhalten. Der Ball muss rein.« Manchmal ist es schön, wenn der Ball nicht zwingend rein muss. Die Erhöhung der Umarmungsfrequenz würde – so paradox es klingt – deshalb auch die Sexfrequenz erhöhen. Geradezu ausufernd hoch könnte sie werden, würde man dem einen Drittel aller Frauen, die laut einer Gewis-Umfrage nie einen Orgasmus beim Sex mit dem Partner haben, deutlich machen können, was es eigentlich ist, das dabei Spaß machen soll. Dann wären es die Männer, die ein wenig Atempause dringend nötig hätten. Es käme zu größeren Ausfallerscheinungen in der Arbeitswelt und die Sexualberatungsstellen würden in Kindertagesstätten umgewandelt.

Falls die Frau allerdings zu den zwei Dritteln gehört, denen man nicht erst plausibel machen muss, wozu Sex eigentlich gut ist, könnten etwaige Unstimmigkeiten über die Häufigkeit durch eine verblüffend einfache Strategie behoben werden: reden. Laut einer Umfrage glauben Männer, die Frauen hätten keine Lust mehr. Die Mehrheit der Frauen dagegen denkt, der Mann wolle nicht. Da wäre es praktisch, ein paar Worte zu wechseln. Und dabei ein paar Komplimente einzustreuen. Fast jede vierte Frau hat nämlich schon einmal auf Sex verzichtet, weil sie ihren Körper nicht attraktiv genug fand.[81] Sollte das alles nicht zu den gewünschten Ergebnissen führen, könnte man sich ein neues TV-Gerät kaufen. Rund die Hälfte der britischen Männer jedenfalls wären bereit, ein halbes Jahr ganz auf Sex zu verzichten, wenn sie stattdessen einen 50-Zoll-Fernseher bekommen würden.

Sollte man schon mal ein Latexhöschen getragen haben, um als unverklemmt zu gelten?

Nein, um als unverklemmt zu gelten, kann man natürlich auch nackt zur Arbeit kommen, dem Chef mal eben beherzt in den Schritt fassen oder sich in der U-Bahn paaren. Gelegenheiten, ein paar Schamgrenzen gründlich zu überschreiten, gibt es schließlich mehr als genug. Fragen Sie nur Tatjana Gsell oder Kader Loth. Aber wieso will man eigentlich unbedingt als »unverklemmt« gelten? Und wem gegenüber ist man da nachweispflichtig? Gibt es da draußen vielleicht eine Verklemmtheits-Jury, die das Gütesiegel »unverklemmt« erst dann vergibt, wenn man mindestens drei Pornos flüssig nacherzählen und einen »Cumshot« szenisch nachstellen kann? Und wäre es dann nicht sowieso nur wieder total verklemmt, das zu tun, was andere von einem erwarten? Gänzlich unverklemmt wäre es deshalb eigentlich, entschieden keine Latexhosen zu tragen. Oder es doch zu tun und einfach niemandem davon zu erzählen.

Kann man einer Frau einen Quickie antragen?

Aber natürlich. Entgegen anderslautenden Gerüchten müssen Frauen nicht jedes Mal stundenlang bekuschelt werden. Frauen kennen sehr gut den Unterschied zwischen Sex und einem Streichelzoo. Und sie mögen durchaus den Sex zwischen Tür und Angel. Den, für den man ausnahmsweise einmal nicht das Equipment eines Tourneetheaters und oft nicht mal ein ordentliches Bett benötigt. Den, den man nur hat, wenn man sich vertraut, bestens kennt und also auch weiß, dass nach der Kurzstrecke auch mal wieder ein Langstreckenflug kommen wird. Irgendwann, wenn die Kinder groß sind.

Wie lange sollte der Sex dauern?

Für die private Statistik? Um zu gucken, wie lange eine Frau die Augen offen halten kann? Immerhin ist laut der Zeitung *Welt* jedem zwanzigsten Mann beim Sex schon mal die Partnerin eingeschlafen. Sex dauert eben so lange wie er dauert und zwei Menschen Lust dabei empfinden. Aber bitte schön – wenn es denn unbedingt ein Mittelwert sein soll: Amerikanische Sexualtherapeuten sind der Meinung, dass der ideale Sex zwischen drei und 13 Minuten dauert.[82] Sie verweisen allerdings darauf, dass das Vorspiel in dieser Berechnung nicht inklusive ist. Das kann ruhig noch einmal so lange dauern.

Und wo wir gerade bei der Choreographie sind: Schön wäre es, ein Mann würde nicht gleich danach zum Fernseher hasten oder sich eine Zigarette anstecken, sondern diesem schönen Moment der Innigkeit wenigstens fünf Minuten lang mit Ruhe huldigen. Ohne dabei einzuschlafen!

Gehören Lebensmittel auf den Sexfahrplan?

Wie in »9 ½ Wochen«? Als Kim Basinger von Mickey Rourke vor dem Kühlschrank vernascht wurde? Sah toll aus. Aber die beiden hatten erstens keine Kinder und zweitens war ihr Kühlschrank sozusagen optimal ausgestattet. Mit kaltem Schweinebraten, Knoblauchbutter, Salami und Scheibletten lassen sich vermutlich nicht mal annähernd dieselben Ergebnisse erzielen. Also muss man etwas tun, das Männer gemeinhin nicht zum Vorspiel zählen: einen Supermarkt aufsuchen. Anstatt Nährwert oder Ökobilanz (»Der Flugzeugtransport eines Kilos Erdbeeren von Südafrika nach München verursacht den Ausstoß von rund zwölf Kilo Kohlendioxid!«) hat einen dabei nur eines zu interessieren: ist es cremig und taugt also zum Abschlecken oder ist es phallisch und damit wie geschaffen zum Eindringen?

Daneben gilt es noch ein paar Lebensmittelunverträglichkeiten zu beachten. Zum Beispiel, dass man wegen der hohen Infektionsgefahr auch Zucchini nur mit Kondom benutzen sollte und Honig, Speiseeis, Schokolade, Sahne usw. nur eingeschränkt, also außerhalb der Scheide zu empfehlen sind. Die Scheidenflora mag nichts Süßes.

Ist der Vorrat angelegt, könnte es munter losgehen. Aber da ergeben sich schon die nächsten Schwierigkeiten. Zum Beispiel das Verfallsdatum. Manche Frauen haben zwar kein Problem damit, mit Männern Sex zu haben, die das ihre schon eine Weile überschritten haben, könnten sich aber doch ein wenig anstellen, will man Früchte in das Liebesspiel integrieren, die schon kleine Schimmelmützchen tragen. Auch die Applikation von Cremigem gestaltet sich im Praxistest als wenig anregend. Nutella mit einem Spachtel aufzutragen, verwandelt einen Mann nicht in ein Sexobjekt, sondern in eine Kalorienbombe. Und da überlegt man sich als Frau schon, ob die 150 Kalorien, die pro Beischlaf verbrannt werden, in einem vernünftigen Verhältnis zu den 1500 stehen, die man dabei zu sich nehmen soll. Gut, man könnte es auch mit dem »Chocolate Body Painting« versuchen, einem Lebensmittel, das eigens für den Sex gedacht ist und mit einem kleinen Pinsel aufgetragen wird. Man kann hübsche Sachen zeichnen und die Schokolade so dosieren, dass man keinen Zuckerschock bekommt. Damit erhält das Liebesspiel auch ein paar künstlerische Höhepunkte. Vorausgesetzt, es stört einen nicht, dass man danach jedes Mal das Bett neu beziehen muss und deshalb ausreichend Vorräte an Gallseife daheim haben sollte.

Aus all diesen Gründen bevorzugen Frauen eine ganz andere Variante von »Sex mit Lebensmitteln«. Und die geht so: Man bringt der Frau je nach Tageszeit entweder frische Brötchen, Kaffee, Orangensaft, ein wachsweich gekochtes Ei oder Lachstoast und Champagner ans Bett und verlässt sich darauf, was eine Studie ergeben hat: Dass Männer, die sich an der Hausarbeit beteiligen, den besseren Sex haben. Auch ohne dafür Zucchini missbrauchen zu müssen.

Sollte man sein Liebesleben mit »Sex an ungewöhnlichen Orten« aufpeppen?

Laut einer britischen Umfrage sind die häufigsten Verletzungen, die Männer beim Sex erleiden:

1. aufgeschürfte Knie
2. gezerrter Rücken
3. verstauchtes Handgelenk
4. verstauchter Knöchel
5. aufgescheuertes Hinterteil
6. Beinverletzungen
7. aufgescheuerte Ellenbogen
8. zerkratzter Rücken
9. Beule am Kopf
10. gebrochene Knochen

Ungefähr 80 Prozent dieser Verletzungen haben sich die Männer vermutlich beim Sex außerhalb des Bettes zugezogen. Was nämlich in der Theorie oder in Filmen wie »Wenn der Postmann zwei Mal klingelt« noch ziemlich sexy wirkt, erweist sich in der Praxis meistens als maßlos überbewertet. Und nicht nur wegen der Verletzungen. Es gibt noch 1000 andere Störfaktoren: Sand in Körperregionen, in denen er nichts zu suchen hat und aus denen er sich nur schwer entfernen lässt (Sex am Strand), Stechmücken, Zecken, Milben (Sex in der Natur), Videoüberwachung (Sex im Kaufhaus), Kreislaufprobleme (Sex in der Sauna), Lebensgefahr (Sex auf dem Hochsitz), Infektionen (Sex im See), Anzeigen (Sex in der Öffentlichkeit). Vermutlich muss man das, wie so vieles, aber erst mal selbst ausprobieren, um reumütig ins Bett zurückzukehren. Das bleibt, laut einer Gewis-Umfrage im Auftrag der Zeitschrift *Freundin*, aus sehr guten Gründen immer noch der verkehrsreichste Ort. Deshalb lautet die Antwort: Ja, Frauen mögen »Sex an ungewöhnlichen Orten«. In Hotels der Drei-Sterne-Kategorie aufwärts, und besonders geil finden sie es, wenn die in Paris, London oder New York stehen.

Ist »Dirty-Talk« zu empfehlen?

Im Prinzip schon. Warum die Dinge nicht beim Namen nennen? Immerhin haben Umfragen ergeben, dass schon 44 Prozent der Deutschen Dirty-Talk nutzen.[83]

Allerdings gibt es Einschränkungen. Gleich zu Anfang eine Frau mit »Ich will, dass du mich jetzt sofort fickst« zu überfallen, könnte schneller für eine unsanfte Landung aus den Höhen der Leidenschaft sorgen, als: »Habe ich dir übrigens schon erzählt, dass meine Mutter auch hier wohnt?«. Schwierig auch, wenn einer in einer Beziehung nicht mal: »Ich liebe dich« über die Lippen bringt, im Bett aber zur Plaudertasche mutiert. Und noch ein Grund, der Vorsicht anraten lässt: das spärliche Dirty-Talk-Vokabular. Wenn man zum zehnten Mal: »Ja, leck mir die Eier wund!« hört, ist das auch nicht viel aufregender als: »Holst du mir noch einen Kaffee?«.

Man braucht schon sehr viel Phantasie und Kreativität, um die Antriebskräfte, die das Dirty-Talking zweifelsfrei besitzt, zu nutzen. Die Erfahrung zeigt allerdings, dass die, die beim Sex gern das Pornoarchiv plündern, eher spärlich damit ausgestattet sind. Vor: »Ich spritz dir jetzt auf die Titten«, sollte man deshalb ein paar Stunden mit Rilke, Tucholsky, Goethe oder Heine (»Ich liebe solche weiße Glieder / Der zarten Seele schlanke Hülle / Wildgroße Augen und die Stirne / Umwogt von schwarzer Lockenfülle!«) verbringen. Das schult das Sprachvermögen und erweitert den Wortschatz auch auf jene poetischen Bereiche, die etwa 99 Prozent aller Frauen ziemlich verführerisch finden.

Darf ein Mann seinem Penis Namen geben?

Gemessen an der Flut der Namen, die so im Internet kursieren, zählt die Penis-Taufe zu einer der beliebtesten männlichen Freizeitbeschäftigungen. Über die Gründe lässt sich nur mutmaßen. Namen wie »Big Jack«, »Anaconda« oder »Keule« liefern durchaus sachdienliche Hinweise. Darauf, dass der Satz, der Wunsch sei der Vater des Gedankens, im männlichen Lendenbereich entstanden sein muss. Womöglich fühlen sich Männer aber auch einsam und brauchen jemanden, mit dem sie einmal auf Du und Du alles durchsprechen können. So wie es Alberto Moravia in seinem Roman »Ich und er« beschreibt, in dem der Held einen fortlaufenden Dialog mit seinem »Cazzo« führt.

Manche Männer benötigen ihr Alter Ego aber vor allem als Verantwortungsträger, nur um später sagen zu können: »Ich war's nicht!« und also mildernde Umstände geltend zu machen. Peinlich, wenn ein erwachsener Mann wie Udo Jürgens mit Sätzen wie: »Die Entscheidung, in den Puff zu gehen, fällt nicht im Kopf, sondern in der Hose«, oder: »Mein kleiner Freund hat ein absolutes Eigenleben« öffentlich eingesteht, sein Lenken und

Denken ein paar Keimdrüsen zu überlassen. Machen die auch die Steuer? Entscheiden sie, wann er zum Friseur geht? Um nicht ganz und gar als von seinem Penis entmündigt dazustehen, gibt man frei nach der Devise »Wehret den Anfängen« seinem Geschlechtsorgan besser keinen Namen. Sonst sitzt der am Ende tatsächlich am Ruder, sorgt dafür, dass man Sex mit Frauen hat, die jünger sind als das älteste Paar Socken, das man besitzt. Eines Tages kommt man heim und »Rammler« oder »Egmont« gibt RTL-Exklusiv gerade ein Interview, während er seine neuen Visitenkarten auspackt und einem mal eben den Termin mitteilt, zu dem er gedenkt die Wohnung ganz zu übernehmen. So zurückgezogen wie Udo Jürgens in den letzten Jahren lebt, scheint ihm genau das passiert zu sein.

Zählt die Größe?

Natürlich. Und zwar enorm. Vor allem bei Männern. Ihr ganzes Leben ist ein einziger Größenvergleich. Entsprechend wird in keinem Bereich so viel gelogen, übertrieben, in keinem kursieren so viele Mythen, werden so viel Hasenpfoten und Socken zweckentfremdet. Wie wichtig Größe ist, zeigt sich schon an den kleinen Unterschieden zwischen den Antworten von Männern bei Fragen nach der Länge. So ergab eine Online-Umfrage von *Men's Health* und Durex[84] unter 1375 Männern, dass die Durchschnittslänge in erigiertem Zustand bei 16,1 Zentimetern liegt. Nachgemessen aber kommen nur 14,48 Zentimeter zusammen. Das jedenfalls ist das Ergebnis einer Studie der Uni Essen.[85] Dazwischen liegt die nackte Angst, nicht zu genügen. Und deshalb wird aufgerundet, entstehen Witze wie: »Wieso können Frauen nicht einparken? Weil ihnen Männer zehn Zentimeter für 20 vormachen.« Mit Erfolg übrigens. Die meisten Frauen schätzen den Penis ihres Partners größer ein, als er ist. Die Mehrzahl kommt dabei sogar auf ganze 18 Zentimeter.[86] Wer sein Ego allein auf solchen Fehlinformationen aufbaut, der muss fürchten, dass wie im Märchen von des Kaisers neuen Kleidern eines Tages jemand kommt, der die Wahrheit spricht und sagt: »Aber eigentlich sind es nur 13 Zentimeter. Höchstens!«

Dabei könnten Männer sich entspannen. Immerhin sind 85 Prozent aller Frauen mit der Größe des besten Stücks ihres Partners durchaus zufrieden. Wäre nur nett, Männer würden sich für diesen Liebesdienst revanchieren und ihrerseits ein paar Kilo zu viel und die Falten um die Augen ebenso großmütig ignorieren wie Frauen die fehlenden Zentimeter zwischen Sein und Schein. Kurz: Wegen uns brauchen Männer nicht so ein Theater zu machen. Es sei denn, es handelt sich wirklich um eine winzige Kleinigkeit irgendwo zwischen Barbies Lippenstift und Kens Taschenlampe, also kürzer als 2,5 Zentimeter. Ärzte nennen das einen »Mikropenis«, die größenbesessenen Männer würden »Albtraum« dazu sagen. Aber denen fehlt naturgemäß auch der Abstand. Aus diesem Grund sollten Frauen ihre Vibratoren besser selbst kaufen. Nach einer Studie wählen Männer nämlich immer eine kleinere Variante, als es Frauen tun würden. Aber das nur nebenbei. Schlussendlich noch die Antwort: Ja, die Größe zählt auf jeden Fall. Und zwar die des Intellekts, der Bildung, des Charmes. Einen Mann, der nichts im Kopf hat, rettet auch ein veritabler Penis nicht vor dem, was offenbar am meisten ängstigt: Lächerlichkeit.

Sollte ein Blowjob nicht unbedingt immer dazugehören?

Ja, klar. Und sollte die Frau da etwas begriffsstutzig sein, drückt man ihren Kopf einfach in die richtige Position, damit sie ihren Arbeitsauftrag direkt vor Augen hat. Sex lebt ja praktisch von solchen Gefälligkeiten. Und diese ist besonders gefragt. Laut einer

Umfrage der Association for Research gehört der Blowjob da ganz oben auf die Liste der beliebtesten sexuellen Aktivitäten bei heterosexuellen Männern. Es heißt deshalb »Gefälligkeit«, weil die erogenen Zonen bei Frauen nicht unmittelbar vor den Mandeln und auch nicht am Gaumen sitzen. Deshalb definiert der Sexexperte der Zeitschrift *Jolie* den Blowjob auch ganz richtig als »ein Refugium vor den Anstrengungen der Gleichberechtigung«, also als gelebte Egomanie. »Eine Praktik, bei der es vordergründig allein um unsere Lust geht.« Und für die Frauen »übergroße Dankbarkeit« ernten könnten.[87] »Übergroße Dankbarkeit« funktioniert aber schon im Haushalt nicht und deshalb fügt der Experte noch schlau hinzu, dass es uns der Blowjob »einfach« machen würde, »dabei gut auszusehen«. Weil Frauen immer gut aussehen, wenn sie vor einem Mann in die Hocke gehen? Können wir uns damit in Zukunft teure Faltencremes sparen? Klingt so verführerisch, dass der weibliche Ehrgeiz natürlich sofort geweckt ist und wir unbedingt herausfinden wollen, »wie gut wir dabei sind«. Da hilft eigentlich nur, mal verschiedene Sachen auszuprobieren, und den Mann zur Entscheidung zu zwingen: »Was hat dir besser gefallen, Schatz?«

So sieht es aus, das Männerphantasiewunderland: voller williger Frauen, allzeit bereit den Kopf zu senken und im Mittelteil des Mannes nach Bestätigung dafür zu suchen, dass sie die Besten sind. Hat aber schon bei Jerry Hall nicht funktioniert, die, auf die Frage nach dem Geheimnis ihrer langen Beziehung mit dem notorischen Fremdgänger Mick Jagger gefragt, antwortete, sie habe ihm »täglich einen geblasen«. Die Trennung kam 1999. Das spricht grundsätzlich nicht gegen den Blowjob. Aber entschieden gegen die Haltung, er sei eine Art weibliches Anerkennungshonorar für die allseits beglückende Gesellschaft des Mannes und erfordere deshalb keine Gegenleistung, außer dem erfüllenden Gefühl, ihn vollkommen befriedigt zu haben. Muss nicht Monica Lewinsky genau das verspürt haben, als das beste Stück des damals noch mächtigsten Mannes der Welt ihr Gaumensegel berührte? Klar, fällt auf diese Weise auch ein bisschen Macht auf die Frau ab, etwa so viel, dass man damit eine Kleinstadt bevölkern könnte, würde zum perfekten Vollzug von Oralsex nicht das Schlucken gehören. Frauen bevorzugen aber – ebenso wie Männer – die direkte Belohnung. Auch bei ihnen hält die orale Befriedigung die Poleposition der beliebtesten sexuellen Aktivitäten. Deshalb: Ja zum Blowjob. Aber bitte mit Revanche.

Kann ein Mann seiner Frau Dessous schenken?

An sich birgt diese Idee einen durchaus löblichen Kern. Setzt sie doch voraus, dass ein Mann für seine Frau erstens ein Geschäft betritt und sich zweitens dort eingehend mit ihr, respektive ihrer Konfektionsgröße, beschäftigt. Und sei es nur, indem er der Verkäuferin sachdienliche Hinweise liefert: »Also der Busen ist etwas kleiner als Ihrer und ich glaube, um die Hüften ist sie etwas breiter. Darf ich mal anfassen?« Dass Männer trotzdem regelmäßig mit Unterzeug nach Hause kommen, das entweder etwa drei Nummern zu klein ist oder mindestens zwei zu groß, könnte man noch als männliche Hilflosigkeit, also als »süß!« und irgendwie liebenswert empfinden. Vorausgesetzt, es handelt sich bei dem Mitbringsel um ein wirklich edles, teures Stück, das man gemeinsam schon einmal im Schaufenster bewunderte und locker umtauschen kann. Dagegen wirft ein aus grellrotem Polyester zusammengeschustertes Accessoire aus dem Porno-Fundus, das Löcher an Stellen hat, die den eigentlichen Zweck eines Slips ad absurdum führen und das in der Unterwäscheschublade zwischen all den Baumwoll-Buxen wie ein Alien wirkt, der sich im Sternensystem geirrt hat, lediglich ein paar unerfreuliche Fragen auf. Etwa die, ob man mit so etwas Brandgefährlichem am Leib überhaupt noch die Heizung im Schlafzimmer aufdrehen sollte.

Aus welchen Quellen sich wohl die Inspiration für solche Geschenke speist? Braucht er vielleicht stärkere Reize als die, die ihm seine Frau bietet? Hätte er nicht viel lieber eine andere? Eine, die ihn nach Feierabend statt mit einer warmen Mahlzeit nackt mit einem umgeschnallten Dildo empfängt? Leicht kann sich ein winziges Dessous so zum Spaltpilz einer Beziehung auswachsen. Kurz: Es gibt kaum etwas, das ein an sich manierliches Sexleben schneller in ein Minenfeld verwandelt, als ein kleines Erotik-Dessous. Außer vielleicht ein XXL-Vibrator.

Sollte ein Mann einer Frau sagen, was er im Bett bevorzugt?

Praktisch wäre es ja, man bekäme vorab schon mal schriftlich, wo und wie man sich möglichst gefällig betätigen sollte. Noch bevor man in den völlig falschen Regionen unterwegs ist und Sätze wie: »Äh, also ehrlich gesagt glaube ich, mein Ohrläppchen ist jetzt voll befriedigt!« fallen. Andererseits soll Sex ja spontan sein und aufwendige Betriebsanleitungen (»Ein bisschen weiter links, nein, das war jetzt zu weit. Und wenn es geht, etwas weiter oben. So etwa fünf Millimeter – nein, ich glaube das waren jetzt sieben.«) könnten die Atmosphäre ebenso empfindlich stören wie die penible Aufzählung aller Vorlieben und Abneigungen vorab. (»Am besten wir setzen uns erst mal zehn Minuten, ich muss dir da noch einiges erklären.«)

Geht man mal davon aus, dass Männer und Frauen die wichtigsten erogenen Zonen des anderen Geschlechts kennen, sprechen wir hier ohnehin nur noch vom Feintuning. Und hier ist es wohl am praktikabelsten, was zwei Drittel aller Deutschen ohnehin tun: ihrem Partner mit der Hand zu zeigen, was sie sich im Bett wünschen. Diese Hinweise sind allerdings als Vorschläge und nicht als zwingend durchführbar anzusehen. Wenn eine Frau nicht in der Stimmung ist für einen Blowjob (siehe oben) oder auch Analverkehr nichts abgewinnen kann, dann wird sie das auch mit Handzeichen verdeutlichen. Die hat man zu respektieren und darf sie auf keinen Fall mit: »Ach komm schon, wirst sehen, es macht dir auch Spaß!«, oder: »Deine Vorgängerinnen haben sich da nicht so angestellt« kommentieren. Ist der Frau ein taktiler Volltreffer geglückt, wäre es hilfreich, Gefallen zu äußern. Das muss nicht sehr weitschweifig ausfallen: »Das hast du echt super gemacht. Toll. Also ich bin voll begeistert. Am liebsten würde ich jetzt aufstehen und ein Freudentänzchen vorführen. Aber ich will uns ja nicht unterbrechen. Besonders, wo es gerade so gut läuft. Hatte ich schon erwähnt, wie gut mir gefallen hat, was du da gerade gemacht hast?« Im Bett gibt es da bekanntlich eine Menge nonverbaler, deutlicher und sehr viel anregenderer Ausdrucksformen.

Wie laut darf man beim Orgasmus sein?

Kommt drauf an. Trägt die Frau Ohropax? Sind Kinder im Haus? Lebt man in einer hellhörigen Wohnung? Liebt man auf einem Campingplatz? Schlafen die Eltern nebenan? Dann sollte man seinen Geräuschpegel vielleicht so weit drosseln, dass es nicht zu schwereren Schlafstörungen im Umfeld kommt und man am nächsten Tag keine unangenehmen Fragen (»Hat Papi Auaweh gehabt?« oder: »Ihre Frau nimmt Sie wohl ganz schön ran?«) beantworten muss. Aber auch ein vergleichsweise leises »Ohgottohgottohgott« kann zu unliebsamen Reaktionen führen. Die Frau könnte sich fragen, ob ihrem Liebhaber gerade eingefallen ist, dass er vergessen hat, seine Mutter anzurufen oder das Auto umzuparken, und die ganze Stimmung ist futsch.

Nichts aber tötet die Lust schneller als die Verwendung falscher Frauennamen im Moment höchster Ekstase. »Lisaaa, ich kommeeee!« ist für Alexandra, Marion, Inge ein sicheres Zeichen zum Aufbruch. Dann könnte es auch ohne Orgasmus ganz schön laut werden und man müsste sich ein paar Fragen anhören, auf die man sicher nicht so leicht eine Antwort findet. Dann besser ein bisschen schreien oder sehr laut stöhnen. Passt wenigstens immer und zu jeder Frau.

Ist es o. k., ins Bordell zu gehen?

»Homefucking kills prostitution« war in den achtziger Jahren ein beliebter Spruch. Hat sich aber nicht durchgesetzt. Ganze 88 Prozent, das ermittelte das B.A.T. Freizeit-Forschungsinstitut in Hamburg im Auftrag der Zeitschrift *Brigitte*,[88] waren in ihrem Leben mindestens einmal bei einer Prostituierten. 47 Prozent geben zudem an, einmal im Monat ins Bordell zu gehen. Und die Gewerkschaft ver.di geht davon aus, dass täglich 1,2 Millionen Männer die Dienstleistungen einer Prostituierten in Anspruch nehmen. Natürlich sind das nicht alles Singles. Und nicht alle gehen dorthin, weil ihnen ihre Frauen das Menschenrecht auf einen Blowjob oder Dessous verweigern oder weil sie sich nicht trauen, ihre Gattin zu bitten, mal eben einen Ganzkörperlatexanzug überzuziehen und ihnen nachher Windeln anzulegen. Es ist einfach auch die schöne Leichtigkeit, mit der man dort zum Zuge kommt. Kein aufwendiges Vorspiel, keine langwierigen Sex-Anbahnungen, die sich – je nach Beziehung – manchmal ja über Tage hinziehen können (»Schatz, wir sollten erst mal reden, und ehe du dich nicht für gestern entschuldigt hast, läuft sowieso nichts.«). Man legt das Geld auf den Tisch und schon geht's los. Danach braucht man nicht noch stundenlang zu kuscheln oder zu besprechen, was genau der Mann an der Frau liebt und ob er sie nicht vielleicht doch zu dick findet. Das kommt dem männlichen Pragmatismus entgegen und man könnte es beinahe verstehen. Gäbe es nicht die Alternative, daheim mal anzusprechen, wie es einem – zu Recht – gehörig auf die Nerven geht, wenn Frauen aus etwas einfach Schönem wie Sex manchmal so eine verzwickte Angelegenheit machen.

Zu Hause fehlt allerdings noch etwas, das man im Bordell sehr viel leichter bekommt: die Bestätigung, der großartigste Liebhaber seit Rudolfo Valentino zu sein. Lobhudeleien wie: »Noch nie hat mich ein Mann so befriedigt!«, oder: »Du bist der Beste, den ich je hatte.«, gesagt von einer Prostituierten, die ja nun über Mangel an Erfahrung nicht klagen kann, dies Hochgefühl ist in den überwiegend meisten Ehen vermutlich nicht inbegriffen. Ehefrauen fehlt da einfach die Energie, ihrem Mann gleich drei Orgasmen vorzuspielen. Vermutlich weil sie ihren Mann – trotz allem – dann doch für zu klug halten, um ihn glauben zu machen, dass man mit so wenig so erfolgreich sein kann. Ganz zu schweigen von der Realitätsverleugnung, die es braucht, sich einzubilden, dass eine Frau, die damit ihr Geld verdient, bei anderen Freiern nicht dieselbe Show abliefert.

Ja, es wäre an sich o. k. ins Bordell zu gehen. Gäbe es nicht noch viel unerträglichere Formen der Selbsttäuschung. Die schlimmste überhaupt: sich und anderen einzureden, nicht für Sex bezahlt, sondern eine großherzige Spende geleistet zu haben. »Wo wären die Mädchen denn ohne uns?«, erklärte mir mal ein etwa 50-jähriger Mann aus Deutschland während eines Thailand-Urlaubes. Er war über ein Wochenende mit einer höchstens 16-Jährigen von Bangkok nach Ko Samui gereist. Nachdem er einen ganzen Nachmittag am Strand unsre missbilligenden Blicke auf sich gezogen hatte, wollte er zu später Stunde im einzigen Restaurant weit und breit etwas klarstellen: dass es nicht das war, wonach es für uns aussah. Wir blieben nicht lange mit ihm am Tisch, aber lange genug, um zu verstehen, dass er sich tatsächlich als Gönner fühlte, als Entwicklungshelfer, den die GTZ leider vergessen hatte auf ihre Gehaltsliste zu setzen. Solche heldenhaften Gefühle kann einem die Frau daheim natürlich nur schwerlich vermitteln. Da muss ein Mann seit den 60er Jahren schon etwas mehr bringen, als ein wenig Geld auf den Tisch zu legen, um die Anschaffung eines Huldigungsbalkons im Schlafzimmer zu rechtfertigen.

Vielleicht wollen Männer, die ins Bordell gehen, genau diese Anstrengungen vermeiden? Möglicherweise glauben sie, sie hätten es verdient, wenigstens noch im Bett bedient zu werden, oder sie haben Angst vor dem Satz: »War das alles?« Ganz sicher aber qualifiziert man sich mit all dem als Mann nicht gerade für das Prädikat »wertvoll«. Dennoch ist es in Ordnung, ins Bordell zu gehen. Vorausgesetzt, man tut es mit der hier dringend gebotenen Diskretion. Frei nach Ovid: »Treibt euer Spiel, doch es decke bescheidene Heimlichkeit, was ihr fehltet.« Frauen brauchen auch ein paar Illusionen. Und Männer, die regelmäßig ins Bordell gehen, kommen darin praktisch nicht vor. Tatsächlich gibt es Schlimmeres als einen Bordellbesuch: sich die windelweichen und ziemlich ernüchternden Rechtfertigungen dafür anhören und am Ende vielleicht noch Verständnis aufbringen zu müssen.

Darf man einer Frau die Kleider vom Leib reißen?

Wenn eine Frau gerade ihr kostbarstes Dessous von La Perla trägt und von einer auf die andere Sekunde 300 Euro in Fetzen gehen, dann dokumentiert das zwar Leidenschaft und man könnte argumentieren, dass ein Mann ja nur erntet, was La Perla gesät hat. Aber es fühlt sich für die Trägerin ganz ähnlich an, als hätte man vor den Augen eines 1. FC Bayern-Fans gerade zwei Karten für das Champions-League-Finale seiner Mannschaft gegen Inter Mailand verbrannt. Ist also nicht zu empfehlen. Andererseits ist es etwas schwierig, sich schon bei der Vorspeise unauffällig vorsorglich zu erkundigen: »Könnten Sie mir mal sagen, wie viel die Unterwäsche gekostet hat, die Sie gerade tragen?« Auch dass

Frauen in der Regel die Preisschilder von ihrem Unterzeug entfernen, macht die Sache nicht einfacher. So bleibt nur, die Frau gaaanz vorsichtig aus ihrer Wäsche zu schälen. Es sei denn, sie hat dem Mann gerade den Dolce&Gabbana-Slip zerrissen. Dann darf er sich selbstredend dafür revanchieren.

Gibt es für den Seitensprung einen Knigge?

Am besten ist, ein Mann verkneift es sich, andere zu begehren. Er ignoriert all die Versuchungen in Gestalt interessierter und aufreizender Beischläferinnen, die Aussicht auf schnellen Sex beim Klassentreffen, beim Wochenendseminar und denkt stattdessen an etwas Vernünftiges. Etwa an seine Frau. Da bliebe einem viel erspart. Die Lügen, der logistische Aufwand (»Montags Uschi – oder war es Carmen?«), die Kosten für Hotel, Zweit-Handy und Restaurantbesuche in entlegenen Lokalen, bei denen man nichts trinken darf, weil man mindestens 100 Kilometer von daheim entfernt liebt. Aber gemessen an der Seitensprungrate – immerhin geben 57 Prozent der Männer und 54 Prozent der Frauen an, ihren Partner schon mal betrogen zu haben –, ist das Bedürfnis nach Abwechslung wohl stärker.

Wenn man tut, was offenbar alle Welt tun muss, dann sollte man allerdings bedenken, dass man vor allem eine große Aufgabe hat: die Illusion der Treue nach Kräften zu schützen, die Partnerin davor zu bewahren, dass ihre Welt zusammenbricht. Nicht aus Eigennutz oder weil eine Scheidung teuer käme. Es ist ein Gebot des Respekts und der Höflichkeit, ein paar Spielregeln zu beachten. Beinahe schlimmer, als betrogen zu werden, ist, wenn sich einer nicht mal die Mühe gibt, seine Affäre zu verbergen. So mies lügt wie Tony Blair und so schlampig an der Vertuschung arbeitet wie die USA bei der Rechtfertigung des Irak-Krieges. Das Fremdlieben lebt zwar wie alle anderen Risikosportarten – also

Bungee-Jumping oder Gleitschirmfliegen – auch vom Kitzel der Gefahr, aber genauso braucht es ein paar fundamentale Sicherheitsmaßnahmen, um nicht ins Harakiri abzugleiten.

Das beginnt schon bei der Wahl des Sex-Objektes. Frauen mit drängendem Kinderwunsch sind dabei grundsätzlich auszuschließen. Selbst wenn sie so aussehen wie Shakira. Falls man doch schwach wird, dann nur *mit* Kondom. Immer und unter allen Umständen (ja, selbst dann, wenn sie sagt, sie könne keine Kinder bekommen, es seien garantiert die sicheren Tage und/oder sie würde etwas echt Wahnsinniges mit ihrer Vagina machen, das nur ohne Gummi so richtig funktioniert). Alles andere ist fahrlässig und führt einen direkt in eine Privathölle, bei der die monatlichen Alimente noch das geringste Problem sind. Absolut tabu sollten auch Frauen aus dem Nahumfeld der eigenen Frau sein. Ebenso wie Verbindungen mit der zwar reizvollen, aber sehr unberechenbaren Single-Frau. Sollten Sie da noch Argumentationshilfen brauchen: »Fatal Attraction« anschauen.

Um von Anfang an keine Irrtümer aufkommen zu lassen und sich lange Lamentos zu ersparen (»Du hast mir aber versprochen, sie zu verlassen.«), sind Platituden wie »Meine Frau versteht mich nicht« sowieso für alle Zeiten aus dem Affärenprogramm zu streichen. Um gar nicht erst in Versuchung zu kommen etwas von »Ehe-Zerrüttung« zu murmeln, hält man sich ohnehin am besten an ihrerseits gebundene Frauen, die auch nur das eine wollen.

Dafür muss ein stilles, verborgenes Liebesnest gefunden und der Versuchung widerstanden werden, dorthin zu gehen, wo man sich auskennt und als vielbuchender Hotelgast vielleicht sogar einen Rabatt aushandeln kann. Bloß keine Quittungen! Auch nicht für die Steuer. Das Sammeln von Trophäen in Form von Unterwäsche oder Knutschflecken mag zwar verführerisch sein, widerspricht aber dem Geheimhaltungsgebot. Der perfekte Seitensprung ist eben nichts für Tagebuchschreiber, Sexprotze oder

Kerben-in-Bettpfosten-Schläger. Streng genommen sollten auch diejenigen, denen ihre Frau nicht mal eine gewiefte Verschleierungsstrategie, ja nicht mal eine gute Ausrede wert ist (»Keine Ahnung, wie der Lippenstift an mein Hemd gekommen ist. Vielleicht war es die Putzfrau?«), mit einer Tätowierung auf der Stirn: »Für Seitensprünge gesperrt!«, lebenslang vom außerehelichen Verkehr ausgeschlossen werden.

Am schrecklichsten aber ist das Geständnis. In der irrigen Annahme, es handele sich bei der eigenen Frau um eine Reinkarnation von Johann Tetzel, der es mit Ablasshandel zu einiger Berühmtheit gebracht hat, alles zu gestehen, um ausgerechnet vom Opfer Absolution von seinen Sünden zu erwarten, darin steckt eine geradezu unerträgliche Eitelkeit. Ein Geständnis zwingt eine Frau ja nicht nur dazu, Konsequenzen zu ziehen, die sie vielleicht lieber nicht gezogen hätte, oder sich mit der vermeintlichen Konkurrenz zu vergleichen. Fast noch mehr hassen kann man einen solchen Mann für etwas ganz anderes: dass es ihm nicht mal der Anstrengung wert war, seine Affäre diskret zu behandeln. Kurz: Die Affäre fordert einem Mann einiges an Organisation, Kreativität und Vorsichtsmaßnahmen ab. Das ist ihr Preis. Oder dachten Sie, endlich wäre mal etwas umsonst zu haben? Es gäbe Essen ohne Abwasch? Für Sex bezahlt man immer. Und da ist es nur fair, dass der, der profitiert, auch die Kosten trägt.

Sollte ein Mann auch untenrum völlig nackt sein?

Wenigstens die Leser von »Feuchtgebiete« sollten wissen, was dabei alles passieren kann. Immerhin ist es eine missglückte Intimrasur, die die Heldin Helen ins Krankenhaus bringt. Zudem verhält es sich mit der Intimrasur ein wenig wie mit einer Glatze: nicht bei jeder Anatomie ist die Reduktion auf nackte Tatsachen eine optische Bereicherung. Ehe man zur Tat schreitet, empfiehlt sich deshalb ein Saunabesuch – nur um mal den Realitätscheck zu machen. Danach fragt man sich vielleicht, wieso ein erwachsener Mann untenrum aussehen sollte wie ein 12-Jähriger und ob tiefhängende Hodensäcke und schrumpelige Penisse nicht vielleicht sogar für ein wenig Vermummung dankbar wären. Außerdem ist die Intimrasur mit einigem Aufwand verbunden und nervigen Zyklen unterlegen. Am Anfang drohen Pickel und Entzündungen. Sind die abgeklungen, kann man das Ergebnis dann etwa einen halben Tag lang genießen, bevor die ersten Stoppeln nachwachsen und man als Frau – sollte man dort mit der Zunge unterwegs sein – das wenig erregende Gefühl hat, einen Wildschweinrücken zu bearbeiten. Es spricht also einiges dafür, allenfalls den schlimmsten Wildwuchs etwas zu kultivieren. Mit höchstem Designer-Segen. Mode-Superstar Tom Ford gab in einem Interview Folgendes zu Protokoll: »Hm, mein Brusthaar ist einen Tick gestutzt, das gibt ein gutes Gefühl (knöpft das offene Hemd weiter auf). Lustigerweise habe ich gar nicht so viel. Schauen Sie, hier (unter dem Brustkorb) hört es schon auf. Noch weiter unten lasse ich das Haar ganz stehen. Ich sprach mit meinem Vater darüber, er ist 76 Jahre alt. Und er versteht die Welt nicht mehr: Alle sind überall rasiert. Wenn eine Frau nackt ist, sollte man viel Haar sehen, findet er. Und er hat recht. Das ist natürlich, pur, animalisch. Aber das ist mein persönlicher Geschmack.«[89] Einer, den er allerdings nur mit der Hälfte seiner Geschlechtsgenossen teilt. Laut einer Umfrage[90] wünschen sich 46 Prozent der Männer ihre Frauen im Zustand kindlicher Glätte. Eine Vorliebe, deren Ursprung Feministinnen im Pornographischen vermuten und entsprechend geißeln.

Letztlich ist ein haarloses Genital aber wohl vor allem eine Frage des Geschmacks. Von einem Mann, der zu seinen Vorfahren vermutlich einen Seeotter zählte (der hat mit über 100 000 Haaren pro Quadratzentimeter das dichteste Fell aller Säugetiere), lässt man sich als Frau nur ungern darüber belehren, wie viel anregender sie doch in glattem Zustand sein könnte. Und überhaupt: Ehe nicht auch er wenigstens einmal im Enthaarungsstudio seines Vertrauens erlebt hat, wie schlimm weh es tut, wenn so ein Wachsstreifen mit Schwung von der Haut gezogen wird, braucht man das Thema »Haarlosigkeit« eigentlich gar nicht anzuschneiden. Vielleicht kommt man danach zu dem – gemeinsamen – Schluss, dass so ein bisschen Schamhaar das vergleichbar kleinere Übel ist. Außer, man hat einen ganz privaten Grund, den man lieber nicht, jedenfalls nicht sofort, mit einer Frau besprechen möchte: dass der Penis ohne Haarnest optisch einfach größer wirkt. Das gilt es natürlich gegen das Risiko, unten wie ein Nacktmull in der Pubertät auszusehen, abzuwägen.

Was den Rest der Körperbehaarung anbelangt: Gerade wurde mit dem amerikanischen Schauspieler Hugh Jackman ein Mann zum »Sexiest Man Alive« gekürt, der so viel Gewöll auf der Brust trägt, dass RTL darin sein Dschungel-Camp abhalten könnte.

»Wenn du dich billig machst, respektieren sie dich nicht«

Interview mit Bianca (54), Prostituierte in Frankfurt

Wie lange arbeiten Sie schon als Prostituierte?
Seit 16 Jahren. Ich habe mit 38 Jahren damit angefangen. Jetzt bin ich 54. Das ist allerdings mein inoffizielles Alter. Für meine Gäste bin ich 45.

Warum haben Sie mit dieser Arbeit begonnen?
Damals war gerade mein Jüngster geboren worden. Ich war alleinerziehende Mutter von drei Kindern und musste Geld verdienen. Eine Freundin hatte gerade eine Eskort-Agentur eröffnet. Für mich war das ideal, weil ich mir meine Arbeitszeiten sehr gut einteilen konnte.

Hatten Sie vorher schon einen Beruf?
Nein. Ich bin in Leipzig groß geworden, habe dort auch Abitur gemacht. Eigentlich wollte ich studieren. Aber das klappte nicht. Also habe ich erst mal als Kellnerin gejobbt und eine normale Frauenkarriere gemacht: geheiratet, Kinder bekommen.

War es schwer, in die Prostitution zu gehen?
Es gab schon früh so eine Faszination. Damals in Leipzig, als ich als Kellnerin arbeitete, kamen zu Messezeiten immer sehr viele Hostessen in die Stadt. Ganz legal übrigens. Das war ja alles von der Staatssicherheit organisiert, um die Westbesucher zu unterhalten. Gerade die russischen Hostessen haben mir besonders gefallen. Sie sahen unglaublich gut aus, waren ladylike, stilvoll, sexy und immer leicht arrogant. So wollte ich auch sein. Heute sagen meine Gäste das oft zu mir: »Das finde ich so toll, dass du eine Dame bist. Aber im Bett kannst du eine richtige Sau sein.«

Sie mögen die Arbeit?
Ja. Aber das hat auch etwas mit meiner Geschichte zu tun. Ich hatte eine schlimme Kindheit. Seit ich zehn war, wurde ich von meinem Stiefvater sexuell missbraucht. Ich mag bis heute keine Sexualität. Nicht mit Männern, nicht mit Frauen. Außer, wenn ich Geld dafür bekomme. Ohne Bezahlung fühle ich mich sofort wieder missbraucht. Deshalb war diese Arbeit für mich und mein Selbstbewusstsein wie eine Therapie. Jetzt habe ich die Kontrolle. Ich habe die Macht. Im Laufe der Zeit bin ich immer selbstbewusster geworden. Eine Weile habe ich sogar als Domina gearbeitet. Dieses Spiel mit der Psyche, das hat mir Spaß gemacht. Ich mache immer noch Rollenspiele. Jetzt aber mehr so liebe, zärtliche.

Welche Rollen werden da nachgefragt?
Meist die der frivolen Tante. Der Gast ist der Neffe. Er wird von seiner Tante verführt. Manchmal ist er auch der Chef und ich bin die Chefsekretärin. Kürzlich hatte ich einen, für den sollte ich die Pflegemutter spielen. Er hatte mich schon in seiner E-Mail mit »Mutti« angesprochen. Er schrieb, er sei in einer Pflegefamilie groß geworden. Am Waschtag hätte seine Pflegemutter eine weiße Gummischürze getragen. Wenn die Schürze hinten etwas offen stand, sah man ihren Po. Diese Frau sollte ich nun spielen. Dafür hatte er sich eigens irgendwo eine weiße Lackschürze bestellt und sie mitgebracht. Drei Stunden ist er geblieben. Das war ganz schön anstrengend, diese Pflegemutter zu sein, die den kleinen Jungen verwöhnt, ihn auch mal an die Brust nimmt. Erst hatte ich ein komisches Gefühl, weil ich ja selbst Mutter bin. Aber dann habe ich mich beruhigt, weil es ja nur die Pflegemutter war.

Das ist vermutlich nichts, was er seiner Frau vorschlagen würde?
Es gibt vieles, was Männer vor ihren Frauen lieber verschweigen. Zu Recht. Sie müssten sich schämen. Als Ehefrau hätte ich da vermutlich auch ein Problem. Etwa mit dem Gast, der mir meine Straßenstiefel ablecken möchte. Der will auch mein Toilettensklave sein. Heißt: Ich setze mich über ihn und er trinkt meinen Urin. Oder noch schlimmer: Ich habe Stuhlgang und er leckt mir den Popo sauber. Das ist natürlich eher eine Ausnahme. Aber im Prinzip kann man fast immer sagen: Männer wollen von mir, was sie daheim nicht haben. Das muss gar nichts Extremes sein. Wenn sie zu Hause so eine fitnessgestählte Frau à la Madonna haben, dann bin ich – etwas mollig, großbusig – für sie eine Abwechslung. Oft sind die Frauen so mit sich und ihrer guten Figur, mit dem Kalorienzählen und dem Sport beschäftigt, dass sie gar nicht mehr locker sein können. Männer vermissen das. Auch zu

Französisch sind die meisten Frauen offenbar nicht bereit. Das ist total nachgefragt. Leider ohne Gummi. Das war früher anders.

Ändern sich die Bedürfnisse?
Ja. Vor zehn Jahren noch war das ganz unüblich, Französisch ohne Gummi zu praktizieren. Wir nennen das auch »Total mit Aufnahme«. Ich entsorge das natürlich immer. Und ich spüle mir sofort den Mund. Trotzdem ist es unangenehm. Dann die Küsserei. Gab es früher auch nicht. Heute gehört für alle Küssen mit dazu. Ich mag das überhaupt nicht. Jemanden zu küssen, den ich noch nicht kenne. Aber ohne läuft gar nichts mehr. Und es wird immer häufiger gefragt, ob ich auch Geschlechtsverkehr ohne Gummi mache. Aber das geht gar nicht. Immerhin sind die Geschlechtskrankheiten wieder auf dem Vormarsch. Meine Gäste weise ich da immer sehr schnell in die Schranken. Ich finde das übrigens nicht nur respektlos mir gegenüber. Es geht ja auch darum, die eigene Ehefrau zu schützen.

Welche Einflüsse verändern die Wünsche?
Sicher spielt eine Rolle, dass jetzt so viele Osteuropäerinnen auf dem Markt sind, die alles machen. Aber man merkt auch den Einfluss von Pornographie. Am Telefon werde ich oft schon gefragt: »Darf ich dir ins Gesicht spritzen?« Das finde ich ekelhaft. Aber viele Männer finden das total geil. Ihnen ist auch wichtig, dass ich schlucke. Das wird auch oft gefragt. Manchmal frage ich zurück: »Was gibt dir das eigentlich?« Aber darauf habe ich noch keine vernünftige Antwort bekommen.

Fehlt der Respekt?
Auf jeden Fall. Ich habe eine Weile in einem Massage-Salon gearbeitet. Wenn da ein Gast anrief und wissen wollte, was angeboten wird, sagte meine Chefin: »Wir machen

entspannende Ganzkörpermassage für den gepflegten Herrn.« Wurde dann gefragt: »Gibt es auch mehr?«, sagte sie: »Am besten, Sie schauen einmal unverbindlich vorbei.« Dann war alles klar. Heute rufen Männer an und fragen: »Darf ich dir ins Gesicht spritzen?« »Darf ich dich mal richtig in den Arsch vögeln?« »Darf ich dich mal ficken?« Dann sage ich: »Nein du darfst das nicht. Wer bist du überhaupt?« Oder ich werde patzig und sage: »Ich lass mich von niemandem ficken. Wenn, dann ficke ich dich – aber richtig.« Als müsste ich ihnen schon am Telefon zur Verfügung stehen und könnte nicht selbst entscheiden, wann es losgeht. Total ordinär. Aber so sind glücklicherweise nicht alle.

Was glauben Sie, weshalb das heute so ist?
Das ist so, seit Prostitution vor drei, vier Jahren legalisiert wurde. Seitdem sind die Freier viel frecher am Telefon. Vielleicht, weil sie nun weniger Angst haben müssen, bei etwas Ungesetzlichem ertappt zu werden. Und natürlich liegt es an der Konkurrenz. Mittlerweile arbeiten so viele Frauen auch aus Osteuropa in dem Gewerbe. Außerdem hat Hartz IV dafür gesorgt, dass heute sehr viele alleinerziehende Mütter nebenbei noch etwas verdienen müssen. Wir nennen sie »Taschengeldhobbyhuren«, weil sie sich für ein Taschengeld anbieten. Da glauben Männer natürlich, sich mehr rausnehmen zu können.

Peter Hartz als Förderer der Prostitution?
Nicht nur im übertragenen Sinn. Er ist ja selbst nach Brasilien gereist und hat sich dort Edelnutten geholt. Gleichzeitig drückt er den Familien und Frauen und Kindern so ein Gesetz auf, bei dem die Frauen gezwungen sind, sich nebenbei noch etwas zu verdienen, weil es gar nicht anders geht.

Drückt das Angebot auch die Preise?
Das ist auch etwas, weshalb ich mir überlege aufzuhören. Die Preise gehen immer weiter nach unten. Vor einem Jahr war es im Rhein-Main-Gebiet noch üblich, 150 Euro für eine Stunde zu bezahlen. Jetzt liegt der Preis – das lese ich auch in einschlägigen Foren – schon bei 130 Euro. Und es geht noch weiter runter. Gerade die Hobbyhuren sagen sich: Wenn die Professionellen 130 Euro die Stunde wollen, machen wir es eben für 100 Euro. Dann ist es immer noch gutes Geld zu Hartz IV. Mittlerweile fangen sogar schon die Männer mit Geld an zu feilschen. Wollen aber volle Leistung haben für weniger Geld. Das macht sich natürlich auch im Umgang bemerkbar.

Inwiefern?
Das hat ja auch etwas mit Respekt zu tun, den man vor sich selbst hat. Mit dem Geld wird ja auch mein Wert symbolisiert. Das hat mir schon meine allererste Chefin, damals bei dem Eskort-Service, gesagt: »Wenn du gute Gäste haben möchtest, die auch Geld haben, dann mach dich niemals billig. Männer mit Geld sind gewohnt, sich das Besondere zu leisten und für das Besondere auch etwas zu bezahlen. Die gehen in überteuerte Restaurants, die kaufen in überteuerten Boutiquen und die wollen auch überteuerte Frauen haben. Wenn du dich da billig machst, respektieren sie dich nicht.« Diese Erfahrung mache ich gerade.

Wie läuft eigentlich die Kontaktanbahnung?
Ich habe viele Stammkunden, annonciere aber auch. Die Männer rufen mich an und machen Termine. Übrigens heißen sie am Telefon alle »Peter« oder »Hans«, wenn ich die Namen höre, weiß ich schon, dass es nicht ihre richtigen sind. Ich mache auch Haus- und Hotelbesuche. Viele meiner Gäste sind übrigens Außendienstler. Die können sich eher mal für eine Stunde davonstehlen.

Und wie ist das mit der Bezahlung?
Bezahlt wird immer vorher. Ich mache das aber so, dass die Atmosphäre nicht darunter leidet. Erst führe ich ein Vorgespräch. Ich frage, was der Gast für Vorlieben hat. Dann erzähle ich von meinen Vorlieben. Was ich mag. Der Gast soll sehen, dass auch ich Spaß haben möchte. Und dann sage ich, das und das kostet soundso viel. Und: »Leg das Geld bitte auf den Tisch.« Ich möchte das nicht in der Hand haben. Die Bezahlung soll eher so nebenbei passieren. Während der Gast sich auszieht und ich das Bett vorbereite, nehme ich ganz unauffällig das Geld weg. Da wird gar nicht groß drüber geredet.

Ist es wichtig, dass der Gast das Gefühl bekommt, dass Sie auch Ansprüche haben?
Sehr. Ich gebe denen dann das Gefühl, dass ich gleich mehrmals einen Orgasmus habe. Ich sage: »Oh, du bist so toll. So was habe ich lange nicht erlebt.« Manche haben dann schon gesagt: »Ich bin sehr stolz, dass ich eine Frau wie dich zum Orgasmus gebracht habe.« Ich kann das wirklich sehr gut spielen.

Kommen die Gäste also auch zu Ihnen, weil der Sex unkomplizierter ist?
Ja, vielleicht. Gerade Geschäftsleute sagen oft zu mir, sie würden lieber bezahlen, als sich irgendwo an eine Hotelbar zu setzen, einer Frau ewig lange den Hof zu machen, einen Drink nach dem anderen auszugeben, dann noch vielleicht ins Restaurant zu gehen. Da gibt man leicht mal 150 Euro aus, gräbt, baggert und am Ende sagt sie: »Es war ein netter Abend. Ich gehe jetzt nach Hause«, ohne dass der Mann zum Stich gekommen ist.

Ist es Betrug an seiner Frau, wenn ein Mann zu einer Prostituierten geht?
Das ist für mich kein Betrug oder Fremdgehen. Es ist eher wie

Wellness. Der Mann entspannt sich bei mir. Das ist doch etwas ganz anderes, als wenn er ein Verhältnis hätte. Da wären Gefühle mit im Spiel. Das würde ich einem Mann nicht verzeihen. Aber mit einer Professionellen ... Ich finde, das sollten Frauen lockerer sehen.

Das würden Männer umgekehrt vermutlich auch nicht schaffen, würden Frauen sich dasselbe Recht nehmen.
Frauen gehen sehr, sehr selten zu professionellen Männern. Frauen sind ja nicht so triebgesteuert. Gerade vor Weihnachten kommen ganz viele Männer, die sich nach einem harten Jahr mal etwas gönnen wollen. Frauen würden vor Weihnachten eher was für die Kinder oder für die Familie kaufen und würden sagen: Nee, da mache ich es mir einfach mal selbst.

Haben Sie noch Achtung vor Männern?
Bevor ich mit dem Job angefangen habe, habe ich Männer eher verachtet. Heute habe ich ganz viel Mitgefühl. Männer werden schon heftig gefordert. Von den Frauen und im Job. Und Männer sind sehr triebgesteuert. Ich würde im Leben nicht für ein Mal Entspannen 100 Euro und mehr ausgeben. Und viele andere Frauen wahrscheinlich auch nicht. Männer müssen eben einfach immer ihr Ding reinstecken.

Wenn Sie sich etwas wünschen könnten? Was würden Sie ändern?
Ich würde mir mehr Höflichkeit wünschen. Vor allem am Telefon. Dass man sich ganz normal vorstellt. Dass die Männer bei mir gepflegt erscheinen und dass sie sich wie ein Gast benehmen. Natürlich haben sie bezahlt, aber deshalb haben sie mich ja nicht gekauft. Sie sind trotzdem bei mir zu Gast. Es ist meine Wohnung. Das Wichtigste überhaupt für mich, für eine Frau und erst recht für eine in diesem Gewerbe, ist der Stolz.

Wenn sie den weggibt, dann hat sie eigentlich fast alles von ihrer Fraulichkeit aufgegeben. Und dieser Stolz sollte respektiert werden von einem Mann.

Der Mann, die Arbeit und das Elend in Pink

Es war einer meiner ersten Studentenjobs: Assistentin des Produktioners in einer Werbeagentur. Zwei Männer, Herr S. und Herr P. leiteten die Firma. Die eigentliche Arbeit machte seit Jahren eine Frau, Kollegin H. Noch bevor ich anfing, war H. mit den beiden Männern übereingekommen, in die Geschäftsleitung aufgenommen zu werden. Sie hatte nebenbei durchblicken lassen, dass sie sonst die Agentur verlassen würde. Die Aussicht darauf, den vollen Einsatz von H. selbst stemmen zu müssen, zeigte Wirkung. Nein, es sei *überhaupt* kein Problem. Im Gegenteil. Es handele sich um eine längst überfällige Entscheidung. Allerdings benötige H. für den Aufstieg den Abschluss einer Werbefachschule als »Qualifikationsnachweis«, nur für die »Außenwirkung«. Großzügig wurde Frau H. Unterstützung angeboten. Nur ihre Arbeit in der Agentur dürfe auf keinen Fall unter der Weiterqualifizierung leiden. Das sei die Bedingung. Worin jetzt die angebotene »Unterstützung« genau lag? Vielleicht beteten die beiden Geschäftsführer abends für Frau H., möglicherweise drückten sie ihr ganz, ganz fest die Daumen? Übermäßiges Verständnis für die Doppelbelastung gab es jedenfalls nicht. Kam Frau H. ein paar Minuten zu spät oder ging pünktlich, nachdem sie die Mittagspause durchgearbeitet hatte, munkelte man schon, sie sei der Aufgabe wohl doch nicht gewachsen. Und überhaupt: sie wirke in letzter Zeit so »verbissen«. Trotzdem beendete Kollegin H. mit großem Erfolg ihre Abendschule. Einen Tag, nachdem sie in der

Agentur mit uns allen auf ihren Abschluss angestoßen hatte, eröffnete ihr die Geschäftsführung, man habe es sich anders überlegt. Wegen der Kunden. Es sei einfach ungünstig bei Verhandlungsrunden mit rein männlich besetzten Führungsebenen, eine Frau dabei zu haben. »Niemand ist darüber betrübter als wir. Wenn wir könnten, wie wir wollten – sofort! Leider machen nicht wir die Regeln. Und Sie wollen doch nicht, dass wir Aufträge verlieren?« H. blieb trotzdem. Sie ist über 40 und sagt: »Es wird überall genauso sein. Wenn ich überhaupt noch mal eine andere Stelle finde.«

Einige Jahre später. Ich arbeite nach meinem Studium als Praktikantin und später als freie Journalistin bei einer Frankfurter Tageszeitung. Der leitende Redakteur J. ist ein wahrer Schatz. Er ist immer freundlich. Ermuntert mich, lobt, traut mir mehr zu als ich mir, kritisiert auch mal, aber nicht so, dass ich abends überlege, ob ich mir einen Strick nehme oder es mal mit einer Drogenkarriere versuchen sollte. Nicht allen in der Redaktion gefällt, wie ich schreibe. Besonders eine ältere Kollegin arbeitet hart daran, dass ich doch noch mal über Harakiri nachdenke. Herr J. aber setzt sich in Redaktionskonferenzen unverdrossen für mich und die Themen ein, die ich vorschlage. Ohne Herrn J. würde ich vielleicht heute ayurvedische Hackbällchen am Strand von Goa verkaufen.

Was ich damit sagen will? Ganz einfach: Dass es wie überall auch unter männlichen Kollegen und Vorgesetzten »so'ne« und »solche« gibt. Die einen schauen auf die Fähigkeiten und nicht auf die primären Geschlechtsmerkmale, bauen auf Teamgeist, Respekt und Fairness. Die anderen betragen sich, als hätten sie ihre Grundausbildung nicht etwa bei der AOK, sondern beim KGB gemacht und danach noch ein paar Volkshochschulkurse »Diktatur für Anfänger«, »Obenschwimmen – vom Fettauge lernen« oder »Lorbeerkränze – eine Bauanleitung« belegt. Eigentlich sollte man über sie kein weiteres Wort verlieren. Sie machen selbst ohnehin schon so viel Wind um sich, dass die Gorch Fock damit bequem von Cuxhaven nach Lissabon käme. In einer Woche!

Aber hier geht es um Manieren. Da muss man notgedrungen die vorziehen, bei denen die Kollateralschäden und damit der Handlungsbedarf am größten sind. Und da haben einfach die Alphamännchen die Nase vorn. Schon ein einziges ambitioniertes Exemplar, ausgestattet mit einem überbordenden Geltungsdrang, Killerinstinkten, Skrupellosigkeit und einem Chefsessel, genügt, um ein gemäßigtes Arbeitsklima in einen Eissturm zu verwandeln, in dem selbst Pinguine Probleme mit dem Überleben hätten. Mehrere – das bewies die jüngste Finanzkrise – können sogar ganze Volkswirtschaften in den Abgrund treiben. Sicher, das sind Ausnahmen. Und gerade die sind der Kern des Problems mit den Manieren im Job, weil sie es sind, die die Großwetterlage bestimmen und auf einem ziemlich hohen Ross sitzen. Ein Platz, den sie mit allen Mitteln verteidigen. Gern auch mit Methoden, die eigentlich gleich neben die Flugechse, den Wackeldackel und Eva Herman ins Museum gehören.

Laut Statistik sollen immerhin 30 Prozent aller Mobbingfälle von Chefs ausgehen.[91] Natürlich sind nicht nur Frauen betroffen. Aber Frauen sind immer noch häufiger in Positionen, sich von Vorgesetzten etwas mehr sagen lassen zu müssen als ihre männlichen Kollegen. Sie haben einfach mehr männliche Chefs. Von diesen müssen sie sich oft noch mit harschen Anweisungen traktieren lassen: »Ich habe Ihnen doch gesagt, ich möchte mein belegtes Brot zwei Mal längs und vier Mal quer geschnitten!« (Ja, das tun sie – ich habe es selbst erlebt). Nicht wenige verweigern den Satz: »Ich bewerte Ihre Leistung ebenso wie die Ihrer männlichen Kollegen. Warum auch nicht?« nach wie vor so bockig, als habe man sie aufgefordert, nackt über den Parkplatz zu hüpfen. Und kaum einer sieht es als Nachweis für eine Personalpolitik, die vermutlich älter ist als Jopie Heesters, wenn es bislang nur eine einzige Frau, Barbara Kux bei Siemens, in den Vorstand eines deutsches Dax-Unternehmens geschafft hat. Dass das Management der 200 größten deutschen Unternehmen fest in männlicher Hand ist – laut dem Deutschen Institut für Wirtschaftsforschung (DIW) besetzten dort Frauen nur ein Prozent aller Vorstandsposten –, wird, ähnlich wie die schmelzenden Polkappen, als betrübliches Naturereignis hingenommen. Und dieselben Männer, denen beim Thema »Frauenquote« sofort »unfair« oder »Bevorzugung« einfällt, finden nichts daran, dass Frauen in Deutschland für denselben Job im Durchschnitt nur 67 Prozent dessen verdienen, was Männer bei gleicher Tätigkeit bekommen.

Das Einzige, was dagegen hilft, ist eine Geschlechtsumwandlung. Das ergab eine Studie von Sozial- und Wirtschaftswissenschaftlern der Universitäten von Chicago und New York.[92] Dafür wurden Transsexuelle über ihre Arbeitserfahrungen vor und nach ihrer Geschlechtsumwandlung befragt. Das Ergebnis: Männer, die zu Frauen wurden, wurden als weniger kompetent eingeschätzt, mussten härter arbeiten, um ernst genommen zu werden. Zudem wurden sie häufiger entlassen und büßten durchschnittlich ein Drittel ihres Verdienstes ein. Umgekehrt gewannen Transsexuelle, die zu Männern wurden, Einfluss und Autorität. In der Regel konnten sie ihren Job behalten und verdienten sogar etwas mehr als zuvor.

Man muss schon ins Ausland gehen, um ehrliches Staunen über diese Unmanierlichkeit zu finden. So wunderte sich wenigstens die *New York Times* im Juni 2008 darüber, dass sich die moderne Industrienation Deutschland in Sachen Gleichbehandlung freiwillig auf das Niveau von Schwellenländern wie Estland begibt. Das ist aber nicht mal das größte Rätsel. Das größte Mysterium liegt in der Frage: »Was treiben all die Entscheider eigentlich in ihren Business-Knigge-Kursen?« Seit Jahren erlebt die Branche einen solchen Boom, dass Strumpfhosen eigentlich längst ausverkauft sein müssten, weil die Arbeitswelt von lauter Robin Hoods bevölkert wird. Immerhin sind laut einer Studie der Personalberatung Heidrick & Struggles in Deutschland 96 Prozent der Manager fest davon überzeugt, dass höfliches und souveränes Auftreten ein »Türöffner für beruflichen Erfolg« sei.[93] Eigentlich müsste es also in der Arbeitswelt nur so von Männern wimmeln, die Frauen sogar die Tür zum Chefzimmer aufhalten, und dürfte niemand mehr sagen: »Ich möchte meinen Kaffee bitte schwarz!«, wenn er eine Frau im Konferenzraum findet.

Offenbar aber hat die Sache einen Haken, der so groß ist, dass man daran sogar Ronald Pofallas Ego aufhängen könnte: Da sich die Türen zum beruflichen Erfolg zu 99,9 Prozent noch fest in Männerhänden befinden, scheint das sowohl die Zielgruppe als auch die Stoßrichtung für gutes Betragen deutlich einzuschränken. Vorwiegend auf andere Männer. Der weibliche Teil der Arbeitswelt jedenfalls profitiert so wenig vom Business-Knigge-Boom wie ein Hartz-IV-Empfänger von einer Senkung der Spitzensteuer. Das bedeutet nicht, dass Führungskräftetrainings spurlos an den Chefs vorbeigehen. Sie zeigen durchaus Effekte. Die währen allerdings kaum länger als ein Wahlversprechen und sind beinahe so unangenehm wie die Interviews, mit denen uns Politiker nachher erklären, weshalb es diesmal leider auch nichts geworden ist mit der sozialen Gerechtigkeit.

Dass ein Chef ein Wochenende lang durchgecoacht wurde, merkt man meist daran, dass er sich plötzlich so besorgt nach dem Befinden erkundigt. Man befürchtet schon, er könne wissen, was man bis dahin selbst nicht wusste: dass man höchstens noch zwei Wochen zu leben hat. Auf einmal will er Kaffee kochen oder seine E-Mails selbst beantworten (Kompetenter und zeitgemäßer Umgang mit Kollegen), macht also noch mehr Arbeit als sonst. Dann sagt er: »Frau Maier, der Monitor geht nicht.« Und Frau Maier muss sofort ihr Telefonat mit der Zentrale in New York beenden, um zu fragen: »Ist der PC denn eingeschaltet?« Er:

»Natürlich!« Frau Maier: »Schalten Sie ihn doch bitte mal aus!« Er: »Ah, jetzt geht's ...« Dann klopft er Schultern (Mitarbeitermotivation), schüttelt Hände (Positives Feedback) und verlangt »kritischen Input« (Sehen und gesehen werden. Wie sehen Sie sich selbst, wie werden Sie von anderen gesehen?), den man allerdings nur den Lebensmüden, den unkündbaren Betriebsräten oder denjenigen empfehlen kann, die ohnehin bald in Rente gehen. So schnell wie der Spuk auftaucht, ist er auch wieder vorbei. Und darüber muss man noch froh sein. Die Alternative – die nachhaltigere Infektion mit dem Coaching-Virus – sieht für die Belegschaft nämlich so aus: Abteilungsübergreifend werden Ausflüge in die Natur organisiert. Dort soll man mit Kollegen und Vorgesetzten als teamstärkende und vertrauensbildende Maßnahme Hütten bauen, Hochseilgärten bespielen oder sich ausgerechnet von dem Kollegen, der einem gestern noch die gute Idee zur Reorganisation der Buchhaltung geklaut hat, von einer Steilwand abseilen lassen. Solche Übergriffe in Privatleben und Freizeitgestaltung von Angestellten werden dann im Führungskraft-Tagebuch unter »Habe heute das Miteinander gestärkt« verzeichnet. Dann kann man das Kapitel »Manieren im Job« für sich als erledigt abschließen und endlich wieder der Alte sein.

Keine Überraschung. Es wäre ja ziemlich riskant, nachgerade saudumm, ausgerechnet bei denjenigen, die einen bezahlen und letztlich den ganzen Business-Knigge-Markt finanzieren, einmal anzusprechen, was das Wesen von Manieren ist: Nicht, das Herrschen hübsch einzupacken und ein paar Daunen darüberregnen zu lassen. Es geht ums Teilen. Vor allem bei der Verantwortung. Die tragen die Führungseliten ja wie eine Monstranz vor sich her. Auch um Saläre im hoch sechsstelligen Bereich, Privilegien und Abwesenheitszeiten von daheim zu rechtfertigen, gegen die der Aufenthalt von Robinson Crusoe auf seiner Insel wie ein Kurztrip wirkt. Der Termindruck, der Stress, die Risiken – nein, man soll nicht tauschen wollen mit Männern, die mit 70-Stunden-

Wochen ganz klar den Tatbestand »Märtyrer der Arbeit« erfüllen. In seltener Eintracht arbeiten die Manager so an einer blickdichten Dornenhecke aus tonnenschwerer Arbeitslast, Leistungsdruck, Termin-Overkill. Und daran, dabei unter sich zu bleiben. Oder wie es der Darmstädter Soziologe Michael Hartmann formuliert: »In den Chefetagen sitzen seit Generationen Männer, und die suchen ihresgleichen.«[94]

Ist es die Furcht, Frauen könnten entdecken, dass hinter all dem Blendwerk aus großen Aufgaben und staatstragender Bedeutung bloß ein Sandkasten steht, in dem sich erwachsene Männer ganztägig ihre Schippchen um die Ohren hauen, und sollte jemand schlimm bluten, sagen »Ich war's nicht!«? Wenn sie nicht gerade mit brasilianischen Prostituierten beschäftigt sind! Seit der VW-Affäre wissen wir ja, dass auch Vorstände Frauen in ihren Reihen durchaus schätzen. Wenn sie nackt und unter 30 sind. Aber hat man dafür Abitur gemacht? Studiert? Mehr Auslandsaufenthalte hinter sich gebracht als Hans-Dietrich Genscher? Nur, um sich anhören zu müssen, dass es immer noch nicht genug ist und einen letztlich nur der süße Duft von Testosteron ganz nach vorne bringt? Jedenfalls ist man es ein bisschen leid, sich von Männern erklären lassen zu müssen, weshalb genau Frauen immer noch nicht so weit sind, mehr Verantwortung tragen zu dürfen als für Geschäftskorrespondenz und für die Keksauswahl im Konferenzraum. Krankenschwestern, Chefsekretärinnen, Sozialarbeiterinnen – um nur einige Stress-Berufe zu nennen –, können in Sachen Arbeitsbelastung längst locker mit den – behaupteten – Vorgaben der Führungseliten mithalten.

Es gehört zu den unangenehmeren Nebeneffekten, eine Frau zu sein, ständig auf Männer zu treffen, die einen darüber aufklären, weshalb man es einfach noch nicht verdient hat, ganz oben mitzumischen. Einer von vielen seiner Art: Ein flotter Mittdreißiger, mit dem wir in den Sommerferien an einem Tisch saßen. Freunde hatten ihn mitgebracht. Kurz dachten wir: Was für ein sympathischer Mann. Besonders, nachdem er einen hochemotionalen Bericht über seine gescheiterte Beziehung abgeliefert hatte, in dem er mehrmals erwähnte, dass er daheim kocht und seine Ex »auf Händen getragen« habe. Da lag es nahe, über Gleichberechtigung zu sprechen und über den Anteil von Frauen in den deutschen Chefetagen. Wir erzählten, dass in Norwegen gerade ein Gesetz in Kraft getreten war, das börsennotierte Unternehmen dazu zwingt, 40 Prozent ihrer Aufsichtsratsratsposten an Frauen zu vergeben. Andernfalls drohe ihnen die Zwangsauflösung. »Davon halte ich nichts«, sagte er. »Da muss man ja auf lauter unqualifizierte Frauen zurückgreifen, nur um die Quote zu erfüllen.« Dachte er, dass man Norwegerpullistrickerinnen zu Managerinnen umschulen wollte?

Der ehemalige Wirtschaftsminister Ansgar Gabrielsen, übrigens ein Konservativer, der das Gesetz durchs Parlament brachte, hatte offenbar genau das vorausgesehen und eine Kartei mit Frauen erstellen lassen, die für die hochkarätigen Jobs in Frage kommen. Nur mal so zur Sicherheit. Und es zeigte sich, dass wahrlich kein Mangel an qualifizierten Frauen herrscht. »Wir würden wahnsinnig gern eine Frau berufen, aber wir finden einfach keine geeignete«, ist ohnehin so etwas wie der deutsche Sonderweg, der am eigentlichen Kern der Sache meilenweit vorbeiführt. Laut dem norwegischen Gleichstellungsministerium gab es für das Gleichstellungsgesetz nämlich keinen anderen Grund als den einzig vernünftigen: Gerechte Machtbeteiligung von Mann und Frau. Ob Frauen in Führungsetagen für eine höhere wirtschaftliche Effizienz sorgen, ist den Skandinaviern letzten Endes egal. Oder besser: Diese Frage stellt sich für die Norweger überhaupt nicht. Es wird fast schon als unschicklich angesehen, danach zu fragen, wer eventuell kompetenter sei. »Es geht um Demokratie«, erklärt Siri Wolland vom norwegischen Gleichstellungsministerium. »Wir wollen die Ressourcen unserer gesamten Bevölkerung nutzen, und nicht nur der Hälfte.«[95]

Unser Mitesser fand das nicht überzeugend. Er zog nun den Männer-Joker: Alice Schwarzer und die Frage, ob wir sie denn nötig hätten, diese Emanzipations-Platituden? Ja klar, wenn so viel Geld, Macht und Entscheidungsspielraum dran hängt! Wenn manche Männer wie die Nacktschnecken am Felsen an ihren Chefsesseln kleben und man – wie im Fall des Hypo-Real-Estate-Vorstandschefs Georg Funke – schon eine Knochensäge braucht, um sie von dort zu entfernen.

Zehn Sätze, für die man den Dienstwagen des Kollegen sofort gegen einen Tretroller austauschen sollte:

1. Ihnen bricht wohl kein Zacken aus der Krone, wenn Sie mir mal eben meine Akte kopieren?
2. Ich werde wirklich nicht dafür bezahlt, dass ich hier auch noch Geschirr wegräume.
3. Ich hoffe, Sie sind sich nicht zu schade, mir einen Kaffee zu kochen.
4. Soll ich es für Sie noch einmal wiederholen?
5. Ups, da hat wohl jemand seine Tage …
6. Ich bin einfach nicht dazu gekommen, dem Chef zu erklären, dass es Ihre Idee war.
7. Ich will Ihr kleines Köpfchen damit nicht belasten.
8. Wozu wollen Sie mehr Geld. Verdient Ihr Mann nicht genug?
9. Sie sind wohl nicht auch so eine verbissene Emanze? So schlecht sehen Sie doch gar nicht aus.
10. Ich würde Ihnen natürlich helfen. Sehr gern sogar. Aber das wäre nicht gut für Sie. Sie sollten ja lernen, selbständig zu arbeiten.

Männer sollten verstehen, dass es ganz schön dumm wäre, auf all das zu verzichten, nur um als »richtige« Frau zu gelten. Zumal es ja in den Vorständen auch an »richtigen« Männern fehlt. Einen richtigen Mann würde auszeichnen, dass er nicht nur andauernd Verantwortung tragen will, sondern sie auch übernimmt. Dass er Fehler eingesteht und Konsequenzen zieht. Dass er die ihm Anempfohlenen schützt und sie nicht als Schuldabladehalde missbraucht. Dass er die Risiken nicht für andere, sondern für sich selbst eingeht. »Bitte immer vorn anheben und vom Körper wegkippen«, so lernen Manager in Benimmseminaren, wie man seine Suppe formvollendet auslöffelt. Sofern sie sich auf dem Teller befindet. Für die Suppen, die sie sich und anderen eingebrockt haben, fühlen sich die Verantwortungs- und Bedeutungsträger dagegen so wenig zuständig wie für den Zyklus ihrer Putzfrau. Deshalb muss man sagen: Ja, sie ist furchtbar, die Finanzkrise. Aber sie hatte auch ein Gutes: Selten sah man deutlicher, dass »richtige Männer« in den Führungsetagen so selten sind wie Frauen. Kein Wort des Bedauerns, keine Entschuldigung, keine Reue, keine Scham. Niemand sagte: »Tut mir echt leid, dass ich ein paar Milliarden fahrlässig vergeudet habe, vielleicht war die Aufgabe doch zu groß für mich!« oder: »Ich glaube, ich verzichte dieses Jahr auf mein Millionen-Salär!«. Andy Hornby (HBS), Alan Schwartz (Bear Stearns), Richard Syron (Freddie-Mac), Richard Fuld (Lehman Brothers), Georg Funke (HRE) zeigten eher alle Symptome eines voll imprägnierten Größenselbst. Und man konnte sich gut vorstellen, wie die Herren vermutlich noch einem Dreijährigen den letzten Rettungsring auf der Titanic entrissen hätten mit den Worten: »Den hab *ich* mir verdient.«

So traurig das ist, wenigstens ein Argument ist damit für alle Zeiten vom Tisch: dass Frauen die Eignung für die ganz großen Aufgaben fehle, die Lasten der Verantwortung zu groß seien für ihre schmalen Schultern. Frauen können jetzt sagen: »Ehrlich, ich traue mir das zu, 3 Billionen Dollar in zwei Wochen zu vernichten! Sogar mit zwei Kindern. Und halbtags. So schwer kann das nicht sein. Sie haben es doch auch geschafft.« Aber wir hoffen natürlich, genau das nicht nötig zu haben. Männer mit Anstand wissen nämlich, dass Frauen im Job dieselben Chancen und dasselbe Gehalt verdienen, ohne dass wir erst damit drohen müssen, uns vor dem Firmenportal mit Benzin zu übergießen. Sie machen dann und wann ihren Kaffee selbst und haben kein Problem damit, ihrer Mitarbeiterin auch ein paar Lorbeeren zu gönnen. Sie loben, können Fähigkeiten anerkennen, die sie selbst nicht besitzen. Sie geben Fehler zu und schämen sich gelegentlich. Zum Beispiel für die Dinge, die sie für Frauen designen, oder wie sie uns als Kundinnen behandeln. Wenn sie dann noch ihre Suppe selbst auslöffeln, kann es uns herzlich egal sein, ob sie den Teller von vorn anheben, ihn sich über den Kopf stülpen oder auslecken.

Wie komme ich als Verkäufer bei Kundinnen gut an?

Da gelten natürlich ganz andere Regeln als auf freier Single-Wildbahn. Mit: »Ihr Vater muss Sie sehr lieben, wenn er für Sie die Sterne vom Himmel geholt hat«, verkauft man vielleicht sich, aber leider keine HiFi-Anlagen, Einbauküchen oder Handys. Allerdings besäße diese Methode immerhin den Vorteil, dass wir uns in unserer Existenz wahrgenommen fühlen. Nicht selbstverständlich. Zum Beispiel in Computerfachgeschäften. Schon beim Kauf einer einfachen Tintenstrahldruckerpatrone fragt man sich nach einer Viertelstunde, ob man vielleicht tot ist und als für alle unsichtbarer Geist dazu verdammt, die Ewigkeit zwischen Laptops und »Geiz ist geil«-Plakaten zu verbringen. Vielleicht glauben die Verkäufer ja, diese Läden seien für Frauen so etwas wie das Ikea-Bälleparadies und wir würden von Männern dort abgegeben, damit die in Ruhe einkaufen können? Keinesfalls aber streift sie der doch naheliegende Gedanke, es könne sich ernsthaft um eine Kundin handeln. Nur die unter uns, deren Ego bereits durch das Stahlbad von T-Mobile-Läden oder Autowerkstätten (»Haben Sie auch überprüft, ob noch Benzin drin ist?«) gegangen sind, schaffen es, einen Verkäufer einzufangen, ihn davon zu überzeugen, dass sie Geld haben und bereit sind, es auch auszugeben.

Nach so viel Pionierarbeit könnte man dann gleich in einen Möbelladen gehen. Am besten in die Küchenabteilung. Die dort beschäftigen Herren wissen, wie man eine Frau behandelt. Noch aus der Adenauer-Ära. Gleich wird man so enthusiastisch ins »Reich der Hausfrau« eingeführt, als würde es sich beim »Frontauszug« um eine unserer erogenen Zonen handeln. Zehnmal wird die Schublade auf- und zugemacht, damit wir den raffinierten Mechanismus auch wirklich verstehen und daheim nicht etwa anfangen, nach dem Schlüsselloch zu suchen. Souverän werden Einwände wie: »Bei uns kocht mein Mann« mit: »Eine Frau sollte sich freuen, wenn sie in die Küche geht!« abgeschmettert. Männern wendet man sich nur zu, wenn es um die technischen Details oder die Preisgestaltung geht. Nicht dass Frauen dann nicht mehr mitreden dürfen. Wir haben da ja noch die Farbauswahl (»Was meinen Sie, wie dieses Blau die Laune hebt. Sogar beim Spülen.«)

Mein persönliches Highlight aber ist das Angebot eines Promoters in einem Supermarkt. »Wir haben hier ein tolles Angebot für Sie. Einen ganz neuen Telefontarif«, sprach er meinen Mann an. Und mit verschwörerischem Blick auf mich: »Frauen telefonieren ja so viel, da wären Sie doch bestimmt froh, ein paar Euro sparen zu können!« Natürlich wären wir froh, ein paar Euro sparen zu können. Am liebsten bei Geschäften, die ihr Personal mit Mario-Barth-DVD's schulen. Kurz: Frauen möchten von Verkäufern wie Erwachsene behandelt werden. Als Erwachsene mit eigenem Geld und einem Horizont, der weiter reicht als bis zum elektrischen Nagellacktrockner. Ganz sicher geben wir nicht

66 000 Euro für einen Wagen aus, bloß weil der Schminkspiegel beleuchtet ist oder man seine Stilettos im Handschuhfach unterbringen kann.

Welche Werbung spricht Frauen an?

Berechtigte Frage. Immerhin haben Frauen in den letzten Jahrzehnten wenigstens in einem Bereich dazugewonnen: bei der Kaufkraft. Sie treffen 85 Prozent aller Kaufentscheidungen. Die wollen kanalisiert werden. Von Männern, die offenbar glauben, dass Frauen mit der Auswahl von Mascara intellektuell maximal ausgelastet sind. Anders ist es nicht zu erklären, dass etwa Nivea uns von einer Altersgruppe, die ähnlich stark unter trockener Haut leidet wie eine 80-Jährige unter Akne, die Segnungen seiner Bodylotion vorführen lässt. Und wenn eine künstlich ergraute Veronica Ferres voller Entsetzen über ihr Aussehen vor einen Spiegel tritt, um sich dann mit einem beherzten Handgriff ihr »altes« Gesicht vom Kopf zu reißen und strahlende Jugendlichkeit freizulegen, möchte man den Verantwortlichen am liebsten anspucken. Erstens wären die meisten von uns froh, sie würden so aussehen wie eine ergraute Veronica Ferres, womit der angestrebte Vorher-Nachher-Effekt ganz klar den Tatbestand der Beleidigung für Frauen ab 50 erfüllt. Zweitens ist ihr »Nachher-Teint« so strahlend ausgeleuchtet, dass man eher über die Anschaffung von ein paar guten Lampen als über den Kauf der beworbenen Creme nachdenkt.

Noch ein Beispiel: ein weiterer Spot mit der Schauspielerin. Diesmal für eine Creme, die angeblich Kaviar enthält. Man sieht zwei Frauen, die das mit dem Kaviar – natürlich! – falsch verstanden haben. Die eine schmiert sich Kaviar ins Gesicht, die andere löffelt eine Dose aus. Klar, Frauen suchen ja auch im Reisfeld nach Uncle Ben oder im Ketchup nach Heinz.

Hat sich die frohe Botschaft von weiblicher Erwerbstätigkeit dann einmal wirklich bis in die Agenturen herumgesprochen, werden uns Frauen wie jene aus der Actimel-Werbung präsentiert. »Meine Schwäche – eine Woche in einen Tag zu packen«, heißt es da. Und dann folgt ein Terminkalender, der selbst jede halbtags berufstätige Frau vor Neid erblassen lässt: »7:50 – auf zur Arbeit. 12:37 – Mittagessen mit Freunden. 14:03 – nächster Termin. 21:10 – Abendessen mit Kai.« Solche Tage, belehrt uns eine Stimme, »können Ihr Immunsystem belasten«. Solche Tage belasten vor allem unseren Adrenalinspiegel. Und brauche ich jemand, der mir erlaubt, so zu sein, wie ich bin (»Du darfst!«)?

Dann die Werbung für ein Bier, in der eine Frau mit französischem Akzent (Ohlala, die Französinnen – man weiß ja, was das für scharfe Luder sind) ihren Lover bittet, ihr das Bier zu schicken, »die so schön hat geprickelt in mein Bauchnabel«. Um was zu tun? Es sich in einem autoerotischen Akt mit einem Strohhalm aus dem Bauchnabel zu saugen? Ehrlich, wenn schon Getränke im Bauchnabel, dann doch mindestens Champagner. Die Liste ließe sich beliebig fortsetzen. Auch mit der pseudowissenschaftlichen Sinnleere, mit der etwa der Gebrauch eines Feudels in die Nähe der Weltraumforschung gerückt wird. Glauben die Verantwortlichen, wir würden beim Putzen davon träumen, dass Thomas Reiter mal vorbeischaut und sagt: »Toll, dieser Feudel. Würden Sie mir den leihen? Es ist immer so staubig auf dem Mond.«

Kein Wunder, wenn 91 Prozent der für eine amerikanische Studie befragten Frauen angaben, sie fühlten sich von der Werbewirtschaft nicht verstanden und 58 Prozent der Befragten hinzufügten, dass sie die Darstellung von Frauen in der Werbung höchst ärgerlich finden.[96] Es gibt also noch viel zu tun. Am besten, man fängt damit an, sich Frauen einmal richtig anzuschauen. Nein, nicht die in den Männermagazinen und bloß nicht Veronica Ferres. Die am Nebentisch zum Beispiel: Sieht die vielleicht aus wie ein Pantoffeltierchen?

Was sind die Spielregeln auf der Büroweihnachtsfeier?

Ganz einfach:

1. Sich so manierlich anziehen, dass man sich schon optisch klar von Teilnehmern einer Motto-Party im Swingerclub unterscheidet.
2. Kein Wort über den Chef.
3. Kein Wort über die Körbchengröße der Kollegin.
4. Keine Fotos. Niemals.
5. Keine Witze wie: »Was macht eine Frau, die vor einem leeren Blatt Papier sitzt und liest? Sie studiert ihre Rechte.«
6. Die Kleider anbehalten. Es gibt gute Gründe, dass Sie sie tragen, und morgen fallen sie Ihnen garantiert wieder ein.
7. Sollten Sie im Laufe des Abends eine erstaunliche Ähnlichkeit zwischen irgendeiner Ihrer Kolleginnen und Pamela Anderson feststellen, die Ihnen bislang noch gar nicht aufgefallen war, sofort nach Hause fahren.
8. Natürlich allein.
9. Und mit dem Taxi.

Brauchen Frauen ein eigenes Produkt-Design?

Offenbar. Und am liebsten serviert man es uns am Kindertisch der Konsumgesellschaft. »Winzig, putzig, schaurig!«, geißelte 2008 ein Artikel im Magazin der *Süddeutschen Zeitung*, was Produkthersteller »Design für Frauen« nennen.[97] Zu Recht. Offenbar regiert noch immer die Devise: »Shrink it and pink it.« Meint: Hauptsache es ist rosa und klein. Das soll bei Frauen sofort den Haben-wollen-Reflex auslösen. Als würden wir alle in Barbies Haus leben und gelegentlich kämen Felix, der Hase oder die kleine Prinzessin Lillifee zum Kakaotrinken vorbei. Nachdem wir mit Bob dem Baumeister ein wenig gekuschelt haben. Deshalb: Nur für acht Prozent aller Frauen ist Pink tatsächlich die Lieblingsfarbe. Auch für uns muss ein Gerät vor allem funktional sein. Ganz sicher kaufen wir keinen Laptop, bloß weil er rosa ist. (Das gilt übrigens auch für Vibratoren.) Und auch rosa Buchcover gehören endlich in die Kinderbuchabteilung. Gleich neben das Baby-Born-Kinderpferchen in Zartrosa und den Barbie-Sing-mit-uns-Frisurenkopf. Auf keinen Fall wollen wir mit Dingen unterwegs sein, die aussehen, als seien wir die Hauptdarsteller einer neuen Muppet-Show-Folge »Schweine im Weltall«.

Weshalb Designer trotzdem annehmen, Frauen schätzten alles, was kindisch, kuschelig und glitzernd ist? Da tritt wohl in Kraft, was eine Studie von Infratest ergab: 49 Prozent der Frauen denken mehr an die Bedürfnisse anderer als an ihre eigenen. Männer nur zu 32 Prozent.[98] Vielleicht haben sie uns einfach gern niedlich, also ungefährlich? Sie hoffen wohl, dass wir uns mit einem strassbesetzten, pinkfarbenen Handy niemals in den Konferenzraum trauen würden. Da hätten sie allerdings recht. Wir erscheinen dort natürlich mit einem BlackBerry.

Gibt es eine Höflichkeit, die sich speziell auf den Job bezieht?

Nein. Entweder man besitzt Umgangsformen oder nicht. Höflichkeit ist kein Job, der um neun Uhr beginnt und um 18 Uhr endet. Sie ist eine Haltung. Selbstverständlich lässt man sein Handy nicht nur beim Businesslunch ausgeschaltet, sondern auch beim Essen mit der eigenen Frau. Und man merkt sich nicht nur die Namen der wichtigsten Kunden, nebst ihren Geburtstagen, sondern auch die der nächsten Angehörigen. Interessiert zu sein, aufmerksam und das auch zu signalisieren, etwa, indem man den oder die anschaut, mit denen man spricht, anstatt so zu tun, als würde draußen vor dem Fenster gerade Kader Loth ihr neuestes Brustimplantat vorführen – ist am Arbeitsplatz ebenso wichtig wie im Privatleben. Hier wie dort lacht man nicht am liebsten über die eigenen Witze und behandelt auch jene freundlich, die einem nicht unmittelbar dienlich sind.

Überhaupt: Wer zwischen »nützlich« und »überflüssig« unterscheidet, eröffnet seinen eigenen kleinen Zwei-Klassen-Manieren-Staat und trifft damit eine Unterscheidung in der Wertigkeit seiner Mitmenschen. Neben allem anderen, was man darüber sagen könnte (zum Beispiel »verachtenswert«). ist es auch dumm. Sekretärinnen, Büroboten, Techniker, Handwerker, selbst Kantinenkräfte verfügen über ausreichend Möglichkeiten, einem das Leben schwerer oder leichter zu machen, sollten also bei der sozialen Fellpflege auf keinen Fall ausgespart werden. Sympathieträger zu sein macht sich immer bezahlt. Aber das nur am Rande. Männer wollen ja sicher einfach nur so rundum nette Menschen und nebenbei auch dufte Kollegen sein.

In zehn Schritten zum austrainierten Büro-Stiesel:

1. Niemals »Guten Morgen« oder »Hallo« sagen. Die Kolleginnen sollen sich nicht einbilden, dass irgendetwas an ihnen des Wiedererkennens würdig ist.
2. Sollte jemand für Ihre Kollegin anrufen, während die gerade nicht im Büro ist, entweder nicht rangehen oder – noch besser – dem Anrufer erklären, dass sie gerade eine raucht oder »bestimmt auf dem Klo« ist.
3. Sollten Sie einer Kollegin begegnen, wie ein Sherpa mit Akten, Papieren, Büchern bepackt, begleiten Sie sie ruhig ein Stückchen. Mit Glück dürfen Sie dabei zusehen, wie sie versucht, eine Tür mit nur einem Ellenbogen zu öffnen.

4. Sagen Sie niemals und unter keinen Umständen »Ja«, wenn Ihre Kollegin Sie bittet, ihr Arbeit abzunehmen. Es ist auf keinen Fall Ihr Problem, wenn ihr Kind einen Unfall hatte. Und außerdem: So werden Frauen nie lernen, Verantwortung zu übernehmen.
5. Sagen Sie mindestens zehn Mal am Tag, dass die viele Arbeit Sie bald umbringen wird. Nicht, dass die anderen dem Irrtum erliegen, sie wären schlimm dran. Und denken Sie dran: Es kann nur einen Schmerzenskönig geben! Deshalb mindern Sie nach Kräften die Leistungen anderer.
6. Loben Sie nie und unter keinen Umständen. Allein der Gedanke, dass andere – möglicherweise sogar Frauen – irgendetwas so gut können wie Sie, würde die ganze Evolutionsgeschichte auf den Kopf stellen. Ja die, in der dem Mann als die Krone der Schöpfung die Hauptrolle übertragen wurde.
7. Haben Sie Informationen, die einen Auftrag erleichtern würden, behalten Sie die bloß für sich. Das fehlte noch, dass Sie anderen beim Lorbeersammeln helfen.
8. Seien Sie nur freundlich, wenn es sich gar nicht vermeiden lässt. Also allenfalls, wenn jemand etwas für Sie tun soll, das Ihr Leben verändern könnte.
9. Erzählen Sie allen anderen von den privaten Problemen Ihrer engsten Mitarbeiterinnen. Soll keiner glauben, die würden sich voll auf ihre Arbeit konzentrieren.
10. Machen Sie einen Fehler, liegt es natürlich *immer* an den anderen. Die haben Sie nicht ausreichend informiert oder Ihnen einfach zu viel Arbeit aufgehalst.

Wie kritisiere ich?

Gründe gibt es ja ausreichend. Schlampig ausgeführte Arbeiten, Unpünktlichkeit, Vergesslichkeit und dass der Kaffee immer dann aus ist, wenn man mal eine Tasse will – manchmal muss man etwas sagen. Schon um dem anderen die Möglichkeit zu geben, sich zu ändern, bevor ausreichend Belastungsmaterial für die ganz tiefe Abneigung zusammengekommen ist. Man tut es am besten gleich und natürlich nicht vor Publikum. So gern manche Kollegen auch außerhalb der DSDS-Sendezeiten bei einer öffentlichen Auspeitschung dabei wären. Es ist schlechter Stil, jemanden vor anderen abzukanzeln und nach Kräften dafür zu sorgen, dass er sein Gesicht verliert. Sachlich sollte man bleiben. Schließlich sitzt hier nicht der ganze Mensch auf der Anklagebank, sondern nur etwas, das er getan, respektive versäumt hat. Wie in Beziehungsgesprächen gilt es, Worte wie »immer« oder »typisch« zu vermeiden. Auch wenn man deren fatale Wirkung noch gut von der Beziehungskrise gestern Abend im Kopf hat und danach dürstet, auch andere damit fertigzumachen. Statt: »Es stinkt mir total« oder: »Noch einmal, und Sie putzen ab morgen die Toiletten«, genügt ein: »Mir ist aufgefallen« oder: »Ich würde es begrüßen, wenn Sie …« völlig.

Sollte man im Büro eine Affäre beginnen?

Die Frage setzt voraus, dass der Mann verheiratet ist. Dann kann so eine Büro-Affäre ganz praktisch sein. Erstens braucht man nicht lange zu suchen. Schließlich sitzt genug Auswahl gleich am Schreibtisch nebenan. Zweitens ist die Frau ja immer schon da, muss also nicht erst bestellt oder in abgelegene Restaurants gelotst und womöglich noch ausgehalten werden. Und drittens kann man sich auch noch das Hotel sparen. Im Büro gibt es schließlich ausreichend Gelegenheiten, mal eben zwischendurch Sex zu haben: auf dem Kopierer, in der Kaffeeküche, auf dem Tisch des Chefs oder dahinter. Ein echtes Plus für Männer, denen ja oft schon der Weg zum Tankstellenblumenstrauß zu weit ist, oder für solche, die sonst kaum rauskommen. Wie etwa Bill Clinton, dessen Aktionsradius als Präsident stark eingeschränkt war.

In Jägerkreisen nennt man es »Gatterjagd«, wenn die Beute praktisch im Gehege gehalten, gefüttert und dann erlegt wird. Ein ähnlich aufregendes Unterfangen wie einen Goldhamster zu fangen, der in Vollnarkose in seinem Käfig liegt. Aber das ist nicht mal das größte Minus: Das liegt im Prinzip in all den genannten Vorteilen. Die Frau ist ja auch dann noch da, wenn man genug Sex auf Schreibtischen, Kopierern oder in Kaffeeküchen hatte und sich nun neuen Betätigungsfeldern, also anderen Frauen zuwenden will. Einmal ganz abgesehen davon, dass nicht nur das Image Schaden nimmt, wenn man seine Arbeitszeit zur Hege und Pflege der Büro-Affäre nutzt. Boeing-Chef Harry Stonecipher etwa kostete eine Affäre mit einer Managerin seines Konzerns den Job. Prominente Beispiele wie Daimler-Chrysler-Chef Jürgen Schrempp, Bertelsmann-Legende Reinhard Mohn, Fußball-Manager Franz Beckenbauer oder der frühere RTL-Chef Helmut Thoma belegen zudem, dass sich die Büro-Affäre leicht zum Scheidungsgrund und in der Folge zur Zweit-Ehe auswachsen kann. Dann gilt bisweilen der alte Büro-Witz: »Der Chef, der seine Sekretärin geheiratet hat, hat aufgehört zu diktieren.« Sollte man trotzdem nicht die Finger von der süßen Kollegin lassen können, ist es das Mindeste, vollkommen klarzustellen, dass es sich um eine Affäre mit entsprechender Halbwertzeit handelt und nicht um eine Neuauflage von »Romeo und Julia«. Und natürlich verkneift man sich Sätze wie: »Meine Frau versteht mich nicht.« oder: »Eigentlich gehen wir schon lange getrennte Wege.«

Ist das Büro nicht der ideale Ort zur Eheanbahnung?

Es ist wenigstens in Herzensangelegenheiten ungemein erfolgreich. Unter den Single-Börsen hält der Arbeitsplatz nach wie vor die Poleposition. Und fast könnte man meinen, dass selbst Gott Amor den behaglichen Schreibtisch dem Außendienst vorzieht. Nicht nur wegen des Wetters. Nirgendwo anders als am Arbeitsplatz kann man sich das potentielle Objekt der Begierde besser in Ruhe und in jedem nur denkbaren emotionalen Aggregatzustand betrachten und so wertvolle Informationen sammeln. Außerdem teilt man wichtige Erfahrungen, hat also immer was zu reden. Ein ungemeiner Vorteil. Jedenfalls für Frauen, die auf der langen Beziehungsstrecke zunehmend Probleme haben, ihren Männern mehr als nur einen Halbsatz am Tag abzuringen. Zu bedenken wäre allerdings, dass es den Arbeitsfrieden bisweilen ziemlich stört, wenn zwei nicht nur zusammen arbeiten, sondern auch noch verheiratet sind. Vor allem, wenn Beziehungen zwei Hierarchie-Ebenen verbinden. Die lieben Kollegen könnten fürchten, man würde seiner Liebsten auch bei beruflichen Entscheidungen den Vorzug geben. Sie finden das kompliziert? Dann sollten Sie im Job zwar ruhig auf die Suche gehen, sich danach aber nach einer anderen Stelle umschauen.

Sollte man sich im Büro duzen?

»Du Arschloch« klingt ja auch gleich viel netter als: »Sie Flachpfeife.« Und sind nicht alle Angestellten irgendwie Brüder und Schwestern? Jedenfalls im Leiden unter unmenschlichen Arbeitsbedingungen, miesem Kantinen-Fraß und tyrannischen Chefs? Da liegt der Schulterschluss nahe. Immerhin geben rund 60 Prozent der deutschen Arbeitnehmer laut einer Gallup-Umfrage[99] an, in ihrem Unternehmen echte Freundschaften zu pflegen. Wenig erstaunlich, verbringt man doch mit den Kollegen mehr Zeit als mit Familie, Freundin und Hund. Außerdem mildert das »Du« als soziales Schmieröl nicht bloß die Ecken und Kanten der Arbeitswelt. Es beschleunigt auch die Abläufe. Eine feine Sache also, so ein »Du«. Wenn man nicht vergisst, wo man sich befindet: in einem Büro, also in einem potentiellen Krisengebiet. Da hat man es eben nicht nur mit guten Freunden, sondern immer auch mit Konkurrenten zu tun. Wer sich zu tief ins Private begibt, der verstrickt sich zudem leicht in einem komplizierten Netz aus Verbindlichkeiten, Solidaritätsbekundungen und Fraktionierungen. Verstehen sich zwei dann besonders gut, fühlen sich Dritte ausgegrenzt und man steht nicht mehr für sich allein, sondern auch für die Meinung, Leistung und die Fehler der Duz-Kollegen. Und was, wenn man befördert wird? Als Chef seine Untergebenen zu duzen, mag zwar von einem fortgeschrittenen Harmoniebedürfnis zeugen. Aber letztlich ist der, der entlassen, rüffeln, Beförderungen abnicken oder verweigern kann, der Letzte, den man duzen und von dem man geduzt werden sollte. Ein »Habt mich alle lieb. Ich beiß auch nicht!« von oben nach unten ist ungefähr so vertrauenswürdig wie ein Pitbull mit einem rosa Halsband. Das »Du« ist also mit Vorsicht zu genießen und sollte ähnlich vorsichtig dosiert werden wie Stroh-Rum. Wenn es nämlich erst mal draußen ist, kann man es schwer zurückholen. Es sei denn, man möchte endlich mal einem Kollegen ganz offiziell den Krieg erklären. Dann kann man sagen: »Ab heute für dich nur noch ›Sie‹, du Kanalratte!«

Zehn Gründe, warum man gegenüber Frauen im Job besondere Höflichkeit an den Tag legen sollte:

1. Sie ist älter als Sie.
2. Sie ist jünger als Sie.
3. Sie weiß mehr als Sie.
4. Sie weiß weniger als Sie.
5. Sie war zuerst da.
6. Sie ist neu in der Firma.
7. Sie ist Ihre Vorgesetzte.
8. Sie ist Ihre Sekretärin.
9. Sie braucht Hilfe.
10. Sie brauchen Ihre Hilfe.

»Die Mehrzahl der Männer, mit denen ich beruflich zu tun habe, lässt es einfach an den eigentlich üblichen Höflichkeiten mangeln«

Interview mit Petra von Dallwitz, Personalberaterin

Sie suchen im Auftrag von Unternehmen Mitarbeiter für (sehr) männerdominierte Branchen. Sie begleiten den Bewerbungsprozess und sind dabei, wenn die Kandidaten und ihre möglichen neuen Chefs zusammentreffen. Gibt es bei diesen Gesprächen typische Verhaltenschemata?
Die potentiellen Chefs sehen in der Regel den klassischen Bewerber vor sich, also eine Art Bittsteller. Dabei interessiert sich das Unternehmen für genau diesen Menschen, der bei einer anderen Firma unter Vertrag steht und somit keinerlei Druck hat. Bei der Besetzung von Positionen auf Geschäftsführungs-

oder Vorstandsebene befinden sich die Gesprächspartner zudem auf Augenhöhe. Dennoch suggerieren die Auftraggeber den Bewerbern gerne, sie müssten sich glücklich schätzen, zum Gespräch eingeladen worden zu sein.

Ist das ein Territorialverhalten?
Ja, und zwar eines, das in Abhängigkeit vom Werdegang des Auftraggebers mehr oder weniger ausgeprägt ist. Es versuchen vor allem diejenigen zu dominieren, die sich über Jahre oder Jahrzehnte hochgearbeitet haben und aus eher kleineren Verhältnissen stammen.

Mit welchen Methoden wird dabei gearbeitet?
Mit allen, sozusagen der gezielte Griff in die Trickkiste. Das beginnt schon bei der Wahl des Sitzplatzes, die nur scheinbar dem Gesprächspartner überlassen wird, den man eingeladen hat. Denn von vornherein ist völlig klar, dass der Bewerber immer den schlechteren Platz bekommt oder diesen mehr oder weniger freiwillig wählen muss. Wenn ich bei einem Gespräch dabei bin, bei dem genau das passiert, dann weiche ich das auf und nehme selbst diesen Platz ein.

Welcher Platz ist denn am schlechtesten?
Der zum Fenster hin, weil man dem Gesprächspartner dann nur mit Mühe ins Gesicht sehen kann. Oder ein Platz, der vom wichtigsten Gesprächspartner sehr weit entfernt ist.

Gibt es auch typische Fehlverhaltensweisen der Bewerber?
Natürlich, denn Fettnäpfchen stehen auf dem Weg zum neuen Arbeitgeber genug herum. Die Ablehnung auf die Frage: »Möchten Sie etwas trinken?« gehört definitiv dazu. Viele Bewerber denken, dass sie ohne Getränke bestens auskommen. Die Gastgeber können das als Unhöflichkeit empfinden.

Geschickter ist es, das Angebot anzunehmen und das Getränk notfalls stehen zu lassen oder nur daran zu nippen. Darüber denken Männer häufig nicht nach.

Weil sie Schwierigkeiten haben, auf der Beziehungsebene zu denken?
Eine solche Beziehungsebene besteht bei solchen Bewerbungsgesprächen eher selten.

Ist das nicht ein Handicap?
Ja und nein. Ich bewege mich hauptsächlich in Branchen, die von Männern dominiert werden. Im Anlagen- und Maschinenbau sind meine Gesprächspartner zu etwa 85 Prozent Ingenieure. In dieser Berufsgruppe herrscht Sachlichkeit. Man(n) könnte zwar höflich sein, das spielt aber eine untergeordnete Rolle im Vergleich zu anderen Branchen. In der Konsumgüterindustrie und in der Medienbranche ist das ganz anders.

Wie haben Sie sich diesen in Ihrem Tätigkeitsfeld üblichen Umgangsformen angepasst?
Ich mache nicht mehr so lange Sätze und vermeide blumige Formulierungen, allerdings ohne auf höfliche Umgangsformen zu verzichten. Ich weigere mich beispielsweise einen Brief »Mit freundlichen Grüßen« abzuschließen. Bei mir steht »Herzlichst« oder »Ihre«. Am schlimmsten finde ich »MfG«. Das muss nicht sein, wenn man mit wenigen Worten eine freundliche Grundstimmung erzeugen kann.

Ist diese Verknappung der Manieren nicht ein Widerspruch dazu, dass Männer exzellente Netzwerker sein sollen?
Männer sind keine guten Netzwerker im Sinne einer langfristigen Kontaktpflege. Das ist wirklich ein Gerücht. Dazu würde ja gehören, sich zwischendurch zu melden und sich

in Erinnerung zu rufen, auch wenn nichts Konkretes ansteht. Männer verfahren eher nach der Devise: »Jetzt brauche ich etwas und zwar schnell, also rufe ich mal an.« Das stelle ich in den Internet-Business-Netzwerken, in denen ich mich bewege, immer wieder fest. Wenn ich frage, ob mir jemand weiterhelfen kann, lautet häufig die Antwort »Nein«. Manchmal bekomme ich drei Wochen später von einem solchen »Neinsager« die Anfrage, ob ich einen neuen Job für ihn hätte. Als gute Netzwerkerin spreche ich natürlich trotzdem mit diesem potentiellen Kandidaten, aber nicht ohne den freundlichen Hinweis: »Dazu müsste man vorher nett zu seinem Personalberater gewesen sein. Was genau kann ich denn für Sie tun?«

Wie werden Sie als Frau in dieser Branche behandelt?
Es kommt auf die Hierarchieebene an. Je höher die Ebene, desto besser. Wenn ich mich auf der Personalsachbearbeiterebene bewege, ist der Konkurrenzkampf vorprogrammiert. Ich darf nicht mehr wissen oder mehr können als meine Gesprächspartner. Anweisungen gehen gar nicht, allenfalls Vorschläge.

Ist es auch eine Altersfrage, wie man Ihnen begegnet?
Die »älteren Herren« sind höflicher, auch im Umgang mit ihren Kollegen und Mitarbeitern. Dass man mir als Frau eine Extraportion Höflichkeit angedeihen lässt, mir aus dem Mantel hilft, mir einen Stuhl zurechtrückt oder mir zuerst etwas zu trinken anbietet, all das passiert selten.

Ist das Unkenntnis oder Unwille?
Meine Gesprächspartner haben häufig sehr konkrete Vorstellungen davon, wie andere sich ihnen gegenüber zu betragen haben. Dass Dienstleister und Kandidaten ebenfalls Verhaltenswünsche hegen könnten, wird mehrheitlich

ausgeblendet. Dazu ein Beispiel: Bei einem meiner früheren Arbeitgeber kam ein neuer Juniorpartner ins Unternehmen. Der Geschäftsführer bat mich, diesem die strikten Verhaltensregeln des Unternehmens zu erklären. Dazu zählte u. a., dass man als Mitarbeiter nicht vor einem Mitglied der Geschäftsführung in den Aufzug steigt. Der neue Partner weigerte sich, von mir Ratschläge anzunehmen, weil er mich rangmäßig unter sich einstufte. Stattdessen drückte er mir vor einem gemeinsamen Termin seinen Autoschlüssel in die Hand und wollte sich von mir fahren lassen. Er kommentierte diese Einschätzung auch deutlich: »Ich möchte Sie an dem Platz wissen, auf den Sie gehören!« Aus seiner Sicht war ich als »Assistentin« die eine oder andere Ebene unter ihm einzustufen. Darauf konterte ich sinngemäß: »Kein Problem, aber wenn wir schon die Benimmregeln bemühen, dann lassen Sie es uns richtig machen. Ich bin eine Frau und außerdem die Ältere von uns beiden. Wären Sie also bitte so freundlich, mir die Beifahrertür aufzuhalten?«
Wir klärten die Situation dann in einem kurzen Gespräch unter vier Augen.

Wird also eine Unterscheidung getroffen, wer Höflichkeit verdient und wer nicht?
Ja, sehr häufig.

Was war das Ergebnis dieses Wortwechsels?
Er fuhr und ich habe ihm zu Weihnachten einen kleinen Knigge geschenkt.

Haben Sie es nicht verdient, wie eine Frau behandelt zu werden, weil Sie sich im Territorium der Männer bewegen?
Wahrscheinlich ist das so. Wobei ich nicht beurteilen kann, ob das anders wäre, wenn ich mich in einem anderen Kontext

bewegen würde. Die Mehrzahl der Männer, mit denen ich beruflich zu tun habe, lässt es einfach an den eigentlich üblichen Höflichkeiten mangeln.

Ist Höflichkeit in Ihrem professionellen Umfeld überhaupt wichtig?
Höfliches Benehmen hat für mich sehr viel mit Respekt zu tun und sollte daher sowohl im Berufs- als auch im Privatleben stattfinden. Ich freue mich immer, wenn mir jemand die Autotür aufhält oder mir in den Mantel hilft. Aber das erlebe ich im beruflichen Alltag allenfalls ausnahmsweise. Ich hatte unlängst einen sehr jungen Kandidaten, den ich zu einem gemeinsamen Termin in meinem Auto mitgenommen habe. Er half mir ins Auto und sorgte bei der Ankunft dafür, dass ich meinen Mantel aus dem Kofferraum zuerst bekam. Das war sehr nett. Die einzige Situation, in der Höflichkeit mehrheitlich funktioniert, ist beim Öffnen und Schließen von Türen. Das können Männer. Vielleicht, weil Türen optisch sehr präsent sind. Oder aber weil wir Frauen ja nun auch jahrelang propagiert haben, dass wir gut alleine in den Mantel kommen – was ich als falsch verstandene Emanzipationsbemühung sehe.

Hat dieses Fehlverhalten auch damit zu tun, dass Männer sich daran gewöhnt haben, dass Sekretärinnen ihnen das Höflichsein ersparen?
Ja, denn auch dafür wird die Sekretärin bezahlt. Im Zweifelsfall nimmt sie einem den Mantel ab und bringt Kaffee. Sobald sie den Raum verlassen hat, ist es auch mit der Höflichkeit vorbei. Statt mir als Frau die erste Platzwahl zu überlassen, setzt »Mann« sich zuerst, wenn er den kürzeren Weg zum Stuhl hat. Ich habe es daher auch aufgegeben darauf zu warten, dass mir jemand den Stuhl zurechtrückt. Aus Sicht meiner Gesprächspartner bin ich in erster Linie Dienstleisterin.

Gemessen am Boom der Business-Knigge-Kurse sollte das doch eigentlich anders sein?
Schön wäre es. Doch diese Kurse setzen vielfach völlig falsche Schwerpunkte. Muss man wirklich einen Hummer zerlegen können, ohne gelegentlich mit der Hummerzange abzurutschen? Ich persönlich habe überhaupt kein Problem damit zu sagen: »Ich kann das nicht.« Und wer sich bei acht Bestecken beim siebten Gang vergreift, ist weit davon entfernt, sich zu blamieren. Es genügt aus meiner Sicht, die groben Verhaltensrichtlinien zu beherrschen. Ich glaube nicht, dass man einen solchen Kurs machen muss, um sich anschließend bis zur Unkenntlichkeit zu verbiegen und zu verkrampfen. Es ist doch ein legitimes Bedürfnis, beim Gegenüber gut anzukommen und als freundlich wahrgenommen zu werden. Aber womöglich ist das auch eine Frage des persönlichen Auftretens und wie man wahrgenommen wird.

Wie meinen Sie das?
Viele Männer nehmen mich auf eine sehr spezielle Art und Weise wahr, u. a. wegen meiner Größe von über 1,80 m. Männer mögen große Frauen, solange sie weit genug entfernt von ihnen sind. Es gibt viele, die große Frauen zwar attraktiv finden, sie aber nicht in ihren engsten Kreisen haben wollen. Ich bin außerdem ein eher sportlicher Typ: schlank, kurze Haare, Brille. Wäre ich etwas »putziger«, etwas blonder und etwas runder, sprich weiblicher, dann wäre es für die Männer einfacher. Sie könnten mich besser einsortieren. Da ich aber nicht in diese »Weibchenschubladen« passe, werde ich auch nicht besonders höflich behandelt. Damit will ich nicht sagen, dass Männer sich rüpelhaft benehmen, lediglich der Schliff fehlt häufig, was schade ist. Männer haben ihre tradierten Kästchen.

Können Sie mir dafür ein Beispiel nennen?
Ich bin in einem Unternehmen die Nachfolgerin einer Beratungskollegin gewesen, die klein und zierlich, hübsch und blond ist und auch so auftrat. Sie verkörperte perfekt den kleinen, niedlichen und auf männlichen Schutz angewiesenen Frauentyp und war dabei gleichzeitig sehr kompetent. Ihre Kunden schätzten sie sehr. Und dann kam ich. Der Geschäftsführer eines Kunden dieser Kollegin sagte offen zu mir: »Mit Ihnen möchte ich nicht arbeiten.« Ich habe ihm sinngemäß geantwortet: »Da ich die Nachfolgerin bin, bleibt uns eigentlich nichts anderes übrig. Lassen Sie es uns versuchen und wir schauen, wie wir zurechtkommen. Sie müssen ja neben der geschäftlichen Beziehung keine weiteren tiefgehenden Kontakte mit mir pflegen.«

Wie hat der Mann reagiert?
Kurzfristig perplex, dann pragmatisch. Wir arbeiten jetzt seit acht Jahren zusammen und pflegen einen sachlichen und gleichzeitig kollegialen Umgang miteinander. Inzwischen setzt er sich erst, nachdem ich Platz genommen habe: Geht doch!

Sie könnten auch anders

»Ich habe mir aber die Hände gewaschen!«, verkündete kürzlich ein Freund, nachdem er bei einem Essen zwischendurch auf die Toilette verschwunden war. Nicht, dass ich es nicht begrüßen würde, wenn Männer das Waschbecken benutzen. Zumal es sich – das sagt die Statistik – um ein eher seltenes Ereignis handelt. Nachdem sich aber ähnliche Erlebnisse während der Arbeit an diesem Buch häuften, begann ich mich zu wundern. Wieso reagierten so viele Männer wie der Pawlow'sche Hund auf die Klingel mit Berichten rund ums Wasserlassen, wenn ich »Manieren für Männer« erwähnte? Versicherten mir – ungefragt –, keinesfalls mehr im Stehen zu pinkeln oder wenn, dann aber so rückstandfrei, dass man danach auf dem WC noch eine Herztransplantation durchführen könnte? Ist das *alles*, was ihnen zu diesem Thema einfällt? Oder glauben sie, dass es *alles* ist, was uns an ihnen stören könnte? Weil sie ansonsten wirklich keine Defizite entdecken? Vermutlich. Warum sonst sollten sie so oft sagen: »Sollen wir jetzt *auch noch* im Sitzen?«, ganz so, als hätten sie uns gerade die Weltherrschaft übertragen, die Wohnung geputzt und das Baby gebadet.

Deshalb zum Schluss noch mal in aller Deutlichkeit: Für Frauen könnte ein Mann vom Badezimmerschränkchen oder von der Deckenlampe aus versuchen, die Kloschüssel zu treffen. Wenn sonst das meiste stimmt. Er also fürsorglich, aufmerksam, mitfühlend, freundlich, respektvoll, charmant ist, eine Berufsunfähigkeitsversicherung hat und solange er das Klo hinterher selbst putzt. Es gibt wesentlich Wichtigeres – auch Wichtigeres übrigens als gelegentliche Blumensträuße von der Tanke und eine Karte zum Valentinstag. Zum Beispiel eine grundsätzlich fürsorgliche, respektvolle Haltung Frauen gegenüber. Deshalb dieses Buch. Ich hoffe, es erfüllt seinen Zweck und zwar so, dass mir kein Mann mehr erklärt, auf welche Weise er Wasser lässt. Sonst können wir natürlich gern über alles sprechen. Auch darüber, dass natürlich nicht *alle* Männer *alle* angesprochenen Mängel aufweisen. Oder über das unausrottbare Gerücht, klammheimlich würden Frauen es schätzen, wie eine Mischung aus Servicekraft und Fußpilz behandelt zu werden. Nein, wir sind nicht masochistisch veranlagt. Wenn wir nicht wollen, dass uns jemand anruft, mit uns spricht und unser Essen lobt, dann schaffen wir uns eine Katze an.

Überhaupt gehört dieser trostlose Quatsch, Frauen würden klassischen Flegeln den Vorzug geben, gleich neben die Geschichte von George Turklebaum, der in New York fünf Tage lang tot an seinem Schreibtisch gesessen haben soll, ins Reich der Großstadtlegenden. Mit Verlaub: Ein Arsch bleibt ein Arsch, selbst dann, wenn man ihn zum »Bad Guy« aufrüscht, ihn in Calvin-Klein-Unterwäsche steckt und mit »Le Male« von Jean Paul Gaultier beduftet. Nein, *der* Zug ist abgefahren. Genauso wie der nach »Ich-bin-ein-Mann-ich-kann-nicht-anders« oder »Was-sollen-wir-denn-noch-alles-machen?«. Das musste schlussendlich noch mal gesagt werden. Und dass Männer wahrlich nicht allein das Problem sind. Aber wie gesagt – irgendwo musste man ja mal anfangen und da lag es eben nahe, jene zu nehmen, die sowieso »Ich, ich, ich!« schreien. Wenn sie nicht gerade übers Stehpinkeln reden oder darüber, wie viele Blumensträuße sie ihrer Frau schenken …

Nützliches:

- Frauen verabreden sich selten ein zweites Mal mit jemandem, der unfreundlich zum Service war.
- Zu gutem Sex gehört Lachen. Niemand sollte sich so ernst nehmen, dass er sich nicht auch über die komischen Seiten, die der Sex zweifelsohne besitzt, amüsieren kann.
- Aufmerksamkeit ist das Wertvollste, das man verschenken kann. Was nicht dagegen spricht, es außerdem auch mal mit Schmuck, Büchern oder Kurzreisen zu versuchen.
- Wenn man über seine Ex herzieht, beweist das nur, dass sie recht hatte, sich zu trennen, und wie recht die neue Eroberung hat, sich nicht weiter auf den Mann einzulassen.
- Es ist nicht wichtig, ob ein Mann tanzen kann. Solange er aufsteht und es versucht.
- Jeder Mann ist einzigartig. Ebenso wie alle anderen.
- Frauen haben es immer verdient, höflich behandelt zu werden, auch die, die dafür bezahlt werden, nett zu sein.
- Es stimmt nicht, dass man – mindestens – bis drei Tage nach einem Date warten soll, bevor man anruft.
- Tägliche Zuwendung in Form von interessierten Fragen wie: »Hast du heute einen guten Tag gehabt?« wiegt jeden Diamanten auf. Perfekt wäre natürlich, wenn man beides bekommen könnte.
- Frauen wissen sehr gut, was das Beste für sie ist: Männer, die es ihnen nicht dauernd sagen.
- Geiz ist alles andere als geil. Das gilt fürs Pekuniäre ebenso wie für Gefühle.

- Auch wenn es vielleicht auf den ersten Blick nicht so aussieht: Es gibt ganz sicher gerade jetzt etwas im Haushalt zu tun.
- Der Sex soll schmutzig sein. Nicht die Bettwäsche, nicht das Schlafzimmer und schon gar nicht die Socken.
- Zärtlichkeit sollte nicht immer zwangsläufig zum Sex führen.
- Bloß keinen »Bußgeldkatalog« für Emanzipation. Nein, Frauen müssen nicht *alles* selbst machen oder bezahlen, nur weil sie selbständig sind.
- Alles, was Männer in den ersten drei Monaten für Frauen tun, sollten sie auch die folgenden 30 Jahre beibehalten. Mindestens.
- Wenn Männer ständig darüber sprechen müssen, was sie für ihre Frauen tun, tun sie meistens nicht das Richtige.

»Männer wollen vor allem Aufmerksamkeit«

Interview mit Kirsten Kruck. Die Verhaltensforscherin, Jahrgang 1961, ist diplomierte Biologin und Informatikerin. Seit 1993 ist sie Dozentin an der Hochschule München für die Fächer Körpersprache, Umgang mit Menschen, Mann-Frau-Kommunikation, Rhetorik und Präsentation und Wahrnehmungspsychologie, Zeit- und Selbstmanagement, Information, Lernen und Moderationsmethoden.

Wie würden Sie Manieren definieren?
Manieren ist Verhalten mit Respekt dem anderen gegenüber. Eine grundsätzlich achtungsvolle Haltung.

Männer scheinen Manieren eher als Teilzeitbeschäftigung zu betrachten. Als nützliches Instrument im Job, aber als überflüssig im Privaten. Woran liegt das?
Für alle Männer gilt das sicher nicht. Es gibt durchaus Männer, die sehr gute Manieren haben. Ob Männer Manieren haben, hängt sicher davon ab, was sie als Kinder gelernt haben.

Dennoch hat man den Eindruck, dass die meisten eigentlich wissen, wie man eine Frau behandelt. Besonders, wenn sie sie erobern wollen.
In der Verführungsphase ist ihnen das auch wichtig. Dann sehen sie die Relevanz und die Notwendigkeit. Ist die Frau aber erobert, kann für manche die Sache damit erledigt sein. Besonders, wenn ihnen gutes Betragen nicht schon in der Kindheit in Fleisch und Blut übergegangen ist.

Im Umgang mit Männern hat man manchmal den Eindruck, als müsse man sich Manieren erst »verdienen«. Woran liegt das?
Es liegt vor allem an den Frauen. Die sind es, die deutlich Grenzen setzen und Klarheit schaffen müssen. Und zwar gleich am Anfang. Damit machen sie sich interessanter und verschaffen sich Respekt. Frauen denken aber oft, sie müssten Männern vorleben, wie sie selbst behandelt werden möchten, wollen ein gutes Beispiel geben, in der Hoffnung, Männer übernehmen das. Aber so läuft das nicht.

Kann man also nicht erwarten, dass Männer bestimmte Dinge einfach mal lassen? Vor allem jene, von denen sie doch wissen sollten, dass sie Frauen stören: spucken, sich am Genital kratzen, Stehpinkeln …
Einmal ist das ein archaisches Erbe. Nehmen wir das Stehpinkeln: Das sitzt ganz tief drinnen. Ähnlich wie bei Tieren, die ihr Territorium an den Ecken markieren. Männer

pinkeln zwar nicht mehr an den Rand, aber sie wollen dabei wenigstens aufrecht stehen. Auch um eventuelle Angriffe von außen rechtzeitig zu erkennen. Das Rülpsen dagegen hat eine andere Ursache. Hier handelt es sich um ein intrapersonelles Konkurrenzverhalten. Deshalb diese Begeisterung für Wettrülpsen.

Könnten sie nicht einfach damit aufhören? Uns zuliebe oder weil wir jetzt schon etwa tausendmal gesagt haben, wie eklig wir das finden?
Männer empfangen einfach nicht gern Befehle. Schon gar nicht von einer Frau. Sie wehren sich gegen Bevormundung, und vielleicht ist das Wiederholen von unerwünschtem Verhalten auch eine Art Test, eine Provokation: Man will schauen, wie weit man gehen kann.

Eigentlich könnte man doch erwarten, dass Männer einen unterstützen und nicht provozieren.
Männer sind uns emotional keine Stütze. Sie brauchen eigentlich eine starke Frau. Wahrscheinlich ist das eine Form des Ödipus-Komplexes. Sie wollen nicht eine Frau stützen, sondern sie wollen, dass die Frau sie stützt und unterstützt.

Fällt es ihnen deshalb so schwer, Frauen im Job auch einmal den Vortritt zu lassen?
Männer wollen vor allem Aufmerksamkeit. Sie fühlen sich am wohlsten im Focus of Attention. Das merkt man unschwer daran, dass ihnen tausend Dinge einfallen, die man gemeinsam tun könnte, wenn man als Frau sowieso schon wahnsinnig unter Druck steht. Sagt man dann: »Du könntest mir ja auch mal etwas abnehmen!«, dann verweigern sie sich. Sie sitzen solche Aufforderungen einfach aus.

Erklärt das auch, weshalb Männer nicht zuhören, wenn man ihnen beispielsweise vom Job erzählt?
Es interessiert sie oft wirklich nicht. Deshalb blenden sie es aus. Es ist keine für Männer relevante Information. Deshalb muss man ihnen auch so vieles immer wieder sagen.

Vor allem, wenn es um private Termine geht, um Beziehungspflege sozusagen.
Ja, Männer brauchen und nutzen zwar die sozialen Netze. Aber für das Knüpfen und Pflegen sind wir Frauen zuständig. Das erklärt auch, weshalb Männer oft mehr mit den Familien ihrer Frauen zu tun haben als mit ihren eigenen.

Ist das nicht zum Verzweifeln?
Wäre es, wenn Frauen dies System nicht auch selbst stützen würden. Indem sie ihrerseits Männern sehr viel Freiraum gewähren, mehr als sie sich selbst zugestehen. Bei einem Mann akzeptieren Frauen beispielsweise sofort, wenn er am Telefon hart an der Grenze zur Unhöflichkeit ist. Dann heißt es, der hat bestimmt Stress. Hoffentlich habe ich ihn nicht gestört. Frauen nehmen von Frauen dagegen an, dass die immer Zeit haben. Wir sind es, die Männern freiwillig die größere Bedeutung überlassen. Was man selbst anzettelt, kann man allerdings auch selbst aus der Welt schaffen. Ich bin beispielsweise mit meinen Studenten am Anfang immer irrsinnig streng. Ich will klarmachen, dass es keinen Verhandlungsspielraum gibt. Das funktioniert. Ich werde respektiert.

Was aber ist mit dem Raum, den Männer tatsächlich von unserem abzwacken, in dem sie beim Sitzen beispielsweise die Beine so weit spreizen, dass sie gleich zwei Plätze belegen?
Darin zeigt sich sicher auch territoriales Verhalten. Allerdings

haben uns Anatomen gesagt, es habe tatsächlich auch etwas mit der männlichen Hüftkonstruktion zu tun. Männer scheint es teilweise zu schmerzen, wenn sie die Oberschenkel zusammenhalten müssen.

Aber sicher könnten sie im Flugzeug ihre Arme bei sich behalten?
Tatsächlich ist der Intimraum bei Männern größer. Bei ihnen sind es 60 cm, bei Frauen nur 40 cm. Sie nehmen nicht nur anatomisch mehr Raum ein, sie beanspruchen auch mehr. Frauen machen sich da oft automatisch kleiner, um Abstand zu wahren.

Männer haben also kein Problem damit, einer fremden Frau möglichst nahe zu kommen?
Man hat Männer und Frauen gefragt, wie angenehm oder unangenehm es ist, wenn sie ein Fremder oder ein Freund berührt. Bei Männern ist es so, dass das Geschlecht entscheidend ist. Nicht der Bekanntheitsgrad. Eine Frau, auch eine ziemlich fremde, kann einen Mann praktisch überall anfassen. Umgekehrt ist für Frauen vor allem der Bekanntheitsgrad ausschlaggebend. Wenn wir einem Menschen, den wir nicht kennen, sehr nahe sein müssen, empfinden wir das als wahnsinnig unangenehm. Männern ist das egal, solange es eine Frau ist.

Ist ja auch eine Machtdemonstration, wenn man mehr Raum beansprucht, als einem zusteht?
Ohne das entschuldigen zu wollen – aber das passiert oft unbewusst und längst nicht allen. Aber sicher ist es flegelhaft, wenn man ein Territorium absteckt, das größer ist als das, was einem eigentlich gehört.

Muss man sich nicht wundern, wenn Männer Frauen ganz freiwillig Räume überlassen. Die Küche beispielsweise oder das Kinderzimmer?
Das fällt nicht in ihren Zuständigkeitsbereich. Eine Einstellung, die vor allem die Älteren von ihren Müttern haben. Die haben oft noch die Kriegs- und Nachkriegsjahre miterlebt und wollten, dass es dem Jungen maximal gutgeht. Ein Bemühen, das die so aufgewachsenen Söhne nun auch von ihren Frauen erwarten.

Und wenn die das nicht klaglos übernehmen, weil sie selbst genug Stress haben?
Dann machen sie oft den Fehler, etwa durch Überspitzung einen Lerneffekt erzielen zu wollen. Sagt der Mann beispielsweise: »Es ist kein Bier mehr da«, dann springen sie auf und fahren gegebenenfalls noch bis zur nächsten Tankstelle, um welches zu kaufen. Der Mann soll merken, welch unverschämte Forderung er da gestellt hat. Oder sie rechnen auf: Jetzt habe ich das und das gemacht. Aber so funktioniert das nicht. Vorführeffekte laufen ins Leere.

Wie funktioniert es dann?
Mit klaren Anweisungen. Wenn Geschirr herumsteht und er will mit leeren Händen in die Küche, dann muss man ihm das einfach in die Hand drücken. Oder im Job, wenn einer sagt, man solle mal eben etwas aufschreiben, muss man erklären, dass man nicht für einen Kollegen das Sekretariat macht. Männer sind einfach gewohnt, bedient zu werden. Von Frauen. Mit ein wenig Grummeln vielleicht. Aber sie tun es.

Fairness – das ist doch in der Männerwelt ein so hoher Wert. Weshalb klappt das oft nicht im Zusammenleben? Was ist so schwer daran zu verstehen, dass, wo zwei arbeiten gehen, auch zwei sich um die private Versorgung kümmern?
Es ist ja auch sehr bequem. Das merkt man oft an den Argumenten. Beziehungsweise am Fehlen von Argumenten. Wenn es dann schlussendlich nur noch heißt: »Wenn du mich lieben würdest, dann …« Ich frage dann: »Muss ich zu deiner Putzfrau werden oder deine Hemden bügeln, wenn ich dich liebe?«

Wieso geizen Männer so mit Anerkennung für das, was man für sie tut?
Männer sehen das oft nicht, weil ihnen ja immer so viel abgenommen wurde.

Sagen sie deshalb auch so selten »Bitte« oder »Danke«?
Ja, weil es für sie ganz selbstverständlich ist, dass man ihnen vieles abnimmt.

Stimmt es also, was ein amerikanischer Autor einmal meinte, dass Männer in den modernen Gesellschaften auf ewig in der Pubertät steckenbleiben?
Mag sein. Sicher fehlt den Männern da eine Art Initiationsritus, wie es ihn bei den Naturvölkern gibt. Bei uns könnte man die Bundeswehr als etwas Ähnliches beschreiben. Da bringt die Grundausbildung Männer an ihre physischen Grenzen. Sie müssen sich unter extremen Bedingungen – etwa in der Natur – selbst versorgen, selbst Ordnung halten, darauf achten, dass ihre Sachen sauber sind. Sie lernen Verantwortung. Sicher nicht alle. Aber bei vielen hat das schon den Effekt, dass sie verstehen, wo der Komfort anfängt und was dazu nötig ist.

Hilft, was man beim Fußball sagt: Von Anfang an Druck machen?
Es kommt drauf an. Viele entziehen sich dem Druck, mehr Verantwortung übernehmen zu müssen, einfach dadurch, dass sie sagen: »Dann lieber gar keine Frau. Oder eine andere.« Ich merke aber auch an meinen jungen Studenten, dass die viel höflicher sind und viel entgegenkommender.

Weil ihre Mütter sie so erzogen haben?
Mag sein. Aber auch, weil es in ihrer Generation wesentlich weniger Frauen als Männer gibt. Das hängt mit dem Pillenknick von 1964 zusammen. Als Frau kann man da eher schon mal sagen: »Es wird nach meinen Spielregeln gespielt. Du machst jetzt auch mal etwas so, wie ich es mir vorstelle.« Die Frauen aus den Generationen davor mussten sich auf mehr Kompromisse einlassen. Aus Angst, den Mann zu verlieren und aus Angst, keinen neuen zu finden.

Wenig Frauen, mehr Manieren?
Ja, da kann sich der durchsetzen mit seinen Regeln, der am längeren Hebel sitzt. Und es zeigt sich, dass Männer dann auch sehr viel entgegenkommender sein können.

Sie könnten also doch anders?
Ja, wenn die Notwendigkeit erkannt wird, ist auch eine Verhaltensänderung drin. Und wenn wir aufhören, ihnen in allem entgegenkommen zu wollen. Frauen denken ja oft: Ehe wir lange diskutieren, mache ich es halt. Besonders in Stresssituationen, wo etwas schnell erledigt werden soll. Männer sind besonders gut im Erkennen dieser Situationen.

Wie macht man deutlich, was geht und was nicht?
Dazu muss man wissen, dass ein Mann in der Anfangsphase einer Liebe, in den ersten drei bis sechs Monaten, alles tut. Da

braucht man nur sein Glas anzuschauen und er springt in die Küche und holt ein Getränk. Aber das funktioniert nur so lange, solange ein Mann das Gefühl hat, uns verführen, sich um uns bemühen zu müssen. Hat er diese Sicherheit, ist die Eroberungsphase für ihn abgehakt und er macht es sich bequem. Im Prinzip muss man nichts weiter tun, als diese Phase zu verlängern. Ihnen immer vor Augen halten: Du hast mich nicht sicher. Ich trage keine elektronische Fußfessel. Wenn mir das hier nicht mehr passt, dann gehe ich. Natürlich nicht als Drohung, nur als Gefühl. Das funktioniert wunderbar, denn dann können sie plötzlich all das, worum man sie sonst vergeblich bittet.

Ohne Worte?
Ja und nein. Auf jeden Fall ohne Worte, wenn Männer den Rückzug antreten, um Frauen weichzukochen. Weil sie das schlecht aushalten, diese Verweigerung. Da gibt es nur zwei Möglichkeiten: Entweder man kommt ihnen zuvor, tritt also selbst den Rückzug an, oder man nutzt den Freiraum für sich selbst, anstatt sich zu grämen oder noch mehr Service aufzubieten, um ihn anzulocken. Worte braucht man aber unbedingt, um deutlich zu sagen, was man möchte. Männer sind im Deuten subtiler Botschaften nicht sonderlich gut. Man muss aber auch konsequent sein. Ich habe meinen Mann schon mal unterwegs aussteigen lassen, weil er nicht aufgehört hat, andere Fahrer anzupöbeln. In einem Cabrio!

Anmerkungen und Literatur

1 Dietrich Schwanitz: Männer, eine Spezies wird besichtigt, Frankfurt 2001

2 www.spiegelonline.de

3 Frank Schirrmacher: Männerdämmerung. In: *FAZ*, 1. 7. 2003

4 *Freundin*, 11. 1. 2008

5 Friedrich Nietzsche: Menschliches, Allzumenschliches II, nachgelassene Fragmente. Berlin 1967, S. 299

6 Sybil Gräfin Schönfeldt: Anstand, München, 2008, S. 136

7 Friedrich Nietzsche: Morgenröte, Idyllen aus Messina, Berlin 1988, S. 239

8 Lynne Truss: Für dich immer noch Sie Arschloch!, München 2007, S. 158

9 Friedrich Hebbel in: *Zeit*, 29. 3. 1963, Nr. 13

10 www. RespectResearchGroup.org

11 *Stern*, 14 / 2007, S. 250

12 *Psychologie Heute*, September 2008, S. 27

13 www.zitate.de

14 Sybil Gräfin Schönfeldt: Anstand, München 2008, S. 62

15 *Welt*, 17. 1. 1998

16 www.youtube.com / watch?v=jhtL-zU0Aqs

17 Wolfgang Sofsky in 3sat: Kulturzeit vom 3. 3. 2008)

18 Ebd.

19 Deutschlandradio Kultur, 4. 3. 2007

[20] Charles Dickens: Martin Chuzzlewit, Augsburg 2004, 34. Kapitel
[21] Lynne Truss: Für dich immer noch Sie Arschloch, München 2007, S. 204
[22] www.maclife.de, 25. 4. 2008
[23] *Neue Zürcher Zeitung am Sonntag*, 25. 5. 2003
[24] Christian Eichler: Lexikon der Fußballmythen, München 2005
[25] Wikipedia
[26] Günther Seidler: Der Blick der anderen, Stuttgart 2001, S. 51
[27] *New York Times*, 30. 1. 2008
[28] Forsa Umfrage im Auftrag von *Bild der Frau*
[29] *Frankfurter Rundschau*, 7. 8. 2008
[30] *Stern*, 18. 4. 2002
[31] *Men's Health*, 4. 9. 2007
[32] www.spiegelonline.de
[33] www.wissen.de
[34] *taz*, 7. 3. 2008
[35] *Berliner Morgenpost*, 13. 8. 2006
[36] http://www.brigitte.de/frau/familie/rollen_familie/index.html
[37] *Brigitte Woman*, 7/2007
[38] www.deloitte.com
[39] Albert Hauser: Das Sitzpinkel-Manifest, Frankfurt 1997, S. 18
[40] Alexander Kira, Forschungsprojekt bei der Zentrale für Wohnungs- und Umweltstudien an der Cornell-Universität.
[41] Bettina Möllring: Toiletten und Urinale für Frauen und Männer, Als Dissertationsschrift eingereicht bei der Fakultät Bildende Kunst der Universität der Künste Berlin am 1. 8. 2003
[42] Hademar Bankhofer: 50 einfache Dinge, die Sie über Ihre Gesundheit wissen sollten, Frankfurt, 2006, S. 201
[43] Wikipedia
[44] Jurek Becker: Ihr Unvergleichlichen. Briefe. Frankfurt 2004
[45] www.vorwerk.com

[46] Martina Wimmer: Der Mann. Comeback eines Auslaufmodells, Berlin 2008, S. 93

[47] *Süddeutsche Zeitung*, 20. 3. 2007

[48] Iris Radisch in: *Zeit*, 16. 3. 2006

[49] Ebd.

[50] Isabelle Azoulay: Die Gewalt des Gebärens, München 1988

[51] www.rp-online.de, 8. 7. 2007

[52] www.johngoddard.info / life_list.htm

[53] www.flirt-facts.de

[54] www.menshealth.de

[55] Ebd.

[56] *Focus*, 19 / 2008

[57] Asfa-Wossen Asserate: Manieren, München, 2007, S. 38

[58] www.spiegel.de, 19. 5. 2008

[59] www.spiegelonline.de, 14. 8. 2008

[60] www.welt.de, 10. 7. 2003

[61] Karl Marx: Das Kapital I, 620

[62] www.bitterwaitress.com

[63] www.glamorati.com / celebrity / 2008 / 34-notoriously-bad-celebrity-tippers

[64] www.zitate-online.de

[65] *Süddeutsche Zeitung Magazin*, 11 / 2008

[66] Evolution & Human Behavior, Production of an appreciation of humor as sexually selected traits, 3 / 2006, S. 121 – 130

[67] Durham University, www.dur.ac.uk, 25. 6. 2008

[68] Flic Everett: Der Sex-Guide für freche Frauen, München 2005

[69] www.shortnews.de, 5. 7. 2004

[70] www.singleboersen-vergleich.de, 15. 12. 2006

[71] *Spiegel*, 25. 8. 2008

[72] Ebd.

[73] www.bild.de, 16. 10. 2006

[74] *Stern*, 4. 9. 2008

[75] Michael Mary: 5 Lügen die Liebe betreffend, Hamburg 2001
[76] »Der ewige Verführer – Giacomo Girolamo Casanova«, MDR, Sendung vom 2. 3. 2003
[77] www.wayn.com, 12. 12. 2007
[78] *Men's Health*, 8. 3. 2004
[79] *Men's Health*, 17. 4. 2002
[80] Sebastian Herrmann, Werner Bartens: Alles über das Eine, Frankfurt 2007
[81] www.welt.de
[82] *Journal of Sexual Medicine*, 5 / 2008
[83] Wikipedia
[84] *Men's Health*, 4 / 2005
[85] www.rp-online, 7. 12. 2000
[86] www.maximonline.de
[87] www.jolie.de
[88] www.sueddeutsche.de, 19. 11. 2007
[89] *Weltwoche*, 16 / 2008
[90] www.glamour.de
[91] *Stern*, 30. 4. 2005
[92] *Spiegel*, 49 / 2008, S. 77
[93] *Manager Magazin*, 22. 4. 2005
[94] *Süddeutsche Zeitung Magazin*, 16 / 2008
[95] *Spiegel*, 9. 12. 2007
[96] *Süddeutsche Zeitung*, 21. 5. 2004
[97] *Süddeutsche Zeitung Magazin*, 16 / 2008
[98] www.pr-professional.de
[99] *Wirtschaftswoche*, 29. 8. 2003

Constanze Kleis

BallGefühle

Wie Fußball uns den Mann erklärt

Band 17074

Frauen lieben Männer. Männer lieben Fußball. Müssen Frauen deshalb auch Fußball lieben? Natürlich nicht – aber wenn sie schlau sind, nutzen sie all das, was ein Spiel zu bieten hat. Denn Fußball ist erotisch. Hier gibt es sie: modisch versierte, täglich frisch geduschte Männer, die trotzdem echte Kerle sind – pralle Waden, knackige Pos, atemberaubende Sixpacks. Und Fußball hilft, dem »Rätsel Mann« näher zu kommen: Was Spielerpositionen und Lieblingsmannschaften über seinen Charakter verraten und wie sich Fußball zur Erziehung einsetzen lässt – ein Wunder, was man mit Männern alles machen kann!

Fischer Taschenbuch Verlag

fi 17074 / 1

Susanne Fröhlich
Constanze Kleis

Runzel-Ich

Wer schön sein will ...

Band 16813

Wie gut muss man aussehen, um beim Sex das Licht anlassen zu dürfen? Was ist das absolute Beauty-Existenzminimum? Für die Liebe? Für uns? Sind Selbstkonservierung und/oder Skalpell die besten Waffen im Kampf ums gute Aussehen oder sollten wir nicht einfach dem Beispiel unserer Schenkel folgen und uns in Sachen Aussehen endlich mal richtig locker machen? Fragen, die sich Frauen täglich stellen. Jetzt gibt es Antworten!

»Frech, munter und aufbauend.«
Frau von Heute

Fischer Taschenbuch Verlag

fi 16813 / 1

Susanne Fröhlich
Constanze Kleis
Alles über meine Mutter
256 Seiten. Leinen gebunden

Was Sie Ihre Mutter schon immer mal fragen wollten – was Sie Ihren Kindern schon immer mal erzählen wollten. In diesem Buch geben uns Susanne Fröhlich und Constanze Kleis die Möglichkeit, unsere Mütter viel besser kennenzulernen. Autobiographische Texte der Autorinnen, humorvolle Mütter-Betrachtungen, Anekdoten, Listen und viel Platz, um eigene Antworten und Erinnerungen festzuhalten, machen das liebevoll gestaltete Buch zu einem wahren Familienschatz.

Krüger Verlag

fi 2-0676 / 1

Susanne Fröhlich
Constanze Kleis
Alles über meinen Vater
256 Seiten. Leinen gebunden

Väter können für ihre Kinder so vieles sein: Superheld, Mitverschwörer, Mentor, höchste Autorität, bester Freund, aber auch Tyrann und biographischer Spielverderber. Eines aber ist allen Vater-Erscheinungsformen gemeinsam: Man vergisst darüber oft, dass der Vater im Nebenberuf immer auch und vor allem Mensch ist. Diesem Menschen ist dies Buch mit seinen 300 Gelegenheiten, Väter endlich einmal von einer ganz anderen Seite kennenzulernen, gewidmet.

Krüger Verlag

fi 2-0677 / 1

Susanne Fröhlich
Constanze Kleis
Jeder Fisch ist schön – wenn er an der Angel hängt
Band 15993

Männer sind wie Fische: Erst beißen sie nicht an, und hat man endlich einen an Land gezogen, erreichen seine besten Eigenschaften schon ihr Verfallsdatum. Das wird sich ändern!

Dieses Buch verrät Ihnen die besten Fangplätze, die leckersten Köder und das optimale Equipment. Am Ende haben Sie nicht nur den Angelschein, sondern auch Mr. Right am Haken.

»Endlich erfolgreich flirten:
Das ultimative Kultbuch für Singles!«
Fritz

Fischer Taschenbuch Verlag

fi 15993 / 1